중국 대륙에서 부르는
타이항산아리랑

베이징 유학생이 본 한중항일무장투쟁의 역사

한 손에 잡히는 중국, 차이나하우스

중국 대륙에서 부르는
타이항산아리랑

베이징 유학생이 본 한중항일무장투쟁의 역사

한중항일역사탐방단 지음

타이항산별곡
조선의용대군 무명용사에게 바치는 노래

김원근 안용중학교 교장

모든 죽음은 숭고하다

그러함에도 세상은 당신들에게 전혀 귀를 기울이지 않는
너무나 많은 거짓과 왜곡이 판치는 절름발이 땅에서
당신들의 이름이 빛바랜 채 묻혀 있지만
당신들의 이름이 세상에 알려지길 두려워하고 있지만
당신들이 걸어간 찬란한 고난의 길이 헛된 걸음이 아니었음을
우리는 오늘 무뎌진 가슴을 다독이며
뼈저리게 통곡한다

누가 지워버렸는가
누가 지워버리려 발버둥치고 있는가
자신이 가진 모든 것을 민족의 제단에 기꺼이 바치고
민족자존 대동세상을 염원하며
순결하고 치열한 삶을 살았음에도
당신들의 숭고한 죽음을 지워버린 자 누구인가
아직도 기억하길 두려워하는 자 누구인가

끊임없이 끊임없이 속화되어 가는 메마른 시대에
나는 반성도 없이 동요도 없이
누군가의 주머니를 흘깃거리고
머뭇거림도 없이 천연덕스럽게 누군가의 뒷덜미를 후려치는
이 뻔뻔스럽고 천박한 일상 속에서

세상 모두 물질의 가치로 잣대를 들이대는 비루한 삶의 한복판에서
우리는 당신들의 옹골찬 정신으로부터 너무도 멀리 떠나와 있구나

스즈링을 비롯한 타이항산 전투에서 바라본 하늘은 어머니 얼굴이고
풍찬노숙하며 바라본 밤하늘의 별은 추억의 실타래이니
 이름도 없이 한떨기 들꽃으로 스러져간
 당신들의 목소리가 어제처럼 바람결에 들려오는데

꿈길에서도 잊지 못할
어머니, 누이야
종설음 받으며 이 목숨 이어가는 천만생령의 인생길 인도할 사람
누구겠습니까
조국 강산이 강도의 손아귀에서 벗어나는 그날까지
꼭 살아계시길
천번 만번 믿고 비옵나니
새 세상 맞이하는 그날 어머니 품에서 하염없이 울겠습니다

민족의 때묻지 않은 정기가 여기로부터, 당신들로부터
면면히 이어지고 있음을
정녕 부인하겠는가
치욕의 역사를 갈아엎고 민족 자주의 깃발을 당당히 세운 당신들을
진정 모른다 하겠는가
자신의 부귀영화를 위해 모든 것을 속인 배반의 역사를 거부한다면
정녕 우리 삶이 어떠해야 하는지
우리가 어디를 바라보며 가야 하는 것인지
당신들이 헌걸차게 걸어간 숭고한 그 길 속에
이미 해답이 있음을
우리는 오늘 회한의 눈물을 뿌리며
거듭거듭 확인한다.

감사의 글

우리에게는 아직 낯선 이름 타이항산과 조선의용대군. 내가 중국 화북지구 타이항산과 사회주의 계열 무장독립투쟁조직인 조선의용대군를 처음 안 것은 2005년 광복 60주년을 기념해서 EBS에서 제작·방송한 〈도올이 본 한국독립운동사〉 다큐멘터리에서였다. 총 10부작으로 제작된 이 다큐멘터리 중 제7편 '십자령에 뿌린 의혈'이 주로 타이항산지구에서 중공 팔로군과 함께 일본군과 치열하게 전투를 벌인 조선의용대와 이곳에서 일본군의 총탄에 맞고 순국하신 석정 윤세주 열사에 관한 내용이었다.

다큐멘터리의 맨 마지막 장면에서 도올 김용옥 선생은 추적추적 비가 오는 날에 타이항산 자락에 자리 잡고 있는 윤세주 열사와 진광화 열사의 초장지에 올라 술 한 잔을 올리고 제를 올린 후 윤세주 열사의 묘소 앞에 세워진 영령비 앞으로 다가가 "석정 윤세주 동지!" 하고 외치며 영령비를 와락 껴안고 뜨거운 눈물을 흘리며 흐느꼈다. 나는 그 장면을 오래도록 잊을 수가 없었다. 그때 느꼈던 감동과 감격과 전율은 뭐라 표현할 수 없지만 돌이켜 생각해 보면 그것은 "내 영혼의 충격"이자 "역사에 대한 내 무지의 자각"이었던 것 같다.

그 후 나는 2007년 베이징대학 사회학과 박사과정에 유학을 가서 틈나는 대로 후배들과 그 EBS 다큐멘터리를 보여주면서 그들과 함께 우리나라 독립운동사에서 잘 알려지지 않았지만, 우리나라뿐만 아니라 한중 역사관계에서도 매우 중요한 역사적 사실인 사회주의 계열 독립운동사에 대해 많은 얘기를 나눴다. 그런 과정에서 나의 문제의식을 가장 잘 이해하고 깊이 공감했던 국제관계학과 박사과정에 있던 정원식 후배였다. 나는 2010년 당시 제3대 베이징대학교 한국대학원생 학생회 회장을 하고 있던 그 정원식 후배와 의기투합하여 유학생 신분으로서는 결코 쉽지 않았던 타이항산 항일유적지 역사탐방을 재중국 한국유학사 최초로 추진본문 114~123페이지 참조하였다. 베이징대학교 한국대학원생 학생회차원에서 2010년에 처음 추진한 이 항일무장투쟁의 유적지 탐방은 중국인 학생들중국 공청단소속도 함께 참가한 가운데 한·중청년학도간의 역사교류활동의 그 첫 발을 내딛게 되어 지난해 2013년까지 4회째를 맞이하였다. 실은 역사탐방 추진과정에서 그간 많은 어려움을 겪기도 하였다. 놀랍게도 그때마다 선열들의 뜻인지는 알 수 없으나, 우리 근현대사에 대해 많은 관심과 그와 관련해 해박한 지식을 가지고 계시는 분들과 소중한 인연이 되어 그분들과 함께 다양한 형태의 역사탐방을 하게 되었다.

  이 책이 만들어진 계기는 2012년 1월 풍객 김영민 선생의 주도하에 상하이에서 출발해 자싱-난징-우한-한단-베이징으로 이어지는, 민족주의와 사회주의 계열 독립운동가의 발자취를 따라 역사기행을 한 후, 선열들의 항일투쟁 발자취를 기록으로 남기자는 차이나하우스 출판사 이건웅 사장님의 제안으로 시작됐다. 하지만 책을 만들다 보니, 단지 2012년 1월의 역사탐방뿐만 아니라 2010년부터 매년 실시해온 베이징대학 한국연구생회 주최의 역사탐방 기록, 12회째 진행되고 있는 풍객과 함께한 역사탐방 기록, 2013년 신흥무관학교기념사업회 주최의 화북지역 항일무장투쟁 역사탐방 기록 등이 가미되었다.

  아마 중국 화북지역 항일무장투쟁지역에 관한 역사탐방서로는 최초로 기록될 이 책을 만드는 데는 많은 분의 도움이 있었기에 가능했다. 먼저, 베이징대학의 역사학과에 방문교수로 오셔서 우리나라 독립운동사에 관한 많은 가르침을 주셨던 전 한성대 윤경로 총장님과 조선의용대군에 관해서는 최고 권위자이신 서울시립대 염인호 교수님께 진심으로 감사드린다. 이후 염인호 교수님은 비전문가인 필자들의 글에 대해 꼼꼼한 교정과 논평도 해주셨다. 그뿐만 아니라, 베이징에 방문교수로 오셔서 2011년 한국유학생들의 항일역사탐방에 많은 관심과 지원, 그리고 몸소 참여까지 해주셨던 서울대 한상진 명예교수님, 가톨릭대 이시재 교수님, 서울대 강명구 교수님, 창원대 도진순 교수님, 중국런민대 김병철 교수님 등에게도 깊은 감사의 말씀을 전하고 싶다.

석정윤세주기념사업회, 이육사기념사업회, 이원대기념사업회, 그리고 김영민 선생님 등은 역사탐방을 위해 물심양면으로 많은 도움을 주셨다. 이 지면을 빌어 다시 한 번 감사드린다. 또한, 고등학교에서 수학을 가르치지만, 우리 상고사와 근현대사에 관해 해박한 지식으로 참된 민족혼을 일깨워주시는 경남 밀양 동명고 김수곤 선생님과 김원봉 선생의 부인이셨던 박차정 여사처럼 용감하게 우리의 참된 역사를 알리는데 몸을 아끼지 않으시는 경남 밀양여고 최필숙 선생님께 감사드린다. 참된 스승이 무엇인지 몸소 보여주시는 분들이시다. 매년 타이항산 역사탐방을 추진해온 베이징대학 한국연구생회 정원식, 김진선 이하 역대 회장들과 임원진, 그리고 매년 역사탐방을 함께한 베이징대, 중국런민대, 칭화대 등 한국 유학생과 중국 학생에게도 감사드린다. 그리고 지난 해 타이항산 역사탐방을 위해 경제적인 지원뿐만 아니라, 현재 거주하고 계시는 미국에서 바쁘신 가운데 몸소 참가하신 김원봉 선생의 후손_외조카_인 김태영 선생님께 감사드린다. 아울러 매번 타이항산 역사탐방 때마다 현지에서 수고를 아끼지 않으신 허베이성 한단시 조선의용군기념관 상롱성 관장님과 왕춘상 씨께도 감사드린다. 또한 유학생들의 역사탐방에 직접 참여해 중국 내 항일무장투쟁과 민족문제에 많은 관심을 가지고 이 책의 기획부터 제작까지 수

고를 아끼지 않으신 차이나하우스 출판사 이건웅 사장님과 베이징대학 한국연구생회가 주관하는 '학술활동' 과 '항일역사탐방' 에 많은 관심을 두고 지원을 아끼지 않으신 베이징 주재 "좋은 데이" 대표 표영길 사장님, 그리고 베이징 우다오커우五道口에서 '포장마차' 를 운영하고 있는 김월성 사장님에게도 진심으로 감사드린다.

　아무튼, 이 책은 잘 알려지지 않는 우리 항일무장투쟁의 역사에 관한 비전문가들의 탐방기록이라 서투른 부분도 있고, 때론 서로 중복되는 내용도 없지 않아 있다. 하지만 〈한중항일역사탐방단〉 모두가 용기를 내어 이렇게나마 감히 책의 형식으로 한목소리를 내게 된 것은 조국의 독립을 위해 낯선 중국 땅에서 목숨 바쳐 싸웠지만, 지금은 허명의 이름조차 남기지 않고 사라져간 무명의 독립투사들에 대해 최소하나마 보답고자 하는 젊은 의기투합의 발로 때문이다. 부족하지만 이 책이 단초가 되어 중국 내 우리 항일무장투쟁의 역사에 더 많은 사람이 관심을 있길 바란다. 그 빛나는 역사의 현장에 더 많은 사람들이 찾아 이역만리에서 선열들이 남기고자 했던 뜻을 깊이 되새겼으면 하는 간절한 바람이다. 왜냐하면, 이 역사는 과거 흘러가버린 그 누구의 역사가 아니라 향후 남북통일과 우리 근현대 민족사의 복원, 그리고 미래 한중우호협력, 나아가 동북아 평화 실현에서 더욱 빛이 날 자랑스러운 우리의 역사이기 때문이다.

2014년 3월
한중항일역사탐방단을 대표하여
박 경 철

프롤로그

백문이 불여일견

나에게는 일제강점기 시대에 역사적 현장을 찾아다니는 취미가 있다. 27~28년 전 우연히 독립운동사 책 한 권을 접한 것이 계기였다. 지금도 서점에 들러 관련된 책을 구입하거나, 관심이 가는 책을 따로 주문하기도 한다. 요즘은 인터넷이 발달한 덕에 각종 독립운동사와 관련된 자료나 동영상도 즐겨 찾는다. 또한 역사연구가들의 귀중한 글들을 읽으면서 나름 나만의 정의를 내리기도 하고, 더 배운다는 자세로 오늘을 살고 있다.

그러나 그 지식들을 단순히 습득하고 그치는 것보다는 역사적 현장을 직접 찾아보고 느끼는 것이 더 심도 있는 공부가 되었다. 나는 지금도 1년에 대여섯 차례 국내외의 역사적 현장을 찾아가는 여정을 준비한다. 이전엔 시간과 호주머니의 형편에 따라 국내 현장을 찾아다녔다. 10년 전부터는 주식시장에서 얻은 수익으로 중국 대륙과 일본 열도를 방문하고 있다. 그때마다 '백문이 불여일견'이란 말을 뼈저리게 실감한다. 기행을 마치고 돌아오면 여독을 풀자마자 다음 기행의 목적지와 그와 관련한 정보와 자료를 찾기 위해 서점으로 발걸음을 하거나, 때론 인터넷을 더듬곤 한다. 내 기행은 이렇듯 항상 계획과 함께 진행됐다.

외국에서 통역 가이드와 동행하면서 입에 맞지 않은 음식과 물갈이로 인한 고생이 너무 심해 중간에 여러 번 포기하려 한 적도 많았다. 갖은 고생 끝에 얻은 지식들의 고귀함을 지금에 와서 생각해보면 여유와 미소를 머금게 된다. 때론 눈물을 흘리며 가슴이 답답했던 적도 있었다. 그럼에도 역사적인 사실이 남아 있는 현장 현장을 다니다보면 가슴속 깊이 충만해지는 것을 느끼곤 한다. 이런 내 고생은 언뜻 힘들어 보이지만 그것을 옛 역사 사람들과 비교해보면 보잘 것 없다. 일제강점기 시절 오로지 잃어버린 나라를 되찾기 위해 헌신했던 독립운동가들, 그들이 직접 뛰어다니던 역사적 현장에 남은 흔적은 내게 커다란 부끄러움을 준다. 그 발자취를 따라가다 보면 내 고생이 초라해짐을 느낀다. 거의 백여 차례에 가깝게 중국과 일본에 남아 있는 우리 독립운동사의 흔적을 다녀온 기행은 죽는 날까지 잊지 못할 추억이 될 것이다.

　나홀로 기행에서 우리의 숨겨진 역사를 찾아 내 눈으로 직접 확인하고 본 것은 큰 수확이었다. 또한 내가 지난 세월에 보았던 책을 비롯한 여러 가지 자료 속에서 풀 수 없었던 독립운동사에 대한 지식적 욕구를 충족시킬 수 있었다. 내 머리와 가슴은 역사적인 진실을 맞닥뜨릴 때마다 정신적인 충만감으로 연신 전류가 오갔다. 가장 큰 소득은 나의 내면 깊은 곳이 충만해졌다는 결과물이 아닌가 한다.

　책상 앞에 앉아 남들의 자료에서 얻었던 지식을 초월한 것이다. 말로 다 표현할 수 없는 큰 학문을 얻었다고 자신한다. 과거 5~6년 전 먼저 혼자 답사를 하고 돌아왔던 이 길을 중국 베이징에서 유학을 하고 있는 대학원생들과 지난 겨울에 기행을 하고 돌아왔다. 그 학생들이 역사적 현장에서 직접 보고 느낀 점을 책으로 낸다고 하며 나에게 글을 부탁해 이 글을 쓰게 되었다. 대가나 유명세를 바라는 것이 아니기에 내 이름이 실린 글을 쓰는 것에 많은 부담을 느낀다. 역사를 찾아다니는 취미를 글로 표현한다는 것이 쉬운 일은 분명 아니다. 그럼에도 긴 심사숙고 끝에 대답을 해 놓은 터라 내 나름대로 느꼈던 점을 써보고자 한다. 글은 기행에 관해 내가 느꼈던 구체적인 점보다는 찾아갔던 곳과, 지금 우리 사회가 바라는 희망의 포괄적인 면을 주로 다룰 것이다. 이 책 속에 다른 학생들의 구체적인 기행담이 이미 많기 때문이다.

혼자 다녀온 답사나 학생들과 같이 했던 기행은 다른 이의 도움 없이 주식시장에서 거둔 수익으로 꾸렸다. 학생들에게 일체의 경제적 부담을 지게 하지 않았다는 것에 큰 위안을 느낀다. 그 외에 각 독립운동가의 기념사업회를 포함한 뜻있는 독지가의 후원으로 학생들을 데리고 다녀온 것도 몇 차례 더 있다.

그동안의 기행은 먼저 관심 지역을 홀로 돌아다니며 답사하고 이후에 학생들과 어울리며 답사를 하는 식으로 진행했다. 나의 글은 12차 기행의 경로와 미래의 대한민국을 위한 글을 쓰는 것으로 가닥을 잡았다. 우리가 우리의 역사를 심도 있게 배워야 하는 이유는 이 땅에 살아야 할 후손들에게 밝은 미래를 전해 주는데 그 목적이 있는 것이다.

나는 먼저 조심스럽게 우리 일부 역사학계에 대한 비판을 하고 싶다. 이는 그간 역사적 현장을 직접 다녀보며 느낀 바다. 혹 역사학계가 내 의견에 비판을 표할지도 모른다는 생각에 걱정스러운 마음도 든다. 하지만 내가 비판하고자 하는 것은 우리나라의 일부 역사학계가 저지른 실수와 잘못이다. 역사학계는 1945년 해방 이후 정치적 압제 밑에서 제대로 의사 표현을 하지 못했다. 또한 권위 있는 학자를 포함한 일부 중·고등학교의 역사 교사들조차 독립지사들 중 일부를 현재까지도 '빨갱이'로 몰며 심각한 역사 왜곡을 해왔다. 더 나아가서는 매국세력과 일제의 친일세력에게 면죄부를 준 것은 물론 옹호하고 방조하는 몰지각한 사학자들이 있었던 것도 엄연한 사실이다.

내가 10여 년에 걸쳐서 해외로 돌아다닌 날은 거의 400~500여 일이다. 학생들과 함께 한 기행도 12차례, 학생수만 해도 수백 명에 이른다. 이 수백 명의 학생들도 역사적 현장을 직접 찾아보고 논문이나 도서에서는 느낄 수 없었던 것을 느꼈다. 당연하게 알아야 할 우리의 역사를 스스로 은폐하고 축소·누락시켰다는 사실도 그렇다. 우리나라 국민으로서 당연히 알아야 할 것들은 부각되지 않고, 그 은폐의 당위성에 대해 납득이 갈 만한 책도 그리 많지 않은 것이 오늘날 우리 역사학계에서 내놓은 도서의 현실이라는 것이다.

내가 읽은 책 중에서도 현장 답사를 하지 않고 각종 자료만을 바탕으로 하여 출간한 책이 무척 많았다. 그럴 수밖에 없는 한계점을 이해 못하는 것은 아니다. 하지만 이런 책은 당시의 시대적 상황에 대한 독자들의 오판을 불러올 가능성이 높다. 역사에 관련된 책을 집필할 때는 무엇보다도 사료의 정확성과 제대로 된 답사를 통해 검증을 거친 후 발간했으면 하는 바람이다.

우리의 역사를 객관적인 시각으로 보기는 쉽지 않다. 그러나 역사는 가능한 한 객관적 시각으로 보아야 옳다. 서로의 입장 차에 따라 객관성이 결여된 상태에서 글을 접하면 그 옳고 그름을 판단하기가 더욱 쉽지 않다. 한국은 전 세계 여느 나라와는 달리 1945년 해방 후 일제강점기 시기 친일파나 매국 인사들에 대한 역사적·인적 청산을 하지 못했다. 그 결과 각 후손들의 현재 생활환경과 입장 차가 극명하게 나뉜다. 우리나라 대부분의 사람들은 영국을 '신사의 나라'라고 여긴다. 그러나 객관성을 가지고 본다면 나는 우리 국민들이 영국을 신사의 나라라고 평가 하지 않을 것이라고 생각한다. 산업혁명 이후 영국은 그 주변국은 물론 아프리카를 비롯한 식민지 국가에서 비인도적인 행위를 일삼았다. 그들은 지금까지도 바로 이웃나라인 아일랜드 사람들을 폄훼하거나 비하한다. 영국이 과거 저질렀던 만행을 피해국들에게 진심 어린 사과로 용서를 구한다는 소식은 들은 적이 없다.

이 같은 맥락에서 일본과 영국은 닮은꼴이다. 지금까지도 일본은 과거 침략의 역사를 고의적으로 은폐한다. 현재 일본 학생들 대다수는 자국이 과거 저질렀던 일들을 전혀 모른다. 조상들의 제국주의 역사만을 가르치는 것도 영국과 똑같다. 진정한 세계화는 과거사에 대한 반성과 깔끔한 마무리가 동반되어야만 한다. 독일은 비록 전범국이었으나 2차 세계대전의 피해국들에게 진정한 사과를 표했다. 교육 과정에도 자국이 가해자였던 시절의 침략 역사가 포함되어 있다. 일본의 태도와는 사뭇 다르다고 할 수 있다.

우리나라의 남북 분단은 미소 간의 정쟁으로 기인했다. 하지만 한편으로는 일본의 침략에도 그 원인이 있다. 일본이 독일처럼 진정한 사과를 한다면 우리도 용서를 할 수 있다. 그러나 그들은 지금 지닌 부와 국력을 내세울 뿐 진솔한 사과를 할 뜻을 보이지 않는다. 우리나라와 일본 사이의 갈등 관계는 일본의 진실한 사과 없이는 해소되지 않을 것이다.

일제강점기 역사에 대한 객관적 평가

일제강점기 시절 매국이나 친일에 가담했던 사람들의 후손들은 그 행위를 당시의 시대에 따른 어쩔 수 없는 선택적 상황이라는 말을 하거나 묵묵부답으로 대처한다. 혹자는 과거는 덮어두고 미래를 위해 가자는 말을 하고 있다. 이는 역사적 진실이 아니다. 개인의 이기주의적 발상이나 사적인 감정을 표현한 것이라고 표현할 수밖에 없다. 현재 일본 정부가 피해국을 대하는 태도와 다르지 않은 방법으로 매국과 친일 행위에 대한 정당성이나 면죄부를 얻으려는 것이다. 역사적 사실과 기록이 있기 때문에 더 이상의 자료가 나오는 것을 원치 않을 것임은 분명하다. 조상들의 허물이 국민들의 입방아에 오르는 것이 달갑지는 않을 것이다.

당시 수많은 지식층과 젊은이들이 잃어버린 나라를 되찾기 위해 나라 안팎에서 노력을 다했다. 처음에는 국내에서 활발한 독립운동이 이루어졌지만 일제의 감시와 탄압의 강도가 심해지자 타국인 중국과 연해주로 뿔뿔이 흩어져 독립운동을 지속했다. 망국의 국민이라면 국권 회복을 위하는 것은 너무나도 당연한 것이기 때문이다. 이들을 감시했던 사람들이 바로 일제의 앞잡이였다. 이 행동이 과연 '어쩔 수 없었다.'는 말로 정당화될 수 있는 것인지는 깊이 생각할 것도 없다. 조상들의 잘못된 역사를 묵묵부답으로 대처하는 것이 옳은 방법이라고는 볼 수 없다. 요즘도 매국활동의 대가로 받았던 돈이나 당시의 지위로 인해 거두었던 부(토지)를 돌려 달라는 반환소송을 찾아볼 수가 있지만 그 후손들은 제대로 모습조차 드러내지 않는다. 조상의 행위가 떳떳하지 않고 허물이 분명하기에 당당하게 변론을 할 수가 없는 것이다. 친일에 앞장섰던 자들의 후손들이 지금도 우리 사회에 엄연히 존재한다. 조상의 치욕은 그저 덮을 뿐이고 떳떳하지 못한 방식으로 얻은 유산에만 탐을 내고 있는 현실이다. 실로 안타깝다는 말밖에는 할 수가 없다.

그들의 이야기를 가만히 들어보면 1945년 이전의 역사는 덮어두고, 1945년 이후의 반국가 행위에 대해서는 철저하게 따지는 경우가 많다. 이는 몹시 편파적인 역사적 해석이다. 당시 매국이나 친일을 했던 사람들 거의가 이 세상 사람들이 아니기에 그 죄를 이 대한민국 역사가 묻는 것이다. 망자들에게 잘못을 물을 수 없다. 그렇기 때문에 후손에게 죄를 묻는 형식이 되는 것이다.

그러나 그들의 후손들은 조상들의 행위를 반성하기는 커녕 잘못된 역사관에 기반을 둔 해석을 하고 있다. 그 후손들이 대한민국 역사 앞에 사죄를 하는 것은 어찌 보면 당연하다. 그런데 지금까지 해왔던 방식대로 잘못된 노선을 걷는다면 이 땅에서 정의를 이야기할 수는 없다고 본다!

지금 그 후손들에게 해주고픈 충고가 있다. 그 모든 행동이 역사에 기록이 된다는 것을 알아두셨으면 좋겠다. '손바닥으로 하늘을 가릴 수는 없다.' 라는 속담처럼 역사의 기록물들은 이 땅에 대대손손 남는다. 조상의 허물을 가리는 그 후손들 역시 조상에 버금가는 허물의 역사를 만드는 사람들이란 평가를 받을 날이 올 것이다. 다행스러운 것은 소수이지만 조상들의 옳지 못한 과거를 대한민국 역사 앞에 사죄하시는 분들이 있다. 이 분들에게는 대한민국 국민 된 자격으로 정말 고맙다는 인사를 드리고 싶다.

이렇듯 우리가 나라를 잃었던 치욕의 35년 역사 속에 등장하는 매국인사나 적극적 친일 가담자의 후손들이 역사 앞에 무릎을 꿇고 진정성이 있는 사죄와 용서를 구했을 때야말로 아름답게 화합하는 미래의 대한민국이 있을 수 있다. 사죄하고 용서하고 서로 양보하는 통합된 대한민국이어야만 진정 우리가 원하는 남북통일과 밝은 미래를 이야기할 수 있는 것이다.

우리나라에서 말하는 좌파와 우파의 분류는 다른 나라와는 달리 이 문제에서 시작되었다고 해도 과언은 아닐 것이다. 요즘 우리나라에서는 좌파니 우파니, 보수니 진보니 하며 서로 날선 대립을 하고 있는 상황이다. 이는 대한민국의 삼류 정치권들과 기득권층이 만들어 놓은 권력의 시소게임에서 비롯된 일이다. 기득권을 위해 싸우기보다 서로 양보하고 화합해야 대한민국 헌법이 보장하는 민주주의의 입각 아래 국민들로부터 신뢰를 받을 것이다. 말처럼 쉽지는 않은 일이다. 하지만 그렇게 되었을 때에야 비로소 이 땅의 후손을 위한 미래는 매우 밝다고 예상할 수 있고 국민들이 원하고 갈구하는 정의를 이야기할 수 있다.

숨겨진 우리의 역사를 되찾게 된 계기

우리나라 일반 국민들의 일제강점기 역사 중 독립운동사에 대한 기초적 지식은 놀랍게도 전무한 실정이다. 우리가 독립을 쟁취한 지 백 년이 채 지나지 않았다. 일본 제국주의에 국권을 찬탈 당한 이후 국민들이 보여줬던 그 위대한 저항의 역사!

충분한 자긍심을 가져도 될 만한 그 위대한 역사를 모른 채 대한민국 국민으로 산다는 것은 안타까움을 금할 수 없는 일이다. 가장 큰 이유는 1945년 해방 이후 친일 활동을 한 사람들이 정치·경제는 물론 모든 사회·문화 곳곳에서 기득권을 거머쥔 것은 과거 자신들의 과오를 밝히지 않았기 때문이다. 구국적 차원에서 애국 활동을 했던 독립지사들의 공은 1945년 이전 당시 언론에 대서특필되었던 사실만 반복되어 언급되는 수준이다. 그 외에 분명한 공로가 있을 텐데도 국가적 차원에서 그 공로를 밝히려는 노력을 하지 않는다. 개인적으로 추측하건대 공이 부각 되려면 필연적으로 허물이 밝혀져야만 하는 순리에 원인이 있다. 기득권들에 의한 보이지 않는 압력이 존재했을 가능성이 크다.

따라서 기득권층이 만들어 놓은 구조적인 문제로 인해 대한민국 국민들은 위대한 역사를 알 권리를 놓칠 수밖에 없었다. 1970년대까지는 그 상황이 더욱 심각했다. 밝혀지지 않은 독립 운동가들을 흠모하거나 기득권층의 과오와 허물을 밝히려는 사람들은 빨갱이로 모함했다. 그와 더불어 반공 이데올로기의 잣대로 탄압을 하거나 각종 규제를 해왔던 것은 엄연한 사실이다.

1980년대 이후 일부 양심 있는 사학자들이 내놓은 각종 논문이나 책은 일부 학계는 물론 기득권층의 반발로 세상에 나올 수가 없었다. 올바른 역사의 기록은 문민정부 이후에야 일반 대중에게 보급됐다. 그러나 국민들에게 이미 뇌 속 깊이 뿌리 박혀있는 반공 이데올로기의 영향은 쉽게 떨칠 수 없었다. 정치권과 기득권층의 '편 가르기' 식 논리에 국민들은 지금까지도 보이지 않는 희생을 당하고 있다. 바로 '알 권리를 잃은' 희생이다.

언제부터 우리 사회에 이런 갈등과 안타까움이 시작되었을까 되돌아 생각해보자. 군부통치가 끝나고 문민정부가 들어섰을 때인 1990년대 중반만 하더라도 이렇지는 않았다. 우리사회는 망국적 지역감정을 탓 했을 뿐 좌파와 우파와의 대립이나 보수와 진보와의 싸움이니 하는 말은 언론에서 거의 찾아볼 수가 없었다. 우리의 이념이 왜 이렇게 사분오열이 되었는지 그 원인은 역사에서 쉽게 찾을 수 있었다. 그 점을 나는 알고 있었기에 지난 겨울 베이징의 최고 학부에서 공부 중인 한국의 석·박사 연구생들과 함께 이 숨어 있는 우리의 역사를 찾으러 현장으로 가게 되었던 것이다.

책에서 대충으로만 역사를 알고 있던 학생들은 역사적 현장을 직접 보고 많은 것을 느꼈다. 올 여름방학부터는 나와 같이 동행을 했던 연구생들의 노고로 한국에서 유학온 많은 연구생들이나 학부생 인재들을 독자적으로 모집하여 역사적 현장을 찾는다는 연락을 받아 내 입장에서는 남다른 감회와 뿌듯함을 느끼고 있다.

12차 기행

우리 일행 중 세 사람은 부산에서, 학생들은 베이징에서 출발해 상하이 푸동 공항에서 만났다. 부산에서 상하이까지는 한 시간 반 거리지만 베이징에서는 두 시간 거리다. 거의 같은 시간에 출발했는데도 부산에서 국제선을 타고 출발을 한 사람들이 입국심사를 다 끝내고도 먼저 도착했다.

20여 분 후 중국 베이징에서 국내선을 타고 상하이에 온 학생들이 도착을 했다. 과연 중국은 큰 대륙이라는 것을 실감할 수 있었다. 바로 공항에 대기하고 있는 버스에 올라 저장성의 자싱으로 이동했다. 자싱은 1932년 4월 29일 윤봉길 폭탄사건 이후 대한민국 임시정부의 김구를 포함한 정부요인들이 은신을 하고 있었던 곳이다. 다른 모든 이들은 초행길이었지만 나는 이곳에 네 번째 들르는 길이었다.

당시의 많은 흔적을 비교적 잘 복원해 놓아서 동행했던 많은 이들이 역사적 사실을 이해하는 데에는 별문제가 없었다. 건물을 관람하는데 우리 돈으로 1인당 1,800원의 입장료를 받는다. 자싱 임시정부 청사를 관람을 한 후 한국 식당에서 김치찌개로 늦은 점심을 해결했다. 이후 저녁 때가 다 되어 상하이에 도착했다.

다음날 아침 윤봉길 선생의 도시락 폭탄 투척지인 홍커우공원을 방문했다. 임시정부 청사와, 윤봉길 선생과 백범 선생께서 도시락 폭탄 거사를 준비를 했던 현 백화점이 위치한 곳, 민족혁명당 시절 한인 라디오 방송국이 있었던 상하이시 법조계 허페이방 15호를 찾아 민족혁명당의 영혼인 석정 윤세주 선생님에 대해 소개했다. 이날도 늦은 점심을 먹고 버스를 탄 후 난징으로 이동했다. 교통 체증으로 저녁 늦게야 도착했다.

기행 다녀온 후

학생들과 5박 6일 간의 기행을 마치고 부산에서 출발을 했던 3명은 다음날 베이징 서쪽에 있는 바바오산 애국열사릉에 가서 조선의용군 타이항산 난좡촌 군정 학교장을 역임했던 음악가 정율성 선생님의 묘에 참배했다. 그 날 오후 단재 신채호 선생님의 직계 손녀 딸인 신지원 씨가 왕징 재래시장 한 구석에서 운영하고 있는 빵집을 방문했다.

단재 신채호 선생님은 1923년 대한의 뜻있는 젊은이들인 의열단 대원들에게 써주신 6,400글자의 '조선혁명선언'라는 명문장으로 의열단의 창단을 만천하에 알리는 계기를 만들었다. 우리 독립운동사의 한 페이지를 장식한 이 글을 보자면 과연 신채호다운, 전대미문의 글이거니와, 누구도 감히 흉내낼 수조차 없는 전대미문의 훌륭한 글이라는 것을 알 수 있다. 일제에 대한 저항의 역사를 대표하는 글귀가 아닌가 싶다.

일행 3명이 함께 다 들어갈 수도 없는 조그만 빵집을 바라보고 있자니 회한의 한숨이 절로 나왔다. 가슴에서 끓어오르는 눈물이 앞을 가렸다. 일행 3명은 가게가 너무 좁아 신지원 씨가 주시는 빵을 시장 골목 어귀에서 서서 눈물을 흘리며 먹었다. 역사적으로 그토록 숭고한 획을 그은 단재 선생님 후손의 살림살이가 이 정도라니. 아직도 대한민국의 역사관은 한참 미흡하기만 하다.

이 눈물 젖은 빵의 맛은 우리 역사의 회한이었다. 그날 저녁 윤세주 기념사업회에서 주최한 만찬에서 역사적인 만남이 있었다. 우리 일행의 주선으로 단재 신채호 선생님의 며느리이신 이덕남 여사와 의열단 대원이었던 석정 윤세주의 후손이신 윤병선 씨와의 만남이었다. 과거 선친들의 역사를 누구보다도 잘 아는 그들은 서로 선친들의 이름만 알고 지금까지 살아왔다. 그동안 얼굴 한 번 대면하지 못했던 이들이 우리들의 주선으로 역사적인 첫 만남을 가진 것이다. 가슴이 뭉클하여 제대로 바라볼 수가 없었다. 마음이 너무도 뿌듯하여 손바닥이 아프도록 힘찬 박수를 쳤다.

  그 결과로 한국 내에 살고 있는 의열단 대원들의 후손들께서 올 2월 단재 신채호 선생님의 추모제에 두루 참석하여 공동 추모를 하는 결론을 냈다. 나는 돌아와 의열단, 그리고 조선의용대의 후손들을 찾아뵙거나 전화를 걸어 이 같은 내용을 말씀드렸고, 더불어 역사책에 나와 있지 않는 당시의 여러 이야기를 들을 수 있는 행운을 얻었다. 이 기행에 참가했던 김병철 교수와 정원식 대학원생이 한국으로 들어와 밀양을 방문하여 약산 김원봉 선생님의 막내 동생이신 김학봉 여사와 만남을 가졌다. 이육사 선생님의 유일한 후손인 이옥비 씨나 안동에 있는 이육사 기념관장님과도 장시간에 걸쳐 통화했다.

  일선에 천안 독립기념관 어록비 공원에서 열린 석정 윤세주 선생님 추도식에서 이원대 선생님의 후손이신 이동철 씨와 윤세주 선생님의 후손들과도 많은 대화를 나누다가 돌아왔다. 이분들의 한을 어떻게 하면 풀어줄까란 고민이 앞선다. 곰곰이 생각을 해 보니 이 한은 적어도 대한민국의 역사가 풀어주어야 된다는 결론을 냈다.

  유홍준 선생이 『나의 문화유산 답사기』에서 말하기를 "아는 만큼 보인다."라고 했다. 이 문장을 인용해 보면 "우리의 독립운동사는 아는 것만큼 가슴이 아프고 피눈물이 난다."는 말로 대신하고 싶다. 석정 윤세주 선생님의 추도식 추모사에서 현 김상기 천안 독립기념관 연구소장께서는 "그동안 의열단 및 조선의용대(군)에 대한 연구가 미흡한 것에 대해 대한민국 역사학자로서 반성을 하며 앞으로 많은 연구 결과물이 나올 수 있도록 최선을 다해 연구를 하겠다."라고 말씀하신 것이 큰 위안이 되었다.

이 땅의 후손으로 태어나서

나는 2002년까지 우리나라의 독립운동사 중 백범 김구 선생님의 대한민국 임시정부의 저항과 투쟁의 역사를 최고로 여기고 살았다. 고등학교 국어 교과서에 나오는 『백범일지』 중 '나의 소원'이나 '내가 원하는 우리나라'를 읽고 감동을 받았고 그 소신은 거의 20년 간 유지됐다. 백범 김구 선생님과 대한민국 임시정부의 독립운동사도 국민들로 하여금 존중받는 것도 당연하다고 본다. 지금까지 국민들의 뇌리 속에 박혀 있는 백범 김구 선생님의 독립운동사를 부정하거나 폄하하고 싶지는 않다.

그러나 그 이후 많은 역사적 현장을 다니면서 나는 다른 결론을 내릴 수밖에 없었다. 1935년 난징의 진링金陵 대학에서 중국에서 뿔뿔이 흩어져 독립운동을 하던 독립단체들이 모여 대통합을 이루고자 했을 때 유일하게 참가하지 않고 반대를 했던 사람이 백범 김구 선생님의 대한민국 임시정부였다. 그리고 해방 후 한국으로 돌아와 남북분단을 막으려했던 백범 김구 선생님의 대통합을 위한 행동은 아직도 의문이 남는다.

그 후 여러 번의 생각과 답사를 거듭한 끝에 중·일전쟁이 발발한 후 조선의 피 끓는 젊은이들로 조직된 조선의용대 및 군의 역사가 진정 가장 값진 우리의 독립운동사란 결론을 내렸다. 김구의 임시정부 외에 나머지 모든 독립 운동가들이 화합을 해서 만든 민족혁명당과 그 대표로 임명된 약산 김원봉을 주축으로 하는 그 세력들! 약관의 나이에 의열단의 주축 세력들이었고, 일제에 수십 년간 무장 투쟁을 하였던 그들! 국민들이 알지 못하는 조선민족혁명당의 약산 김원봉과 그 단체의 영혼인 석정 윤세주, 이육사, 이집중, 이원대, 김학철 등을 포함한 조선의용대 및 군의 역사가 이제는 밝혀지기를 바란다.

쉽지 않은 일이겠지만 더 시간이 가기 전에 많은 공중파 방송을 통해 우리의 독립운동사가 드라마 및 영화로 제작되었으면 하는 마음이다. 이 피 끓는 청춘들의 영혼들이 찾고자 했던 광복 정신을 우리 국민들에게 먼저 알리는 것이 급선무라는 생각이 든다. 이후의 평가는 국민들이 객관적인 시각으로 하면 되는 것이다. 우리 국민들이 이름조차도 알지 못하는 가장 위대한 독립운동사의 그 역사를 말이다.

이 분들 땅의 후손으로서 제대로 평가를 받지 못하고 있는 이 순국선열들의 영혼에 심심한 애도와 재배를 올린다.

울산에서 풍객 김영민

프롤로그

감사의 글 · 6

프롤로그 · 10

1부 아시아에 울려퍼지는 독립의 함성 · 28
  일제식민시기 동아시아와 베이징 · 동북지역
  항일투쟁 · 31
  이화림 여사와 항일운동 · 78
  조선의용대조선의용군와 대장정 · · 102
  상하이에서 베이징까지 독립투쟁의 여정 · 161

2부 화중지역 항일유적지 탐사기 · 190
  자싱 · 193
  상하이 임시정부 · 204
  훙커우공원 · 215
  톈닝사 · 226
  난징대학살기념관 · 246

3부 화북지역 항일유적지 탐사기 · 258
  첫째날: 후자좡에서 황페이핑촌 · 261
  둘째날: 스즈링에서 좡즈링 · 286
  셋째날: 상우촌에서 중위안촌 · 300
  넷째날: 스먼촌에서 진지루위열사능원 · 315

에필로그 · 324

부록 · 336

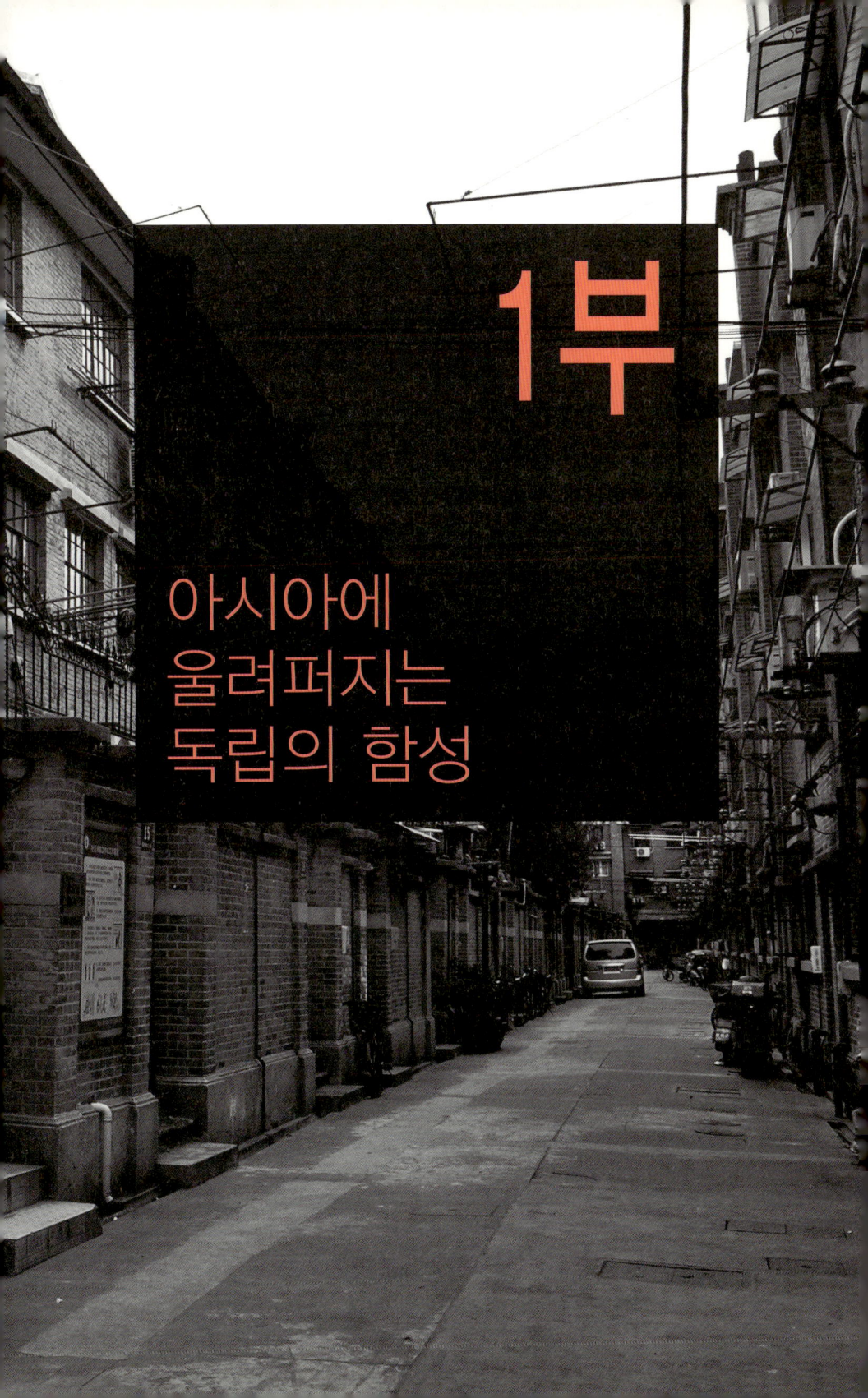

1부

아시아에 울려퍼지는 독립의 함성

일제식민시기 동아시아와
베이징·동북지역 항일투쟁

손숙자

왜 타이항산인가?

대망의 2013년 7월 1일이 밝아왔다. 이른 아침 6시에 출발한다는 연락을 받은 터라 이런 저런 준비에 잠을 거의 자지 못하고 출발장소로 나왔다. 잠을 못잔 것 치고 정신은 말짱하다. 오랜만에 느껴보는 설렘이다.

사실 이 역사탐방에 대해서는 신청할 때만 해도 큰 기대를 걸지는 않았다. 그냥 베이징대학 한국유학생 연구생회_{대학원생 학생회}에서 많은 정성을 기울여서 만든 프로그램이라고 하니 그런가 보다 할 정도였다. 이 생각은 역사탐방을 신청하고 나서 정원식 박사생_{전임 북경대학 한국대학원생 학생회장}이 나한테 석정 윤세주 열사에 대해서 발표해 달라는 부탁을 받았을 때도 별로 바뀌지 않았다. 그런데 막상 탐방버스에 몸을 싣고 출발하면서부터 역사탐방의 의미가, 선열들의 그때 그 심정이, 나에게 묵직하게 다가오기 시작했다.

국가란 무엇인가? 민족이란 무엇인가? 나는 조국을 위해 어떻게 살 것인가? 왜 타이항산인가? 등등. 나는 발표 준비를 위해서 읽었던 많은 자료들이 하나씩 생각나면서 머릿 속으로 읽었던 단

타이항산

순한 글자들이 실제 살아 숨쉬는 내 공간으로 다가 오기 시작했다. 후자좡, 황베이핑촌, 스즈링十字岭, 창즈링, 상우촌, 윈터우디雲頭底촌, 마톈, 난창촌, 중위안촌 등 처음엔 정말 낯선 지역이었는데 지금은 아주 정겹게 느껴진다. 심지어 우리나라 어느 시골 이름처럼 느껴진다고 하면 과장이 심한 것일까.

4일 동안의 역사탐방 중 두 번째 날 저녁에 세미나가 있었는데 내가 맡은 부분은 석정 윤세주 열사에 대한 것이었다. 세미나 발표를 위해서 석정 윤세주 열사와 의열단에 대해서 많은 책을 읽게 되었고 몰랐던 부분도 많이 공부하게 되었다. 발표는 생각했던 것보다 무사히 잘 마쳤다. 다른 분들도 얼마나 열심히 준비했는지 세미나 내용들이 모두 다 알찼다. 특히 정원식 박사생의 열강은 참석한 모든 이에게 열정으로 기억될 것이라 믿는다.

베이징으로 돌아오는 버스 안에서 항일운동 전반에 관해 원고를 써달라는 제안을 받았다. 무슨 내용으로 어떻게 써야 할까 고민하다가 많은 분들이 약산 김원봉 열사, 석정 윤세주 열사, 이화림 여사, 또 조선의용군(조선의용대)에 대해서 써 주실 것이고, 더불어 일제 식민시대 중국의 상하이, 자싱, 난징, 충칭, 옌안, 화북, 만주 등지에서 벌어졌던 독립운동에 대해서도 상세한 설명을 할 것이기 때문에 나는 그 시대 동아시아 다른 나라의 독립운동은 어떻했는지, 더불어 당시 북경과 동북지역에서의 항일운동은 어떠했는지를 간략히 알아보는 것으로 이 책을 보는 재미를 더 할 수 있지 않을까 한다.

동아시아의 독립운동

  서유럽 여러 나라가 세계로 나아가는 길은 아시아와 아프리카 국가들이 식민지로 변해가는 과정이었다고 할 수 있다. 중세 봉건사회를 넘어선 서유럽제국들은 산업혁명을 거치면서 자본주의사회로 이행하였고, 독점자본을 내세워 식민지를 개척하거나 재분할하는 과정을 거쳤다. 더 나아가 19세기 말에는 영국·프랑스·러시아·이탈리아 등이 제국주의 물결을 주도하였고 여기에 독일과 미국·일본이 합세하면서 결국 제1, 2차 세계대전이라는 극단적인 국면을 만들게 되었다.
  이러한 제국주의 국가의 힘겨루기 속에서 아시아·아프리카 대다수 힘없는 국가나 민족은 주권을 상실하고 식민지의 늪으로 빠

겨들었다. 기존 국가나 지배계급이 침략에 맞서 싸웠지만 한 순간에 식민지로 전락하였고 이들 식민지는 다시 자주권을 되찾기 위해 몸부림쳤다. 독립운동이나 민족운동이란 것은 결국 식민지에서 해방되자는 것이다.

제국주의 침략에 맞선 국가와 민족의 저항은 처절했다. 전통적인 국가나 왕조 차원의 전쟁도 있었고 계층과 계급에 따른 항쟁도 일어났다. 그것이 한 세기를 넘어 진행되는 동안 주도세력이 바뀌고 다양한 이념과 종교의 영향으로 저항세력 사이에 갈등과 연합, 통합도 이루어졌다. 예를 들어 아일랜드의 형제단, 중국의 의화단, 중국·베트남·한국의 광복회 같은 것이다. 여기에서는 당시 열강침략으로 반식민지 상태를 겪은 중국, 프랑스와 일본에 저항했던 베트남, 스페인·미국·일본에 맞싸운 필리핀, 네덜란드에 항쟁한 인도네시아, 영국에 맞선 인도의 상황을 알아보기로 하자.

1. 중국

중국은 완전한 식민지로 전락하지는 않았다. 그러나 아시아의 대국이 자본을 앞세운 유럽 제국주의 국가와 그 아류인 일본에게 상당한 영토를 빼앗긴 반식민지의 길을 걸었다. 두 차례에 걸친 아편전쟁_{중영전쟁}을 필두로 1930년대에는 만주를 상실하고, 1940년대에는 중국대륙의 절반 가까이를 일본에게 내어줄 정도였다.

중국 해방운동의 첫 단계는 청나라 말기 반제운동_{反帝運動}에서부터 시작되었다.

시안사변 전후 학생시위장면

　1차 아편전쟁의 결과로 맺어진 난징조약$_{1842년}$과 일명 애로호 사건으로 불리어지는 2차 아편전쟁의 결과로 맺어진 베이징조약$_{1860년}$ 이래로 중국은 서유럽 열강에게 철저하게 유린당했다. 관세자주권을 상실하고 치외법권을 인정하며 최혜국조항을 인정했고, 홍콩을 비롯한 영토 일부를 할양 당하거나 조계지역으로 내주어야 했다. 자국 영토 안에서 외국 군함이 자유롭게 이동할 정도였으니 사실상 완전한 주권국가라고 보기 어려웠다.

　패전을 거듭하던 중국은 국가차원에서 반제운동을 펼칠 수 없었고 그 몫은 자연히 정부가 아닌 새로운 주도세력에게 돌아갔다. 유교질서를 수호하려던 지방관과 신사층이 주도하였고 점차 민중, 특히 민간 비밀결사가 반제운동의 주도세력으로 등장하였다. 이것이 바로 의화단운동이다. 그러나 이런 애국적 열정으로 일어난 의화단운동의 결과로 맺어진 신축조약은 중국이 근대화로 나아갈 재원을 고갈시킬 정도로 더 치명적이었다. 결국 청조를 타도하지 않고서는 반제운동의 결실을 제대로 거둘 수 없다는 한계를 인식한 사람들이 청조타도를 부르짖고 나선 것이 곧 신해혁명$_{1911년}$이다. 쑨원의 삼민주의가 세상에 드러나게 된 이 신해혁명으로 중국국민당$_{1912년}$이 결성되었다.

중화민국이 성립된 뒤 반제운동의 대상은 일본으로 변해 갔고 항일운동이 중심이 되었다. 제1차 세계대전이 끝나고 독일의 자리에 일본이 들어서면서 이에 굴복한 정부에 항의해 일어난 5·4운동$_{1919년}$은 베이징 정부와 일본, 그리고 국제열강에 대항한 대도시 중심의 반제투쟁이었던 것이다. 이때 중국 반제운동의 또 다른 큰 줄기인 중국공산당$_{1923년}$이 상하이에서 결성되었다.

중국의 반제운동은 군벌시대를 종식시킨 중국국민당 정부와 뒤늦게 출범한 중국공산당의 몫이 되었다. 1924년에 맺은 제1차 국공합작은 반제운동이란 하나의 커다란 틀 안에 이념을 달리하는 두 정당의 힘을 결합시켰고, 이를 기점으로 유례없는 민족주의적 대투쟁으로 발전하여 전체 중국인이 일대 각성하는 계기를 만들었다.

이후로 중국의 반제운동은 중국국민당 정부와 중국공산당이라는 양대 조직이 주도하였다. 장제스의 반공청당$_{反共清黨, 1927년}$으로 갈라선 두 세력이 시안사변$_{1936년}$ 이후 다시 제2차 국공합작을 이루면서 항일전쟁을 이끌어갔고, 드디어 1945년 일본군에게서 항복을 받아냈다. 일본 패망 이후 중국은 다시 3년 전쟁을 겪었다. 반외세라는 차원에서 더욱 선명한 노선을 보인 중국공산당이 민중의 지지를 받아 승리하였고, 대륙과 타이완으로 분단되었다.

2. 베트남

제국주의 열강에게 침략 당하기 전인 18세기 베트남은 남북으로 두 세력이 형성되어 있었다. 북부와 중부에 떠이 선$_{西山}$군과 남부의 응웬 푹 아인$_{阮福映}$이 그것이다. 프랑스 선교사의 지원을 받은 남부세력이 북쪽을 진압하여 일구어낸 것이 응웬왕조$_{1802~1945}$였고 이것이 최초로 남북 전체를 합쳐 만들어낸 통일왕조였다. 외세를 동원하여 성립한 통일왕조는 당연히 지원세력인 프랑스의 침략을 허용할 수밖에 없었다. 즉 1859년 프랑스군이 사이공$_{현\ 호치민시}$에 진주하면서 응웬왕조 지배는 중단되고 여기에 반발하는 베트남인들은 반기독교운동을 펼치면서 프랑스와 충돌하였다. 이후 협조와 대결이라는 큰 구도 속에서 프랑스와 관계를 엮어 나갔다. 프랑스는 청불$_{프}$전쟁$_{1884~1885}$을 통해 베트남 지배권을 장악하고 프랑스령 인도차이나를 성립시켰다.

 응웬왕조

▶ 호치민

베트남 해방운동의 선두는 남부지역 저항군이 맡았다. 그들은 응웬왕조의 의견에 반해 저항을 지속해 나갔고 충효를 앞세운 유교지식인이 주도하였다. '껀 브엉勤王운동'으로 표현되는 1870~1880년대 투쟁은 전직 관료·유학자·문신 등이 주도했고 반프랑스·반기독교가 그 핵심이었다. 그러다 1900년대 초 이후에 교육운동·무력 증강·혁명 추구 등으로 해방운동의 변화가 나타났다.

1910년대에 새로운 개념의 해방운동 조직이 결성되었으니 '베트남광복회'가 그것이다. 1912년에 결성된 이 조직은 군대조직으로서 호치민潘佩珠, 1867~1940에 의해 주도되었다. 베트남광복회는 일본과 중국 광동 및 태국 방콕을 잇는 해외 혁명기지를 건설한 뒤 베트남 국내진공계획을 시도하다가 1914년에 와해되었다.

한편 대표적인 계몽운동가로서 사립학교 설립과 신사조를 소개한 판쭈찐潘周楨, 1871~1926이 있다. 그는 급진적인 공화제를 추구한 인물로 프랑스와 협조하면서 하노이에 동경의숙을 설립하고 베트남 국어 사용과 애국사상 전파에 힘을 기울였다.

1920년대는 베트남 반프랑스운동에 전기가 마련된 시기였다. 계몽운동을 통해 민족의식을 갖춘 신세대가 양산되고 이들을 비롯하여 지식인·농민·소상인들이 반프랑스운동의 전면으로 부상했기 때문이다. 또 공산주의 이념이 가세하면서 무력적 혁명운동으로 발전한 것도 이 시기의 특징이다. 이러한 변화 속에서 등장한 베트남청년혁명동지회₁₉₂₅년는 호치민이 결성한 사회주의 성향의 해방운동단체였다.

1925년 중국국민당을 모방한 베트남국민당이 생겼고, 1930년에 프랑스 병영을 무력으로 공격할 정도로 직접 항쟁을 펼쳐 나간 기관이었으나 프랑스군의 역공을 받아 와해되고 말았다. 이 베트남국민당이 무너지던 무렵에 베트남공산당이 결성₁₉₃₀년되었다.

여러 청년조직을 망라한 베트남공산당은 국제적인 네트워크를 가진 공산주의 계열이 주도권을 장악했고 소비에트운동을 펼치기도 했다. 그러다가 1936년 프랑스에서 인민전선이 승리하자 베트남 혁명운동가들은 짧은 순간 프랑스와 우호적인 관계를 가졌으나 유럽 정세변화로 다시 적대적 관계로 돌아서게 되고, 베트남 혁명운동은 약화되어 갔다. 그러던 가운데 일본이 등장한 것이다.

1940년대 일본군이 베트남에 진입하면서 프랑스 식민정부는 한순간에 악화되었다. 당시 해방운동을 주도하던 것은 베트남독립동맹베트민 越盟, 1941년이었다. 모든 정치활동이 베트민 이름으로 이루어지고 베트남공산당은 배후에서 조종하면서 전면에 나서지 않았다. 베트민은 프랑스 식민주의와, 다른 한편으로는 일본 파시스트에 대해 투쟁하였다. 그러다 1945년 3월 일본이 프랑스 식민정부를 붕괴시킴에 따라 프랑스의 베트남 지배가 종결되었다. 그러나 이것은 '프랑스'라는 자리에 '일본'이 대치된 것 뿐이었다.

베트민이 주도한 항일투쟁은 일본 패망 직전에 전국봉기로 나타났다. 베트민이 전국을 통제하고 응웬왕조의 마지막 황제인 바오 다이~Bao Dai~가 퇴위하였다. 프랑스와 일본 제국주의 지배가 종식되고 왕정폐지가 이루어지며 자주·민주 사회를 구현했다는 의미에서 베트남에서는 '8월혁명' 이라 불린다. 그 결과 9월에는 호치민을 수반으로 하는 베트남민주공화국 수립이 선언되기에 이르렀다. 하지만 이것이 완전한 독립이나 해방은 아니었다. 일본군 무장을 해제한다는 목적으로 북위 16도선을 경계로 삼아 북쪽에 중국국민당 군대, 남쪽에 영국군이 주둔하였고 1946년 양군이 철수하자 프랑스가 남부에 재진입한 것이다.

이후 반프랑스 항쟁은 베트남민주공화국이 주도하였다. 중국공산당이 중국국민당을 쫓아내고 북한에 공산정권이 들어서는 분위기 속에서 베트민 지도부도 급격하게 공산화되어갔다. 그러자 베트남독립동맹을 구성하던 우파 민족주의자들은 베트민을 이탈하여 반공주의자들과 합세해 바오다이 황제를 다시 옹립하여 남부에 응웬왕조를 부흥시켰다. 응웬왕조에 협조자로 다시 등장한 프랑스가 베트남에서 완전하게 철수한 것은 1954년 디엔 비엔 푸 북베트남에게 패배한 뒤였다.

● 바이오 바오와 왕족들

3. 필리핀

비밀결사인
카티푸난(Katipunan)

필리핀 식민지역사는 길고도 험하다. '마젤란의 세계일주' 이후 1565년부터 산정한다면 필리핀이 식민지로 지낸 기간은 무려 380년에 가깝다. 스페인이 1898년까지 330년 정도, 미국이 1942년 5월까지 44년, 그리고 일본이 1945년 2월까지 3년을 식민지로 통치했고 1945년 7월까지 미국이 다시 장악했다.

필리핀은 식민지 기간 동안 끊임없이 저항했다. 특히 19세기에 들어 유럽의 자유주의 물결과 남아메리카 여러 나라가 독립을 쟁취하는 상황에서 필리핀도 독립운동을 전개했지만 목적을 달성하지 못했다. 그러다 19세기 후반에 들어 훨씬 조직적이고 구체적인 투쟁을 전개하기 시작했다. 이 시기를 대표할 진보적 개혁지향자가 보니파시오Andres Bonifacio와 아기날도Emilio Aguinaldo였다. 이들은 비밀결사인 카티푸난Katipunan을 결성하여 스페인 지배세력·수도 성직자·대지주에게 대항하여 혁명을 일으키려 하다가 사전에 발각되어 실패하였고 아기날도(Emilio Aguinaldo)는 홍콩으로 망명하였다.

　1898년 미국이 스페인과 전쟁을 벌이게 되자 필리핀혁명군은 미국을 지지하고 나섰다. 홍콩에 망명해 있던 아기날도가 필리핀 독립협회 결의를 바탕으로 미국과 협력을 작정하고 귀국하였으며, 필리핀독립군은 미군의 지원에 힘입어 스페인군을 격파하였다. 미국·스페인 전쟁을 독립의 기회로 삼겠다는 필리핀독립군과 스페인 격파에 필리핀을 이용하려는 미국의 계산이 맞물려 양측은 협조관계를 맺었다. 스페인이 패배한 직후인 1898년 6월에 필리핀은 독립과 '혁명정부' 수립을 선포하여 아기날도를 대통령으로 선출하였고 헌법을 제정하였으며 1899년 1월에 제1공화국이 수립되었다. 하지만 미국은 끝내 이를 인정하지 않고 군정에 나섰다. 여기에 반발하고 나선 필리핀 혁명정부는 1899년 2월부터 1902년 4월까지 3년 동안 미국에 맞서 처절한 전쟁을 벌였다.

아기날도 Emilio Aguinaldo

필리핀과 미국의 전쟁이 끝난 뒤에도 필리핀의 무장항쟁은 종식되지 않았다. 게릴라 저항이 광범위하게 전개되었는데 다만 그것이 전국적으로 확대되거나 통일되지 못하는 한계를 갖고 있었다. 게다가 아기날도 대통령이 미군에 체포된 뒤에는 독립운동이 급격하게 약화되어갔다. 그럼에도 불구하고 필리핀의 게릴라 저항은 꾸준하게 이어졌다.

미국의 식민통치를 수용하지 않을 수 없는 상황을 인식하면서 필리핀에 여러 정당이 결성되었다. 1907년에 결성된 민족당은 '완전하고 즉각적인 독립'을 강령으로 채택하고 정당 활동과 독립운동을 주도해 나갔다. 이에 반해 연방당·진보당은 친미정당이자 매국정당 가운데 대표적 존재였다. 필리핀 의회는 1919년부터 1935년까지 11차에 걸쳐 독립청원사절단을 미국에 파견하여 독립을 강구하였으며 결국 1935년에 10년이란 한시적 조건으로 독립 과도정부가 허용되었고, 케존_Manuel. L. Quezon 대통령이 취임하였다. 자치정부를 달성한 필리핀은 10년 뒤에 완전한 독립을 내다보면서 체제를 정비해 나갔다. 그러나 이를 좌절시킨 것이 바로 일본군의 침략이었다.

일본은 진주만을 공습한 지 4시간 뒤에 필리핀 곳곳을 공습하였다. 1942년 1월 3일 일본군이 마닐라를 점령했고, 5월에는 필리핀 전역이 일본군에게 점령당했다. 또 다시 식민지 시대가 시작된 것이다. 케존 대통령이 이끄는 정부는 호주를 거쳐 미국 샌프란시스코로 망명하였고, 1944년 8월에 케존 대통령이 사망하자 부통령 오스메냐_Sergio Osmena가 그 뒤를 이었다.

그러다 맥아더가 이끄는 미군이 1944년 10월에 다시 필리핀으로 진격했고 1945년 2월에 필리핀 통치권을 필리핀정부가 되찾았으며, 7월에 미국으로부터 완전히 주권을 돌려받았다.

4. 인도네시아

인도네시아는 지리적인 조건상 서유럽국가들이 식민지를 개척하기 시작하던 무렵부터 침략 대상지였다. 그래서 이 지역을 손대지 않은 열강들이 없을 정도였고, 열강의 침략과 수탈을 당한 기간은 무려 400년이 넘는 길고 긴 세월이다. 포르투갈에 이어 1619년에 지금의 자카르타에 해당하는 바타비아를 건설하면서 네덜란드의 식민통치가 시작되었다. 그런데 이 경우는 통치주체가 국가가 아니라 동인도회사$_{VOC}$였다. 인도네시아에 대한 네덜란드의 직접 통치는 공식적으로 VOC 해산과 함께 시작되었고 실질적인 직접통치는 1830년에 가서야 이루어졌다.

인도네시아는 식민지해방운동에서 난제가 많은 나라였다. 침략해온 국가도 많았지만 인도네시아라는 단일 전통국가가 존재하지 않았기 때문에 구심력이 없었다는 점이 가장 대표적인 난제였다. 수많은 섬들로 구성된 점이나 다양한 종족 구성과 종교, 게다가 언어의 불일치성은 난제 가운데 난제였다. 그렇기 때문에 인도네시아 해방운동은 내적인 단결을 달성해내는 데에 관건이 걸려 있었고, 이런 난제를 해결하는데 진전을 보인 시기는 1920년대였다.

1920년대 중반을 넘어 좌우합작이 결실을 이루면서 민족운동은 급격하게 발전하였다. 인도네시아 공산당은 1926년 노동조합

통일전선으로 동인도노동조합협의회를 결성하고 이어 12개 정당과 노동조합을 묶어서 반제국주의 통일전선을 결성하였다. 1926년과 1927년 전국에 걸친 무장폭동은 그들의 힘을 보여주는 거사였다. 그렇게 되자 네덜란드는 이를 비합법조직으로 규정하고 탄압에 나섰다. 1만 3,000명이 체포되고 일부가 총살되었으며 4,500명이 수감되었다. 인도네시아 민중저항은 20년 이내에 회생할 기미가 보이지 않을 만큼 철저하게 탄압되었고, 이를 통해 인도네시아인들은 네덜란드 식민정부의 본성을 인식하게 되었다.

이 무렵 우파세력은 인도네시아국민당을 결성하였다. 인도네시아국민연합_{1927년}을 거쳐 1928년 5월에 결성된 인도네시아국민당은 공산당의 무장폭동과 달리 비협조·비폭력 대중운동을 벌여 지도권을 장악하고 세력을 확산시켜 나갔는데 그 핵심에 서 있던 사람이 수카르노_{Sukarno}였다. 그가 제창한 순수 민족주의운동은 국민적 공감대를 형성했다. 그리고 인도네시아민족자치단체협의가_{PPPKI}가 결성되고 범인도네시아 민족주의가 태동하였다. 1928년에 열린 제3차 인도네시아청년총회가 숨빠 뻐뮤다_{Sumpah Permuda, 젊은이의 맹세}를 선언하여 민중들의 관심을 집중시켰다. '하나의 조국-인도네시아, 하나의 민족-인도네시아인, 하나의 언어-인도네시

수카르노(Sukarno)

숨빠 뻐뮤다

아어'가 그 운동의 확고한 틀이자 방향이었다.

　인도네시아 민족운동이 힘을 발휘하자 네덜란드 식민당국은 지도자를 체포하고 당을 해산시켰다. 인도네시아국민당이 해산 당하자 수카르노가 인도네시아당$_{PI}$으로 새로 조직해서 비협력 대중운동을 지속했다. 1931년에는 샤흐리르$_{Sutan\ Sjahrir}$가 설립한 인도네시아민족교육협회$_{新PNI}$가 인도네시아당과 쌍벽을 이루면서 인도네시아 민족운동을 이끌어갔다.

　그런데 1940년 5월 2차 세계대전이 발발하여 네덜란드가 함락되고 1942년 3월 일본이 새로운 침공자로 등장하였다. 일본군이 침공하여 350년 역사의 네덜란드 식민지를 종식시키자 인도네시아인들은 협력적인 모습을 보였다.

　이때 인도네시아인들은 두 가지 유형으로 나타나게 되는데 샤흐리르는 新PNI를 중심으로 반네덜란드·반일본 투쟁을 위해 지하 무장항쟁을 하였고, 반면 수카르노와 핫타$_{Hatta}$가 이끈 협력활동은 전쟁 과정에서 인도네시아의 국익을 옹호하면서 종전과 함께 독립을 달성한다는 목표를 갖고 활동하였다. 1944년 일본이 패전 국면에 접어들자 일본도 인도네시아의 독립을 공식적으로 약속했고, 친일 시비가 있기도 했지만 독립이 눈앞에 다가서자 민족주의자들의 평가도 높아졌다.

수카르노와 핫타가 인도네시아 독립위원회를 대표하여 1945년 8월 18일 독립을 선포하였다. 그리고 다음날 대통령 중심의 입헌 민주공화국을 표방한 '1945년 헌법'이 공포되었다. 인도네시아 최고의 목표는 통일된 단일국가 수립이었다. 공화국 정부가 세워졌지만 일주일 뒤에 네덜란드가 기득권을 주장하고 다시 상륙하면서 독립의 꿈이 사라지는 듯했다. 이에 청년들이 무장항쟁에 나서서 기관들을 장악하기 시작했고 연일 군중집회를 이어나갔다. 일본군을 해체시키기 위해 상륙한 영국군이 네덜란드를 지원하고 나섬에 따라 인도네시아는 다시 영국군과 전투를 치렀다. 이슬람 지도부가 이 전투를 성전으로 규정하고 나서자 각종 무장단체들이 전투에 동참했다.

인도네시아·네덜란드 연방공화국을 거치고 인도네시아문제가 국제연합에 상정되면서 협상이 진행되다가 1950년 8월 17일 독립 선포 뒤 5년만에 '연방'이란 틀을 깨고 인도네시아공화국이 수립되었다. 하지만 네덜란드·인도네시아 연합이라는 족쇄는 1956년 2월에 가서야 폐기되었고, 이로 말미암아 인도네시아는 완전한 독립이 몇 년 더 늦어지는 기나긴 인고의 세월을 겪어야 했다.

5. 인도

인도에 대한 영국의 침략과 통치는 식민지를 영속시킨다는 계획 아래 준비되고 진행되었다. 영어교육을 통해 영국식 사고방식을 갖는 새로운 지식층을 만들어 영국통치에 필요한 협조자이자 충성집단을 창출하고 이를 바탕으로 식민지 경영에 효율성을 높인다는 것이 영국의 정책이었다. 그 계산은 정확하게 들어맞아 반세기만에 신지식층이 형성되고 1885년에는 이들을 중심으로 '국민회의'라는 충성집단이 조직되었다. 영국의 식민통치정책이 성공한 것이다.

하지만 머지않아 국민대표 가운데 티일락_{Tilak}을 중심으로 한 항영세력_{抗英勢力}이 나타나기 시작했다. 즉 충성스런 시민으로 대영제국 안에 안주하는 것이 아니라 인도의 완전자치를 목표로 삼은 저항세력이 형성되었던 것이다.

항영운동에 불을 지핀 사건은 1905년 영국의 벵골지역 분리조치였다. 모슬렘과 힌두를 기준으로 동서로 분리하는 조치가 종교적 대립을 조장하려는 분리통치정책이라고 판단한 인도인들이 이에 저항하였다. 구체적인 저항으로 스와데시_{Swadeshi, 토산품 애용}와 보이코트_{Boycott, 외국상품 배척}, 국민교육, 자치운동 등이 전개되었다. 이 운동은 인도 전역으로 확산되어 큰 성과를 거두었다. 애국시인인 타고르_{Tagore}가 스와데시 상점을 연 것도 이 시기의 일이다.

인도 해방투쟁사에서 획기적인 변화는 간디_{Mahatma Gandhi}의 출현에서 비롯되었다. 1915년 남아프리카에서 귀국한 간디가 그곳에서 성공시킨 사티야그라하_{Satyagraha, 진리추구} 실험을 인도에 도입하였다. '사티야그라하 서약'과 '사티야그라하 연맹'을 조직하고 대중에게 가르쳐 주었다. 1919년 4월 6일을 '사티야그라하의 날'로 정했다. 이는 물리적 힘에 대한 정신력 우위를 내세우면서 비폭력 전쟁을 펼쳐나가는 방략이다. 이것은 안중근 의사가 이토 히로부미를 처단한 뒤 일본의 회유를 물리치면서 오히려 이론적 우위를 보인 점과 유사하다.

1917년 비하르주와 구자라트 중에서 이 운동을 펼쳐 농민·노동자들이 지주와 공장주의 횡포를 해결하는 성과를 올리면서 간디는 마하트마, 즉 '위대한 성자'로 떠올랐다. 1920년 8월 간디는 대규모 사티야그라하운동에 나섰다. 1차 세계대전에 참여하고 기여한 피의 대가에 지극히 인색한 영국의 태도에 반기를 든 것이다. 여기에 국민회의와 모슬렘연맹이 합동회의를 열고 간디가 이끄는 비폭력·비협조운동을 적극 지지하고 나섰다. 총독부 행정이 마비되자 총독부는 2만 5,000명을 투옥시키는 탄압으로 맞섰다.

1930년 간디는 시민불복종운동을 일으켰다. 이것은 비폭력·비협조운동보다 한층 적극적인 저항운동이었다. 이것은

간디(Mahatma Gandhi)

단순한 비협조가 아니라 아예 총독부의 법규를 무시하는 투쟁을 펼치는 방법이었다. 78명의 추종자와 함께 아라비아해에 있는 해안도시 단디$_{Dandi}$를 향해서 간 '소금행진'으로 대표되는 항쟁은 세계적으로 유명한 사건이었다. 그가 감금되자 격렬한 저항과 파업이 뒤따랐고 500명이 넘는 사상자와 6만 명의 투옥자가 나왔다.

  2차 세계대전이 터지고 일본군이 미얀마를 유린하자 영국의 처칠 수상이 종전 후 인도의 자치를 보장한다면서 인도의 지원을 요구하고 나섰다. 하지만 간디는 단호하게 선철수 주장으로 맞받았다. 그러나 간디를 비롯한 국민회의 지도자들이 대거 구속됨으로써 저항은 약화되었다.

  2차 세계대전이 끝난 뒤 영국이 정권을 이양함으로써 인도는 독립을 쟁취했다. 모슬렘과 힌두교의 충돌은 인도의 앞길을 가로막았고 전국을 피로 물들였다. 한편 쇠약해진 간디를 앞지르고 힌두지도자 네루$_{Nehru}$와 파키스탄의 분리독립운동 지도자 진나$_{Jinnah}$가 정권을 잡고 나섰다. 1947년 8월 15일 약 200년 만에 독립을 쟁취하였지만 인도와 파키스탄으로 나뉘는 분단의 비극을 겪어야 했다.

사티야그라하운동
영화포스터

베이징

베이징지역은 중국의 정치 · 경제 · 문화의 중심지로 전통시대 때부터 상인을 비롯한 한국인들이 많이 진출한 곳이다. 비록 중국의 다른 지방에 비해서 조금 늦은 1920년대에 베이징의 한인사회가 형성되었지만 1945년 해방 전후시기까지 적을 때는 1000명, 많을 때는 3만 명이 넘는 규모의 한인들이 있었다.

이렇게 조금 늦게 형성된 베이징의 한인사회는 어떻게 독립운동을 펼쳤으며 그 당시 사회 상황은 어떠했는지 간략하게 알아보기로 한다.

1. 1919년_{3·1운동} 이전

1919년 3·1운동 이전까지 베이징에 진출하거나 거주하던 한인은 등록된 수만 85명 정도였다. 이 사람들의 직업 상황을 보면 크게 중국관리 · 독립운동가 · 학생 · 상인 · 일본밀정 · 무직자 등으로 다양하게 구성되어 있었다.

이때의 특징을 보면 첫째, 한인 구성원에서 공교회_{孔敎會} 회원들이 많았던 사실이 발견된다. 베이징의 한인 공교회 회원들은 쉬안우문_{宣武門}의 파위안쓰_{法源寺}, 따베이위안_{大悲院}을 근거지로 활동하고 있었던 것으로 보이며, 한인 공교회는 친일 유학에 맞서 민족주의 의식을 고취하는데 큰 영향을 미쳤다.

둘째, 이 시기 베이징에는 유학생들이 다수를 차지했는데 이들은 신문화운동이 고조되면서 베이징에 유학온 사람들이다. 3·1운동 이전 베이징의 한인 유학생들은 주목할 만한 활동을 하지 못했지만 1920년대 들어 베이징의 한인 유학생들이 독립운동의 신세대로 성장할 수 있었던 것은 이때부터 기반이 마련되어 나갔기 때문이라고 할 수 있다.

셋째, 이 시기 베이징에서 일제의 밀정이 되었던 한인들은 경사경찰청_京師警察廳_의 주목을 받을 정도로 많았고, 일제는 이들을 이용하여 독립운동을 와해하려고 했다. 대표적인 인물로는 일제의 고급밀정 정운복·김달하·김익환 등이었다.

2. 1919년 이후~1920년대 중반

국내 3·1운동 이후 많은 독립운동가들이 일제의 핍박에서 벗어나기 위해 베이징으로 모여들었다. 유학생이나 독립운동가들이 베이징으로 모여든 이유는 우선 베이징지역이 지리·경제·문화·정치적으로 갖고 있는 유리한 조건과 특징 때문이었다.

지리적으로 베이징은 중국 북쪽의 동북·네이멍구와 남쪽의 상하이·광저우 지역뿐만 아니라 중국과 소비에트 러시아를 오갈 때 반드시 통과해야 하는 유리한 지점에 위치해 있으며, 당시 베이징은 물가가 저렴하여 생활이 비교적 쉬웠고 학비도 조선 및 일본보다 낮았다. 또 베이징 각 학교의 입학시험도 비교적 쉬웠다고 한다. 또한 베이징은 신문화의 중심지로서 사상이 다양하고 언론도 비교적 자유로운 곳이었다.

이런 여러 가지 베이징지역 자체가 갖고 있던 유리한 조건 외에 한인들이 베이징에 모여들었던 가장 큰 이유는 일본영사관이 설치되지 못했다는 점이다. 베이징은 상하이나 텐진처럼 조계지가 없어서 활동하는데 제약이 따를 수 있었다. 하지만 베이징에는 공사관은 설치되어 있었지만 영사관은 설치할 수 없었기 때문에 일본의 경찰권 행사가 허용되지 않았다. 이에 따라 베이징에서 민족운동가들의 활동은 일제의 탄압에서 비교적 자유로울 수 있었다. 이후 베이징지역은 한인이 증가하면서 각종 형태의 한교구락부韓僑俱樂部, 한교동지회韓僑同志會를 결성하게 되었다.

이때 베이징에 오는 민족독립운동가 대부분은 베이징에 기반을 둔 유력자들과 동거하거나 주소지를 자주 옮기면서 신변의 안전을 도모하였다. 그러나 대부분 유학생들은 공우아파트에 살았다. 일반적으로 공우는 경찰의 간섭과 조사가 심하였고 한국사람이라고 신분을 밝히면 받아 주지 않았기 때문에 한국 사람들은 항상 중국의 각 성에서 온 중국인이라고 가장하고 가명을 사용하여 투숙하였다. 베이징의 공우 중에 한국사람들이 가장 많이 이용한 것은 둥쓰파이로우東四牌樓 부근의 대흥공우이고, 그밖에 대동공우, 동흥, 자래춘, 봉래, 대련, 연경 등이 있다.

이 시기 유학생들의 생활은 국내에서 송금을 받는 학생은 전체 학생의 3분의 1에 불과했고 나머지 3분의 2에 해당하는 학생들은 고학생이었다. 베이징의 생활비가 비교적 저렴하다고는 했지만 학비, 특히 책값은 생활비보다 비쌌다. 학교마다 조금씩 달랐지만 일반적으로 최소한 매월 중국돈 25위안, 일본돈 35엔이 필요하였다. 상당한 대학에서 공부하려면 학비와 서적비를 합해서 적어도 매월 40엔에서 50엔이 필요하였다. 더욱이 독립운동에 적극적으로 참여하던 학생들은 송금으로 받은 학비 일부를 독립운동의 자금으로 사용하였기 때문에 방세를 내지 못할 정도로 어려움을 겪기도 했다.

다른 지역의 민족운동가들도 그러하였지만 베이징의 한인 민족운동가들 역시 일정한 직업이 없고 주로 지원을 받아 독립운동에 종사하고 생활을 유지하였다.

한편으로 베이징 한인사회에 많은 토지와 자산을 소유한 부자들도 적지 않았다. 이들은 주로 상류인사들만 거주할 수 있는 야먼구(衙門區) 내 마오얼(帽兒) 후통에서 살았다. 고명복 모녀는 1923년 정화암을 따라 베이징으로 이주하여 야먼구 내 마오얼 후통에서 살았는데 정화암이 여러 차례 독립운동을 지원하도록 설득하였으나 말을 듣지 않았다. 그러다 1923년 겨울 김창숙은 일본 밀정 김달하를 제거할 자금을 마련하기 위하여 고명복의 집을 강탈하였는데 이것은 당시 '미오얼후통사건'으로 대대적으로 보도가 되었다.

이렇게 유학생과 민족운동가들의 경제적 기반이 취약하여 무장투쟁을 전개하기가 어렵게 되자 지속적으로 독립운동을 하기 위해서는 근거지 건설운동이 필수적인 것임을 알게 되었다. 우당 이회영은 개간사업을 하면 독립운동에 필요한 자금을 영구히 조달할 수 있고, 민족운동가들의 생활고도 해결할 수 있고, 심지어 중국에서 살고 있는 교포들의 생활대책도 마련할 수 있을 것으로 보고 진행하였으나 먼저 개간에 필요한 국내자금을 융통할 수가 없어 실행에 옮기지 못했다.

안창호는 일찍부터 이상촌 수립운동을 추진해왔고, 1923년 6

월 국민대표회의가 결렬되자 독립운동의 장기화를 위해 독립운동 근거지 건설운동에 힘을 기울였다. 그는 실력양성을 위해 베이징의 하이디엔(海甸)에서 농장을 만들었는데 여기에 농장뿐만 아니라 병원·상점 등도 경영하여 독립운동기지를 건설해 나갔으며, 이들은 흥사단과 기독교회를 중심으로 베이징 한인사회에서 실력양성을 목적으로 하는 또 하나의 운동세력이 되었다.

3. 1930년대 중·일전쟁 이전

중국 동북을 점령한 일제는 화북지역에 대한 공세를 감행해 나갔다. 당시 화북지역은 허베이성·산둥성·산시성·수원성·차하르 5개 지역과 베이징·텐진 2개시를 포함한 지역으로 중국의 목면과 밀 등 농산물과 광공업의 중심지로서 교통의 요지였다.

이때 일본 침략세력에 따라 화북지역으로 건너온 한인들은 중·일전쟁 직전인 1937년 6월말 약 8,000명으로 증가하였다. 이들의 증가는 겉으로는 자발적으로 이루어진 것처럼 보이지만 실제는 일제의 계획에 의해 이루어진 것이었다. 즉 동북지역을 침략할 때처럼 한인들을 전면으로 내세워 중국인과 한국인들의 감정을 악화시킴과 동시에 한인 보호의 명목으로 병력을 파견하려던 일제의 의도에 따른 것이다.

이 시기 베이징 한인사회는 1920년대 베이징에서 거주해왔던 일반 한인들, 일제침략에 따라 새로 이주해 온 사람들 및 민족운동세력으로 구성되었다. 1920년대부터 거주해왔던 일반 한인들은 일본경찰서에 신고한 약 300여 명이었고, 이들은 일제의 비

만주사변(9·18사변) 1931년

호를 받았던 부일한인들이었다. 일제의 침략에 따라 새로 이주한 한인들은 대부분 물품 밀수나 마약밀매에 관한 자들이었다. 이들에 대한 정확한 인구통계는 어려우나 베이징 한인 전체의 약 70~80%를 차지한 것으로 알려졌다.

만주사변9·18사변 후 중국의 반일감정이 고조되는 것을 기회로 삼아 활동을 도모했던 민족운동 세력들은 일제가 화북을 침략함에 따라 대부분 베이징을 떠나 소수 몇 사람만 남게 되었다. 그러므로 이때 중국에 남은 사람들은 1920년대처럼 단체를 만들고 공개적으로 독립운동을 하지 못했던 것이다. 이것을 달리 표현한다면 1920년대 활발했던 베이징의 민족운동은 1930년대 들어 사실상 쇠퇴해 갔다. 대신 일제침략에 따라 새로 이주해 온 부일한인들이 다수를 차지하였으며 민족운동 세력의 자리를 대체했다. 이것은 베이징 한인사회가 변질됐다는 것인데 당시 베이징의 모든 한인들을 부일한인으로 보는 것이 아니라 한인사회의 주도세력이 민족운동자와 유학생에서 부일한인으로 바뀌었음을 뜻하는 것이다.

당시 한인들은 많은 사람들이 마약밀매를 하고 있었다. 당시 세금·금융·자금 등의 관계로 중국인 사이에서 사업하기가 어려웠다는 점과, 일본대사관은 영업허가증 규정을 까다롭게 하여 한인들의 정당한 영업이 어려웠다는 점 때문에 적은 자금으로 어떠한 경험도 필요 없는 물품거래에 관심을 갖게 되어 주로 밀수나 마약밀매를 하게 되었다.

그러나 화북지역 내 한인들의 밀수나 마약밀매는 일제의 중국침략 정책과도 긴밀한 관계가 있다. 일제는 중·일전쟁 이전에 중국 화북지역을 지배하기 위해 군사공갈·정치침투와 더불어 독화(毒化) 정책도 병행하였기 때문이다. 즉 마약으로 중국인의 항일의지를 약화시키려고 했던 것이다. 또한 마약의 수입을 군사비용으로 충당하려던 목적도 있었다. 그래서 일제는 마약 관련 활동을 비호하는 태도를 취해 한인들의 마약밀매 활동에 유리한 환경을 조성하였다.

이런 여러 가지 이유로 한인들은 베이징을 비교적 안전한 곳으로 생각하고 건너왔지만 실제 상황은 예상과 달랐다. 합법적으로 집을 구하기 어려워 불법적으로 거주할 수밖에 없었으며 선량한 한인들도 거주지에서 쫓겨나는 등 탄압을 받았다. 그래서 당시 베이징사회는 중국인과 한국인과의 관계가 극도로 악화되었다.

이 시기 일제는 친일한인을 사주하여 한인의 안전을 도모한다는 명목으로 베이징조선인민회를 조직하였고, 이것으로 베이징 한인사회를 장악하려고 했다. 이는 베이징조선인민회는 1934년 봄에 창립된 것으로 짐작할 수 있다. 베이징조선인민회 회장은 송백헌이었다. 베이징조선인민회의 가장 큰 활동은 친일 소학교의 설립이었다. 계속되는 한인의 증가에 따라 1937년 4월 베이징에 조선총독부 출장소가 설치되었다. 일제가 베이징에 조선총독부 출장소를 설치한 이유는 화북 괴뢰정권과 주재일본관헌과 연락하여 한인을 보호한다는 미명 하에 사실상 한인들을 감시·통제하려고 했던 것이다. 베이징조선인민회 및 친일학교 설립을 통해 베이징 친일한인은 조직화·세력화되었다. 결국 베이징 한인사회의 성격은 친일적으로 변해갔다.

4. 중·일전쟁 이후

1936년 10월 10일 시안사변을 계기로 제2차 국공합작이 이루어졌다. 국민정부가 항일입장을 밝히자 일제는 무력침략을 감행하여 1937년 7월 7일 루거우차오蘆溝橋를 공격해 중·일전쟁을 일으켰다. 중·일전쟁으로 인해 피난 수용된 한인은 화북지역에만 약 6,500명이었고 한인이 제일 많이 수용된 베이징은 약 1,650명이 수용되었다.

일제가 화북지역을 장악한 후 이 지역의 치안이 회복됨에 따라 한인들의 이주가 증가하였다. 한인들이 증가하게 된 이유는 첫째, 일제의 사기 선전에 속아 막연하게 이주한 사람들이 있었다. 둘째, 일제의 이민정책에 의해 이주해온 사람들도 많았다. 셋째, 1937년 12월 괴뢰 '만주국'에서 치외법권이 폐지된 후 동북지역에서 이주해온 사람들이 많았다. 이들 대부분은 동북지역에서 마약밀매를 했던 사람으로 동북지역의 단속이 강화되자 단속이 비교적 소홀한 화북지역으로 건너와 물품밀수나 마약밀매를 계속하였다. 넷째, 중국의 기타 지역에서 베이징으로 재이주한 사람도 있었다.

중·일전쟁 이후 베이징 한인사회는 중·일전쟁 이전에 거주해왔던 사람과 국내·동북지역 등 중국의 기타 지역에서 이주해온 사람으로 구성되었다. 일제가 베이징을 점령하자 베이징에 있던 민족운동세력은 난징이나 충칭으로 떠났다. 물론 일제의 감시가 극심한 상황에서 시인 이육사와 같이 끝까지 일제에 굴하지 않고 항거하다가 체포되어 옥사한 사람도 있었다. 중·일전쟁 이후부터 의용군과 광복군을 비롯한 항일세력이 다시 베이징에서 활동했던 1940년 전후까지 베이징의 한인사회는 거의 부일한인으로 구성되었다고 해도 과언이 아니다.

한편 중·일전쟁 발발로 인해 고조된 중국인들의 반일운동을 계기로 삼아 한인 민족운동진영은 화북지역에 존재하는 대량의 한인들을 주목하여 이들을 항일운동에 동원하려고 힘썼다. 한족항일동지회집행위원회는 당시 국제정세를 분석하며 중국인에게 반일감정을 고조시키는 한편, 한인에게 각성과 혁명정신을 일깨우며 항일의 기치를 내걸었다. 그 대상은 화북, 그중에서도 베이징지역 한인들이었다. 하지만 중·일전쟁 직후 혼란에 빠진 상황에서 생명을 보전하기에 급급했던 화북 각지의 한인들은 대부분 항일운동을 생각할 여

🍑 루거우차오의 옛모습과 현재 모습

유조차 없이 일제가 추진한 이른바 '보호무휼' 정책 속에서 일제의 통제에 들어갔다.

1940년대 이후부터 베이징 주변의 타이항산맥 일대에 활동하고 있던 중국 공산당 팔로군은 군사공격뿐 아니라 일본인 반전동맹을 통해 일본군대 주둔지를 향하여 평화공세를 벌여 일제의 통치를 위협하고 있었다. 팔로군의 역량을 새롭게 인식한 일제는 한인들의 활동·경향을 감시하고 한인들과 화북의 혁명세력 및 한인 혁명단체의 연락을 단절시키려고 애썼다.

일제는 중국 공산당을 비롯한 중국의 항일세력을 제거하고 식민지 지배를 강화하기 위해 1941년 3월부터 1942년까지 다섯 차례에 걸쳐 화북지역에 '치안강화운동'을 실시하였다. 화북지역에 있는 거주민과 각지의 여행 인사에 대해서 거주증과 여행증을 발급하도록 하는 특별법을 반포하였으며, 이에 따라 베이징시에서는 남녀를 불문하고 만 12세 이상 60세 이하의 사람은 모두 거주증을 발급했다. 특히 밖에 나갈 때 각종 신분증을 휴대해야 했는데 만약 휴대하지 않을 경우에는 체포되거나 총살을 당했다. 뿐만 아니라 광범위하게 보갑제도와 보갑연좌제를 실시하였고, 규정을 위반한 한인의 경우에 체포되면 각종 노역에 종사해야 했다. 이렇게 일제가 보갑제도, 보갑연좌제 및 호구조사를 실시한 목적은 각종 물자와 인적 자원 등이 항일근거지로 흘러 들어가는 것을 막기 위한 것이었다.

그리고 중국공산당은 국민당의 동북 진입을 막기 위하여 동북과 화북을 가르는 타이항산맥 일대 농촌지역에서 지하유격전을 전개하면서 공산당원들을 베이징에 파견하여 비밀리에 세력을 모아 나갔다. 뿐만 아니라 독립동맹과 조선의용군은 한인들에게 조선의용군과 중국공산당 군대에 가입할 것을 선전했다. 이에 공산당에 호감을 가진 한인들이 중국 공산당과 조선의용군에 가입하기도 했다. 중국 공산당은 화북지역의 타이항산맥에 근거지를 두고 베이징·톈진 등에서 지하공작을 계속 전개하여 국민정부에 위협을 가했다.

중국측에 참가한 한국청년들 가운데는 징병제도 때문에 강제로 끌려온 학생들이 많았다. 국민총력 병사후원부의 명령에 따라 조선 출신 학도병 위문단원으로 중국에 파견된 김사량도 1945년 5월 26일 베이징에서 화북조선독립동맹의 비밀공작원으로 여운형에 의해 베이징에 파견되어 주재하고 있던 이영선과 만난 후 베이징을 탈출하여 화북조선독립동맹 조선의용군의 근거지인 타이항산에 도착하여 이후 항일운동을 하였다.

1942년 개편된 광복군은 원래의 1·2·5지대를 제2지대로 통합하여 본부를 시안에 두고 화북지역에서 활동을 계속 전개하였다. 해방 직전까지 베이징지역의 한인 광복군 대원은 약 300명으로 늘어났고 북신교제지공창北新校製紙工廠 구지에 주둔하였다.

이렇듯 의용군과 광복군의 활동으로 1940년대 베이징 한인사회를 비롯한 화북지역의 한인들은 일제에 대한 저항의식이 강해졌다. 일제군대에 있던 한인들은 암암리에 의용군과 광복군의 활동을 지원하였다.

5. 베이징지역 민족운동의 특징

이상에서 살펴본 바와 같이 베이징지역의 한인사회 형성은 동북지역은 물론이고 상하이지역보다도 늦었지만 민족운동세력으로 급속히 자리매김하였고 상하이지역과 더불어 민족운동의 또 다른 축이 되었다.

베이징지역 민족운동의 특징을 정리한다면, 다음과 같다.

첫째, 베이징지역 민족운동의 이념과 노선을 보면 1920년대 초 박용만의 제2회 보합단 및 김원봉의 의열단은 공산주의자들과 교류하며 공산주의 선전활동을 했다. 하지만 이것은 공산주의를 운동이념으로 받아들인 것이 아니라 운동자금을 마련하기 위한 방편이라고 볼 수 있다.

둘째, 베이징은 1920년부터 '반임정' 세력이 베이징에 집결하면서 무장투쟁론의 중심지로 부상되었고, 상하이 임시정부와 상관없이 진보적 진영에 의해 민족운동이 전개되었다.

셋째, 1920년대 중반 베이징지역 한인 유학생의 활동은 다른 지역보다 활발하게 전개됐다. 이 시기에 한인유학생들이 베이징으로 집중된 것은 일본의 관동대지진과도 관련이 있지만 근본적인 원인은 베이징이 근대교육과 사상의 중심지로 부각되었기 때문이다.

넷째, 1920년대 베이징지역은 아나키즘 운동의 중심지였다. 이는 베이징지역이 당시 중국아나키즘의 중심지였다는 것과 무관하지 않다. 또한 당시 베이징에 근거지를 두고 맹활약을 하고 있던 의열단이 아나키즘 노선을 채택한 것도 베이징지역이 아나키즘 운동의 중심지로 부각되는데 결정적인 영향을 주었다.

다섯째, 베이징 한인민족운동의 특징은 다른 지역 독립운동과는 차별화된 전개과정으로 나타났다. 베이징한인의 구성원은 대개 경제상황이 열악한 독립운동가와 유학생들이었다. 상하이지역의 독립운동가들이 중국 국민당의 지원을 받을 수 있었던 반면, 베이징의 한인 독립운동은 베이징정부로부터 지원을 받지 못했다. 또한 베이징에는 상하이 임시정부와 같은 기관이 설치되지 못해서 한인으로부터 일정한 재정을 확보할 수 있는 방도가 마련되지 못했다. 그래서 무장투쟁을 주장한 베이징지역의 한인 독립운동가들의 활동이 실제로 1920년대 중반에 들어 점차 사상이념의 선전운동으로 나타날 수밖에 없었던 것은 이러한 사정에 기인한다.

동북지역의 항일무장투쟁운동

중국의 동북지역인 랴오닝성·지린성·헤이룽장성 일대를 통칭하는 만주는 일제 침략시기와 우리 민족의 수난기에 펼쳐진 항일무장투쟁운동의 주요무대로 역사적 의의가 매우 큰 지역이다.

1875년 청나라의 '발상지'인 압록강 이북지대에 대한 봉금이 〈성경동변간광지개간조례盛京東邊間曠地開墾條例〉에 의해 해제되고 이민정책이 도입되면서 가난한 조선농민들은 흉년을 이기지 못하고 동북지역으로 이주하고 있었다. 1894년 청일전쟁의 결과 조선에 대한

종주국임을 포기해야만 했던 청나라는 한반도에서의 일제의 영향력을 인정하지 않을 수 없었다. 1905년 을사늑약, 1910년 한일합방을 거치면서 조선은 일제의 식민지로 전락하고 이 시기를 전후해, 그리고 일제의 이민정책에 의해 수많은 유망민流亡民들이 국경을 넘어 중국의 동북지구로 옮겨갔다.

1905년 을사늑약을 기점으로 조선인들의 만주이민이 점차 늘기 시작한 것은 사실이지만 이민의 성격은 변화한다. 1905년 이전에는 경제적 궁핍이 조선인들의 주된 이주동기였으나 1905년 을사늑약이 일제에 의해 강제로 체결된 다음부터는 정치적 목적을 띤 이주민들이 증가하였다. 1910년 이후 이런 경제적·정치적 이유의 이주민들은 대폭 증가하여 1910년부터 1926년까지만 해도 298,900여명의 인구가 증가했다. 대략적인 통계에 의하면 만주지역의 조선인 수는 1930년에 607,119명, 1931년에는 638,982명으로 증가했는데 그 대다수가 동북항일연군 2군의 활동무대였던 옌볜지역에 거주하고 있었다. 이 시기 옌볜지역의 조선인 수는 옌볜지역 인구의 70~80% 정도였다.

이렇게 만주지역은 독립운동의 근거지가 되기 시작했고, 그 배경에는 압록강과 두만강을 경계로 국내로 쉽게 진입할 수 있는 지리적 이점이 있을 뿐만 아니라 이미 일찍부터 이주한 수십만에 달하는 한인사회가 형성되어 있었기 때문에 인적·물적 자원을 확보할 수 있는 조건이 마련되어 있었기 때문이다.

1. 1920년대

이 시기 항일운동은 세 가지로 구분해 볼 수 있는데, 첫째는 교육·계몽운동이었다.

이상설이 1906년 옌볜에 세운 서전서숙을 효시로 신식학교를 세워 조선인을 계몽시키고 반일의식을 고취시켰다. 특히 개량주의적 운동은 조선 국내와 러시아 연해주 일대에 유행하였으며 이상설·이상룡과 신민회 계통의 이동휘·신채호·김동삼·이시영 등이 적극 참여하였다.

둘째는 계契 등의 사회조직사업이었다.

유인석은 보약사保約社, 이회영은 신민회新民會, 이상룡은 부민단扶民團, 김요연·서일·이동춘은 간민회墾民會를 조직하여 흩어진 조선인의 친목과 단결, 애족심을 일으키려고 했다.

셋째는 의병활동의 연장선상에서 반일무장전쟁을 준비하려는 경향이었다.

합방 전후에 집안集安·통화通化에 유인석 부장, 장백長白·무송撫松에 이진룡·조맹선·박장호 부대, 훈춘·연해주에 홍범도·차도선 부대가 각각 그 세력을 떨치고 있었다.

만주지역에서의 무장독립운동은 3·1운동을 계기로 본격화되었다. 한일합방 이전의 민족운동은 의병운동과 애국계몽운동의 두 갈래로 진행되어 오면서 독립전쟁론과 실력양성론으로 바뀌어 각각 준비단계에 들어갔다. 3·1운동은 만주지방에서 준비하고 있던 무장항쟁의 불길을 당기는 기폭제 역할을 하였다. 일제의 초토화 작전으로 의병운동이 한계에 부딪히면서 국내에서의 항일투쟁

● 신흥무관학교 훈련 모습

이 어렵게 되자 의병부대들이 간도와 연해주 지방으로 옮겨갔고 애국계몽운동 계열의 인사들도 이 지역으로 옮겨가 독립전쟁을 준비했다. 특히 신민회계 민족운동가들은 국권회복을 위한 방략중 독립전쟁을 최고의 방략으로 채택하여 만주지역에 독립군 기지를 건설하고 동시에 무관학교를 설립했다.

1914년 이동휘·심립이 왕칭현에 무관학교를 세운 이후 1917년 감옥에서 나온 이동휘는 심하구·김남극과 훈춘현에 북일중학을, 이갑은 미산현密山縣에 무관학교를 세웠으며, 이 시기 신민회계 민족운동가 둘이 류허현柳河縣에 세운 신흥강습소는 훗날 신흥무관학교로 개칭되었다.

신흥무관학교가 1920년 8월까지 2,000명이 넘는 졸업생을 배출했다는 점을 봐서 동북지역의 조선족 항일무장대오는 이미 일정한 규모와 장비를 갖춘 무력투쟁에 들어갔음을 알 수 있다. 특히 조선족이 70% 이상을 차지했던 옌볜지구에는 7개의 무장조직이 있었으며 대원이 3,000명, 보총 2,000자루, 권총 500정, 기관총 5정의 무력을 확보하였을 정도였다.

독립운동 단체들 중에는 대한독립단과 같이 복벽주의 노선의 단체도 있었으나 서로군정서와 북간도의 대한국민회·북로군정서와 같이 대부분의 단체는 상하이 임시정부를 지지하는 공화주의 노선을 택했다.

당시 간도지방의 독립전쟁 기지는 민정조직과 군정조직을 함께 갖추고 있어 실질적으로 하나의 자치적인 정부조직을 방불케 했다.

2. 봉오동 전투와 청산리 전투

항일무장조직은 일제의 20년대의 '토벌'과 30년대의 '숙청'에 대항하여 엄혹한 시련의 시기를 가졌다. 특히 20년대 초의 봉오동 전투와 청산리 전투는 항일무력투쟁의 빛나는 성과였다.

봉오동 전투는 1920년 6월초 옌지와 두만강 사이의 왕칭현 봉오동에서 있었다. 홍범도의 대한독립군, 안무의 국민회군, 최진동의 군무도독부군 등 230명 정도의 연합군 부대는 일본군 1개 대대 병력을 유인, 급습함으로써 일본군대 150명을 사살하고 300여명의 부상자를 냈으며, 보총 60자루, 기관총

🍑 위쪽부터 김좌진 장군, 홍범도 장군

3정을 노획하였다. 이 전투는 독립군과 일본군의 본격적인 교전으로 독립군의 승리를 중국신문들도 크게 보도하였다.

무장조직의 성장을 경계하고 있던 일제는 1920년 9~10월 2차에 걸친 마적단의 훈춘습격이 있자 이를 항일조선 무력단체가 저지른 것으로 조작하고 훈춘사건 이를 빌미로 '대토벌'을 개시했다. 전체 동북지역을 4개의 토벌구역으로 나누어 조선족 무장조직들을 송두리째 없애려 들었다. 옌벤지구는 훈춘·왕칭·룽징·두만강 연안의 네 곳을 토벌 중점으로 정하고 룽징에서 일본군대 제19사단장 다카시마 중장이 직접 지휘하였다. 이러한 일제의 무자비한

🔸 청산리전투 승전 기록사진

군사작전에 대해 베이징과 동북의 중국 군벌정부는 시종일관 방관 내지 조력했다.

항일무장대오들은 일본군대의 우월한 무력과 정면 대결하는 것을 피하기 위해 백두산 지대로 이동하기로 결정했다. 백두산 동북에 위치한 삼도구 청산리 전투는 이러한 배경 속에서 일어난 것이다. 청산리 부근의 백운평·천수동·어랑촌·대금창 등지에서 일주일 이상 10여 차례에 걸쳐 일어난 이른바 '청산리 전투'에서 홍범도의 대한독립군과 김좌진의 북로군정서 등은 일본군 1,200여 명을 섬멸하고 중기관총 2정, 보총 수백자루, 군복 700여벌, 권총 500여 자루 및 탄약 등 여러 가지 무기를 노획하는 커다란 전과를 올렸다. 이 청산리대첩은 우리 민족의 가슴 속에 영원히 빛나는 전설로 아로새겨져 있다.

3. 3부府 정립시기

1920년대 전반기에 일제의 야만적인 근거지 초토화 작전과 보복학살로 인해 만주·연해주에서의 민족해방운동은 한때 침체기를 맞이한다. 이 난국을 돌파하기 위해 각 단체들은 통합운동을 활발하게 추진하였다.

서로군정서와 대한독립단 등이 대한통군부大韓統軍府로 바뀌었다가 대한통의부大韓統義府로 확대 개편되었다. 대한통의부는 통화현과 지안현을 중심으로 중앙과 지방조직을 갖추고 대한통의부 의용군이라는 군사조직까지 마련함으로써 이 지역 한인들의 정부 형태를 갖추었다.

그러나 대한통의부는 주도세력인 공화파와 복벽파 간에 이념 차이와 군권 및 조직문제를 둘러싸고 분열이 발생했다. 이에 통의부 의용군 중심으로 참의부$_{參議府}$가 수립되었고$_{1923}$, 대한통의부·대한독립단 등이 중심이 되어 독립운동단체의 연합체인 정의부$_{正義府}$가 발족되었다$_{1925}$. 남만주 지방의 한인사회는 자치적 정부 형태인 참의부와 정의부 아래 놓여 있었다면 북간도 일부지역에서는 신민부$_{新民府}$가 조직되었다$_{1925}$.

이처럼 1920년대 중반기 다양한 민족해방운동단체들이 통합되면서 성립된 참의부·정의부·신민부는 이 시기 일제의 통치력이 거의 미치지 않는 만주지역의 한인사회를 3분하여 통치한 자치정부였다. 이 3부는 한인사회에서 세금을 거두었을 뿐만 아니라 한안사회에서 선출된 임원으로 입법부·행정부·사법부를 구성했다는 점에서 사실상 정부였다고 할 수 있다. 이는 상하이 임시정부가 인민과 영토가 없는 망명정부였던 것에 비해 독립전쟁 기지에 주권·인민·영토 그리고 군사력까지 갖춘 공화주의적 정부형태를 운영했다는 점에서 큰 의미를 가진다.

4. 민족유일당 운동

1920년대 후반에는 민족협동전선운동의 일환으로 민족유일당 운동이 국내외에서 활발하게 일어났다. 이에 부응하여 만주지방에서는 참의부·정의부·신민부를 비롯한 각 민족해방운동 단체들의 통합노력이 경주되었다. 정의부가 신민부와 참의부의 일부 세력을 규합하여 국민부$_{國民府}$를 조직하면서 3부는 해체되었다$_{1929}$.

또한 국민부에 합류하지 못한 3부의 여타 세력은 혁신의회革新議會를 만들어 양립했다. 그 후 1930년대에 들어와 혁신의회 계통은 한국독립당을 조직하여 군사조직인 한국독립당군이 북동만주를 중심으로 활약하다가 1933년 중국관내로 옮겨갔다. 그리고 국민부 계통은 조선혁명당과 조선혁명군을 조직하여 남만지역을 중심으로 활동했다.

민족유일당 운동은 민족해방운동 전선에서 이당치국以黨治國 체제가 성립했다는 사실을 의미한다. 그러나 이 운동은 유일당을 묶어내는 방법론을 둘러싸고 3개 파로 나누어졌다. 문제는 상하이 임시정부가 민족해방운동을 이끌어가는 중심체로서의 역할을 다하지 못하고 있는 상황에서 민족유일당 결성운동이 민족해방운동전선의 최대과제로 떠올랐음에도 불구하고 임시정부의 병폐였던 지방색·파벌의식·사상적 대립 등을 극복하지 못함으로써 유일당 운동은 실패하고 말았다.

이때 마침 제1차 국공합작을 깨뜨리는 장제스의 쿠데타1927. 4로 인해 좌우대결 분위기가 확산됨으로써 민족주의 노선과 사회주의 노선 결별에 영향을 미쳤다. 그 후 사회주의 계열은 정당 형태의 통일전선체를 부정하고 아래로부터의 노동자·농민 중심의 조직체 결성을 지향하게 되었다.

5. 1930년대

재만한인조국광복회
지하공작원

    이 시기는 좌익전선 중심의 유격대 활동이 항일투쟁을 이끌었다. 유격대 활동은 중국공산당이 주도하는 동북인민혁명군에 이어 조·중 연합부대인 동북항일연군으로 발전해 갔지만 이 무장투쟁에서는 조선인의 활동이 컸다. 1930년대 후반기 이후 항일무장투쟁은 민족통일전선운동으로 나타났고, 그 운동의 결실로 '재만한인조국광복회'가 성립되어 독자적인 민족통일전선을 펼쳐나갔다.

6. 동북항일연군

    1937년 7월 일제의 중국 침략이 본격화되면서 중국 관내의 독립운동단체는 새로운 방략을 통해 독립운동을 전개하였다. 그 결실이 한국광복군과 조선의용대의 창설이었다. 뿐만 아니라 만주지역에서도 1932년 만주국의 성립으로 위축된 항일무장세력이 중국과의 연합 속에서 새로운 활로를 모색하였다. 즉 동북항일연군의 한인부대가 그것이다.

한국광복군은 임시정부가 주도해서 만든 군대이고, 조선의용대는 뒷장에서 많이 서술될 것이므로 여기에서는 만주지역에서 활동한 동북항일연군에 대해서 소개하고자 한다.

1931년 9·18 만주사변은 만주지역 독립운동의 지형을 통째로 흔들어 놓았다. 이는 이주한인들의 삶의 터전을 이전시켰으며, 이에 따라 독립운동의 인적 수급과 원활한 방략 수행에 큰 영향을 미쳤다.

1930년 5·30 봉기를 겪고 극좌 흐름의 투쟁 열기가 어느 정도 진정되면서 동북항일연군의 모태가 되는 동북인민혁명군이 조직되었다. 1933년 만주국의 '치안유지' 표방으로 항일독립군에 대한 탄압이 더욱 가속화되면서 동북인민혁명군 제1군 1사가 성립되었다. 동북인민혁명군 제1군 1사는 주로 판스현(磐石縣)을 중심으로 한 유격대가 그 골간이었으며, 제2군은 주로 옌볜지역을 거점으로 조직되었다.

주로 유격대를 근거로 활동하던 동북인민혁명군은 1936년 이른바 8·1 선언의 토대 하에 동북반일연군군정연석확대회의 결의를 통과시켰다. 이 결의는 동북항일통일전선을 확대함과 동시에 항일무장세력을 조직하여 계획적으로 동북항일 유격활동을 전개하기 위함이었다. 즉 동북인민항일연군은 중국의 통일적 임시정부가 들어서기 전까지 만주에서 조직된 과도정권의 '항일군대'였다.

1935년 5월, 간도지구에서 활동하던 조선인 유격대를 기초로 건립되었던 동북인민혁명군 제2군이 동북항일연군으로 개편되었

● 동북항일연군 교도대

다. 당시 이 부대는 3개 사(師)와 1개 교도대(敎導隊)로 구성되어 있었다.

김일성이 사장(師長)을 맡고 있던 제3사 병력의 절대다수는 조선인이었다. 린장현(臨江縣)과 푸송현(撫松縣) 일대를 근거지로 삼았던 제3사는 노령전투(1936년 5월)를 비롯하여 서강전투와 동강전투(1936년 6월)를 진행하였다.

후일 백두산지구로 진입한 제3사는 제1로군 제6사로 개칭하였다. 제6사는 역시 조선인이 대부분을 차지하는 제4사 등과 연합하여 백두산지구에 유격구를 개설하고 일본군과 가짜 만주국 군대에 지속적으로 타격을 가하였다. 이렇게 제6사는 제4사와 함께 유격전을 전개하면서 백두산지구로 들어가 유격구를 건설하기로 결정하였고, 이후 백두산지역은 만주지역 조선인 항일투쟁의 중심지로 무장투쟁을 계속하는 한편 '재만한인조국광복회' 건설의 기초를 마련하고 국내 진공의 근거지로 자리 잡았다.

이홍광은 1935년 2월 일제의 만주침략에서 군사적 요충지였던 평안북도 후창군 동흥읍을 기습하여 커다란 전과를 올리기도 했으며, 또한 함경북도 무산과 갑산을 공격하였다.

1937년 6월 제6사는 압록강을 건너 함경북도 갑산군甲山郡 보천보普天堡를 공격하여 커다란 전과를 거두었다.

당시 옌안延安에서 발행되던 중공중앙의 기관지『해방解放』주보週報는 '동북항일연군 중의 조선지대'라는 제목으로, "여러 차례 일본강도들과의 투쟁에서 승리하였으며, 여러 차례 조선 경내로 진입하여 전공을 세웠다. 이들의 활동에 자극받아 수많은 조선민중이 스스로 유격대에 참가하였다."고 제6사의 활동상을 소개하고 칭송하였다. 이와 같은 보도를 통해서도 동북지역에서 활동한 항일무장세력들이 커다란 성과를 거두었음을 알 수 있다.

각 지역유격대의 연합으로 출발한 동북항일연군은 항일민족통일전선을 구축한다는 만주성위滿洲省委의 정책기조 하에서 편제를 개편하였다.

1936년 11월 동북항일연군은 제1군부터 제7군까지 개편되었으며, 총 11군 3로군으로 편제되었다. 동북항일연군은 1940년에 들어서면서 만주국의 강력한 탄압으로 그 활동이 상당히 위축됨으로써 1942년 동북항일연군 교도대로 통합되었다. 동북항일연군 인적자원의 상당수는 한인이었

● 해방주간 창간호

지만 실질적인 권한은 중국인에게 집중되었다. 이런 이유 때문에 한인들의 이중적 문제가 심각하게 발생하기도 하였다. 이는 만생단 사건과 연관이 깊은데 만주지역에 거주하는 한국인에 대한 중국인들의 그릇된 시각에 근본원인이 있다 하겠다.

　동북항일연군은 만주국의 가혹한 탄압 속에서 전투 및 선전활동에 주력하였다. 특히 열차 습격이나 헌병대를 공격함으로써 일제 침략의 상징물에 대한 파괴를 그 목표로 하고 있음을 알 수 있다. 또한 동북항일연군은 군수비용을 전투를 통해 해결하는 경우가 많았다. 1930년대 말 일제가 군사적·경제적 봉쇄를 강력하게 시행하고 있었기 때문에 재정문제가 가장 곤란하였는데 동북항일연군은 이를 직접 해결하기 위해 전투를 치렀다.

　이렇듯 동북항일연군이 직접 전투를 전개할 수밖에 없었던 것은 만주국의 지속적인 '치안숙청'과 이를 통한 항일세력에 대한 탄압이었다. 여기에는 지역적 특수성, 예컨대 언제든지 쉽게 접근할 수 있는 지리적 인접성이 동북항일연군의 국내 진공작전을 가능하게 한 요인으로 작용하였다.

　유격대를 모체로 성장했던 동북항일연군은 지역민에 대한 동조세력 확보가 항일운동을 전개하는데 필수 요소였다. 따라서 이들은 노래책·삐라 등을 통하여 대(對)군중 선전활동을 전개하였다. 이는 동북항일연군의 활동이 일반인의 협조 없이는 불가능한 부분이 많았기 때문이다. 동북항일연군은 "민중에 대한 조직공작과 선전공작을 잘해야 한다."는 전제하에 대중들과 괴리되는 현상을 미연에 방지하는 노력을 전개하였다.

그래서 동북항일연군은 '군대'로서는 드물게 군민(軍民) 관계에 적극적이었다. 폭력적 행사의 정당성을 담보로 한 군대의 특성상 동북항일연군은 대민관계를 중시할 수밖에 없는 처지에 있었다. 이는 앞서도 언급하였지만 만주국이라는 공간에서 비정규군이자 유격대적 성격을 가지고 있는 동북항일연군들이 근거지 확보를 위해서는 현지인들의 도움이 절실하였다. 따라서 전략 및 전술도 여기에 초점을 맞추어 짤 수밖에 없었다.

이상으로 일제식민시기 동아시아 항일투쟁과 베이징 및 동북지방의 항일투쟁 상황을 간략하게 살펴보았다.

역사탐방을 하면서, 또 이 글을 쓰면서 조국의 독립을 위해 목숨을 바친 선열들이 있었기에 오늘의 우리가, 내가 있다는 것을 알게 된 소중한 시간이었고 그것을 느낄 수 있어 다시 한 번 감사한다.

이화림 여사와 항일운동

박경철

몇 가지 우연과 한 가지 필연

필자가 중국 내 항일독립운동사, 그 중에서 조선의용대_{조선의용군}에 관심을 가지게 되면서 필자와 관련된 몇 가지 우연한 사실을 발견하게 되었다.

첫째, 조선의열단, 조선민족혁명당, 조선의용대_군의 리더였던 윤세주 열사는 1900년에 경남 밀양에서 태어나 1942년 5월, 중국 허베이성_{河北省} 타이항산 항일근거지에서 일제의 소탕작전에 맞서 싸웠고 위기에 처한 팔로군과 조선의용군을 구출하였으나 결국 일제의 총탄을 맞고 그 해 6월 3일 순국했다. 순국 당시 연세가 43세였고 2012년이 순국하신 지 70주년이 되는 해이다. 그런데 필자의 아버지는 윤세주 열사가 순국한 그 해인 1942년에 태어났고 필자는 윤세주 열사 탄생 70주년인 1970년에 태어났다. 그리고 필자의 올해 나이가 43세이고 본관이 윤세주 열사의 고향인 밀성_{밀양의 옛 이름}이다. 필자가 금년 7월에 중국에서 5년 간의 학위 과정을 마치고 한국으로 귀국했는데 이제 윤세주 열사가 못 다한 삶을 살라는 것일까? 참 특별한 우연이 아닌가 싶다.

둘째, 1938년 10월 10일 우한_{武漢}에서 창설되어 충칭_{重慶}, 구이

린桂林, 뤄양洛陽, 타이항산太行山, 옌안延安 그리고 해방 후 동북지역 등에서 활동을 한 조선의용대군의 영문명은 'Korean Volunteers'였다. 그런데 필자가 1995년 중국에 처음 왔을 때의 신분이 한국국제협력단KOICA에서 파견한 한국해외봉사단원KOV이었고 영문명이 'Korea Overseas Volunteer'였다. 우연한 일치인지는 모르겠지만 영문명을 보면 나는 조선의용대군의 후예라 할 수 있다. 시대가 변해 'Volunteer'에 대한 개념과 정의가 다르겠지만 나라 사랑과 인류애를 실천하고자 하는 마음은 변하지 않는 것 같다. 알 수 없는 게 인생이지만 인생에는 이처럼 우연적인 요소가 더 삶을 지배하는 것인지도 모르겠다.

셋째, 필자가 해외봉사단원으로 1995년 7월에 베이징에 와서 베이징대학에서 2개월 간 어학연수를 하고 처음 근무를 한 지역이 다렌大連이었다. 나는 그곳의 농업과학연구소에서 1년 간 일을 했다. 그런데 최근에 알고 보니 내가 다렌에 있을 때 조선의용군 출신 독립운동가 이화림 여사가 그곳에서 마지막으로 여생을 보내고 계셨던 것이다. 이화림 여사는 다렌에서 여생을 보내시면서 당신의 자서전격인 『정도征途』를 남기시고 1999년 2월에 돌아가셨다. 그런데 이 『정도征途』 책을 윤세주기념사업회에서 10여 년 동안 찾으려고 노력하다 결국 못 찾아 필자에게 부탁을 해왔는데 필자가 인터넷 헌책방을 백방으로 뒤져 결국 찾아냈다. 마지막 남은 한 권이었다. 이화림 여사의 친필서명이 남아있는 귀한 증정본을 내가 인터넷 헌책방에서 찾아 우편으로 주문해 받았을 때 필자는 전율 같은 것을 느꼈다. 왜 이 책이 내 손에 들어온 것일까? 우연만으로는 설명될 수 없는 무언가가 있는 것이 아닐까? 하고 생각했다.

나는 이 모든 과정이 우연 같은 필연이라고 생각했다. 그래서 나는 이제 조선의용군, 그 중에서 조선의 여성으로서 중국 내에서 혁명의식이 강했고 맹렬히 싸웠으며 중국에서 끝까지 남아 인도주의정신을 실천하고 마지막에는 자신의 항일운동의 역사를 남기고 떠난 이화림 여사의 삶에 대해 얘기하고자 한다. 왜냐하면 필자는 이화림 여사에 대해 말해야 할 강한 필연을 느끼기 때문이다. 그렇다면 이화림 여사는 어떤 분일까?

이화림 여사의 출생과 가족 환경

이화림 여사는 일제가 고종황제를 협박해 〈을사늑약〉을 체결한 해인 1905년 1월 6일 조선 평양시 경창리景昌裏의 한 가난한 가정에서 태어났다. 가족으로는 부모님 이외 오빠가 둘, 언니가 한 명으로 이화림 여사_{어릴 적 이름은 춘실(春實)}는 막내로 태어났다. 큰 오빠 춘성春成은 숭실중학을 다녔지만 2학년 때 가정 형편이 어려워 자퇴를 하고 여러 잡다한 일을 하며 가족의 생활에 보탬을 주었다. 둘째 오빠 춘식春植은 학교 문 앞에도 가보지 못했다. 언니는 학교에 가는 것은 생각지도 않았으며 15세에 시집을 갔다. 아버지 이지봉李芝奉은 고정된 일자리가 없어 수입도 일정하지 않았다. 어머니 김인봉金仁奉은 독실한 기독교 신자였으며 미국인이 설립한 기독교당에서 일을 했다. 이화림의 형제자매들은 집에 작은 양말제조 작업장을 차려 양말을 짜며 어렵게 생계를 이어갔다. 그 후 큰 오빠가 결혼 후 장인으로부터 목공기술을 배워 가정형편이 점점 나아지기 시작했다.

그러던 어느 날 큰 오빠는 어머니와 상의 후 이화림 여사를 학교에 보내기로 하는데 사실상 학교가 아니라 반 직업학교 성격의 학습반이었다. 이 소식을 아버지가 듣고는 "여자가 무슨 공부냐? 기다렸다가 열대여섯 살이 되면 시집이나 가면 될 것이지." 하면서 반대를 했다고 한다. 결국 이화림 여사는 어머니가 일하는 기독교당의 미국전도사가 설립한 숭현崇賢소학에 입학했다. 이화림 여사가 학교에 가 기뻤던 것은 다른 학교는 강제적으로 일본어를 가르쳤던 것에 비해 이 학교는 3학년부터 영어를 가르쳤기 때문이라고 한다. 당시 사람들은 일본어를 "왜화倭話"라고 비하했다고 한다.

국내에서의 항일 활동

3·1운동이 전국적으로 전개되던 그날 이화림 여사의 학교 또한 교장선생님이 전체 선생님과 학생을 데리고 평양의 숭덕崇德학교 운동장에 집결했다. 여기에는 평양의 각급 소학교, 중학교, 대학교 학생뿐만 아니라 기독교, 천도교 등 사회각계단체가 모두 참가했고 대회 전에 나눠준 태극기를 흔들어 태극기의 바다를 이뤘다고 한다. 그 후 3·1운동은 6월까지 3개월 동안 지속되었고 전국 200여 군에서 2,000여 차례 시위활동에 각 계층의 200만 여

명이 참여했다. 이때 일제는 3·1운동을 야만적으로 진압해 3개월 동안 무려 7,500명이 살해되었고 1만 6,000명에게 상해를 입혔으며 760곳의 사립학교 및 민간주택을 파괴하거나 훼손했다. 그래서 많은 애국운동가들은 일본의 진압을 피해 압록강을 넘어 중국으로 가 투쟁을 계속했다.

이화림 여사의 가족은 국내에 남아 계속 독립운동에 참가하는 한편 어머니는 비밀리에 군자금을 모으는 일을 했다. 왜냐하면 비밀작업은 여자들에게 유리했기 때문이다. 한편, 오빠가 기독교 목사의 집 지하실에서 비밀리에 전단을 만들어 뿌리자 일본경찰들이 점점 검문과 단속을 강화하며 압박해 들어왔다.

1920년 이후 일본경찰들이 거의 매일 이화림 여사의 두 오빠들을 잡으러 왔기 때문에 두 오빠는 국내에서 독립운동을 할 수 없어 중국 동북으로 갔으며 나중에 조선독립군에 참가했다. 아버지는 일본식민통치와 동란으로 인해 일자리를 찾을 수 없어 1923년 며느리와 손자를 데리고 같은 동북지역을 떠돌다 푸순撫順에서 일자리를 잡았다. 이화림 여사는 계속 공부를 하기 위해 어머니와 함께 국내에 남았으며 어머니의 도움으로 반 직업학교인 숭의여자중학 유아반에 입학했다. 이 무렵 이화림 여사는 평양고등학교 학생 주체의 '역사문학연구회'에 비밀리에 참가해 활동하면서 틈틈이 『사회발전사』와 『러시아 10월혁명의 역사』 등을 공부하며 공산주의사회에 대해 이해했으며, 동시에 공산주의 실현만이 인민들을 행복하게 할 수 있다는 것을 인식했다. 하지만 어떻게 혁명투쟁을 할 것인가에 대해서는 여전히 불투명했다.

1927년 8월, 이화림 여사가 함경북도 청진시_淸津市_ 기독교 유아원에 근무할 때 김문국_金文國: 당시 숭실대학 학생_을 통해 소학교 교원인 엄 선생을 알게 되는데 그의 소개로 조선공산당_1925년 4월 17일 설립됨. 서기 김재봉(金在鳳)_에 가입했다. 그러나 조선공산당 내부의 파벌 싸움이 심한 데다가 조선공산당에 대한 일본식민당국의 수색이 심해지자 많은 공산당원들이 중국 동북의 항일운동에 참여했다. 그로 인해 조선공산당은 1928년에 해산됐고 일부 당원들은 지하활동으로 들어갔다. 따라서 이화림 여사도 아버지와 독립군인 오빠들이 있는 동북독립군을 찾아 동북으로 떠났다. 하지만 그곳도 일제의 침략이 광범위하게 이뤄지고 있었기 때문에 독립군을 찾기란 쉽지 않아서 다시 김문국의 소개에 따라 김두봉_金枓奉_이 있는 상하이로 떠났다.

상하이에서의 항일 활동

1930년 9월, 이화림 여사는 드디어 상하이에 도착해 당시 상하이조선교민소학의 교장이었던 김두봉 선생을 찾아갔다. 김두봉 선생은 부산 출신으로 1919년 3·1운동에 참가한 후 4월에 망명해 상하이로 온 후 신채호 선생의 '신대한신문'의 편집 일을 했고 이후 김규식의 신한청년당에 가입했다. 그 후 1921년에 상하이파 고려공산당에 가입했다. 1928년 12월 고려공산당이 해산되자 그는 다시 안창호의 '혁명이론비교연구회'에 참가했다. 김두봉 선생은 애국자일 뿐만 아니라 명망 있는 혁명가이며 역사·문학방면에 조

백범白凡 김구 선생과 한인애국단원 1932년 무렵

예가 깊어 국내외에서 명성이 높았다. 그래서 많은 조선의 애국청년들이 중국으로 망명 후 그를 찾아왔다.

당시 상하이조선교민사회에는 여러 독립운동조직과 인물들이 있었다. 1919년에서 1920년 가을 사이에 상하이에서 성립된 조선교민 애국단체로는 의열단·대한객류민단·신한청년당·애국부인회·구국모험단과 대한교육회 등이 있었고 1928년 3월에는 한국독립당, 1931년 3월에는 국우회國友會와 공평사公平社가 성립됐다.

이화림 여사는 김두봉 선생으로부터 상하이의 분위기와 교민들의 독립활동에 관한 소식들을 듣는 중 상하이 임시정부를 이끌고 있는 김구 선생이 실질적으로 상하이에서의 독립운동을 이끌고 있다는 얘기를 듣고 김두봉 선생에게 김구 선생을 소개해 달라 부탁해 어렵게 성사되었다. 이화림 여사가 처음으로 김구 선생을 알현할 때 그는 냉담했다고 한다. 여자라는 이유가 컸다. 이후 이화림 여사는 몇 차례 더 찾아가 김구 선생을 만나 뵙고 자신의 뜻을 표명하며 한인애국단에 가입시켜 줄 것을 간청했다. 그러자 김구 선생은 갑자기 이렇게 물었다.

"너의 조국은 어디인가?"
"나의 조국은 조선이고 평양시에서 자랐습니다." 라고 이화림 여사는 대답했다.

김두봉 선생의 말에 따르면 조선공산당원이었다면 "나의 조국은 소련입니다."라고 대답했을 텐데 이화림 여사의 이와 같은 대답은 공산주의를 믿지 않는 김구 선생이 이화림 여사에 대해 믿음을 갖도록 했다고 한다. 이후 이화림 여사는 김구선생의 비서 역할을 하며 한인애국단과 함께 비밀리에 항일운동을 시작했다.

　그러던 어느 날, '의열단' 소속의 이봉창 의사가 김구 선생을 찾아와 자신이 일왕을 암살할 테니 도와달라는 요청을 해왔다. 매년 1월 8일에 일왕이 요요기 광장代代木廣場에서 열리는 열병식에 참가하니 이 기회를 이용해 천황을 암살하겠다는 것이다. 이봉창 의사는 젊은 시절 일본으로 건너가 온갖 어려움 속에서 자립한 이후 다시 독립운동에 뜻을 두고 1930년 12월 상하이에 임시정부를 찾았다. 그의 외모와 언행이 일본인을 닮아 임시정부 사람들은 처음에 그를 의심했다. 왜냐하면 당시 이봉창 의사가 상하이에 들어와서 처음에 인쇄공장에 다니다 나중에 일본악기점에서 일을 했기 때문이다. 음악방면에 천부적인 재능이 있었던 이봉창 의사는 다룰 수 있는 악기만도 12종이 되었고 일본노래도 잘 하고, 일본말도 잘 하고 얼굴도 잘 생겨 당시 상하이지역 일본여성들이 그를 좋아했다고 한다. 하지만 그는 천상 조선사람이었고 독립운동에 대한 의지가 강했기 때문에 이를 물리치고 김구 선생을 찾아 상의를 했으며 결국 그의 뜻이 전달되어 함께 비밀작업을 진행했다.

🍑 일본천황을 저격하러 떠나기 전 태극기 앞에서 선서를 하고 있는 이봉창 의사

1931년 12월 13일, 이봉창 의사는 드디어 일왕 암살준비를 마치고 일본으로 떠나기 전에 상하이한인애국단본부_안공근의 집_에서 한 손에는 수류탄을 쥐고 태극기 앞에서 선서를 했다. 일본으로 건너갈 때 수류탄을 속옷 고쟁이에 주머니를 만들어 넣어갔는데 이 주머니를 이화림 여사가 만들어 주었다. 하지만 1월 8일 아침, 일본천황이 황거 앞 이중교를 지날 때 이봉창 의사가 던진 수류탄은 마차의 지붕을 맞고 터지긴 했으나 위력이 약해 일왕을 암살하는 데는 실패했다. 이봉창 의사는 현장에서 즉각 체포가 되었으며 이후 일본고등법원의 판결을 받고 1932년 10월 10일 교수형에 처해졌다. 당시 일본신문들은 이와 같은 소식을 "조선인 이봉창이 일황제를 저격하였으나 실패했다_韓人李奉昌狙擊日皇不中_."라고 전했는데 중국에서는 여기에 "불행히도 실패했다_不幸不中_."라는 말로 안타까움을 전했다.

　한편, 일제가 계략을 꾸며 1932년 1·28 상하이사변을 일으켜 상하이를 대대적으로 공격하자 수세에 몰린 장제스_蔣介石_는 저항정책을 포기하고 그의 19로군_路軍_도 상하이지역에서 철수하자 기세가 오른 일본침략자들은 '승리'를 자축하기 위해 천장절_일본천황의 생일_인 4월 29일 훙커우_虹口_공원에서 대대적인 기념행사와 열병식을 개최하기로 했다. 이러한 소식을 전해 듣고 김구 선생은 윤봉길 의사와 이화림 여사와 함께 일본침략자들을 처단하기 위해 계획을 세웠다. 당시 이화림 여사는 기회가 왔다고 생각하고 윤봉길 의사와 함께 일본침략자 처단활동에 직접적으로 개입하려고 했으나 김구 선생은 이화림 여사_당시 가명은 동해(東海)_가 일본어에 능숙하지 않아 사전에 발각될 염려가 있고 나중에 체포될 경우 한인애국단의 실체가 드러날 수 있으니 옆에서 돕기만 하라고 했다. 이화림 여사는 이에 수긍을 하고 사전에 윤봉길 의사와 일본인 부부로 위장해 홍커우 공원을 정탐하며 폭탄저격계획을 치밀하게 준비했다.

1932년 4월 29일 아침, 김구 선생은 윤봉길 의사와 시내 모처에서 만나 도시락폭탄과 물병폭탄을 전달하며 하나는 일본원수들을 죽이는데 쓰고 하나는 자신을 위해 쓰라고 했다. 윤봉길 의사는 김구 선생에게 "선생님 말씀 잘 따르겠습니다. 부디 조국을 위해 몸조심하십시오, 저는 끝까지 싸우겠습니다."라고 하였고, 김구 선생은 "나중에 구천에서 만나자꾸나." 하며 뜨거운 눈물을 흘렸다. 윤봉길 의사는 자신의 손목시계를 풀어 김구 선생에게 드리며, "몇 시간 후면 필요 없습니다."라고 말하고 바로 홍커우 공원으로 떠났다. 이 때 이화림 여사는 김구 선생이 자신은 홍커우 공원에 가지 말라고 했기 때문에 아침 일찍 홍커우 공원 입구 멀리서 윤봉길 의사가 오는 것을 기다렸다. 윤봉길 의사가 안전하게 홍커우 공원에 들어가는 모습을 확인하고 계속 남아 있으면서 공원 안쪽을 지켜봤다.

그날 11시경, 경축행사가 끝나고 각국 사절단이 떠난 후 일본인들끼리 자체적으로 경축행사를 할 무렵 이화림 여사는 안에서 거대한 폭음소리를 들었다. 윤봉길 의사의 폭탄투척이 성공

🍑 상하이 홍커우공원 폭탄투척 전에 태극기 앞에서 선서를 하고 있는 윤봉길 의사

한 것이다. 이화림 여사는 그 광경을 보고 "마치 낙엽이 우수수 떨어지는 모습 같았다."고 표현했다. 윤봉길 의사의 폭탄투척으로 상하이 일본거류민 단장이자 일본군 편의대便衣隊 대장인 가와하다河端(사망), 일본군총사령 시라카와白川 대장 사망, 일본제3함대사령관 노무라野村 중장 오른쪽 눈 적출, 일본최정예부대 제9사단 사단장 우에다植田 중장 한쪽 다리 절단, 일본주중국공사 시게미쓰重光葵(한쪽 다리 절단, 나중에 미국에 항복선언 서명), 주상하이총영사 무라이村井(중상) 등이 사상을 입었다.

이 폭탄투척사건은 중국·한국 뿐만 아니라 전 세계적으로도 커다란 충격을 준 사건이었다. 특히 중국인들에게는 커다란 자극이 되어 중국 장제스 등 정치인들이 조선 독립운동가들에게 독립자금을 적극 지원해주는 계기도 됐으나, 한편으로는 일제의 대대적인 탄압으로 독립운동이 소강기에 접어드는 계기가 되었다. 따라서 상하이에서 독립운동이 더 이상 어렵게 되자 이화림 여사는 김구 선생을 설득한 후 조선독립과 혁명을 꿈꾸는 젊은 청년들이 많이 거주하고 있는 광저우로 떠났다.

윤세주 열사와의 만남과 남방지역에서의 항일 활동

이화림 여사가 광저우로 떠나기 전에 김두봉 선생에게 작별 인사를 하러 갔을 때 김두봉 선생은 이화림 여사에게 이두산李斗山 동지를 소개해줬다. 그래서 이화림 여사는 광저우 중산대학에 가 이두산 동지를 만났고 환영 모임에서 이전에 김두봉 선생 집에서 만났던 김창국(金昌國) 동지를 만났다. 그는 상하이를 거쳐 광저우에 와 중산대학 법학과에서 공부하고 있었다. 이후 이두산 동지 등은 이화림 여사에게 일자리를 알아봐주었고 반공반독(半工半讀) 할 수 있는 중산대학 의학원 부속병원 견습 간호사 자리를 알선해 주었다. 이때부터 이름을 이화림(李華林)으로 개명했다. 일을 하면서도 중산대학 학생들과 잦은 교류를 하였으며 이때 김창국과 깊은 교류를 한 끝에 1933년 봄에 살림을 차렸다. 결혼 후에도 약 80여 명이 되는 중산대학 조선인 학생들과 잦은 교류를 했는데 당시 중산대학에는 공산주의·자본주의·무정부주의 등 여러 계파의 활동들이 있었다. 이 무렵 이화림 여사는 여러 학생들 중에 중산대학 교육학과에 재학 중이며 이화림 여사와 같이 고향이 평양인 진광화(본명 김창화(金昌華)) 동지를 알게 되어 그를 통해 『자본론』, 『공산당선언』, 『국가와 혁명』 등을 읽으며 학습을 이어나갔다.

 그렇게 일과 학습, 그리고 가정을 꾸려가고 있었던 이화림 여사는 1935년 가을, 진광화 동지의 소개로 조선혁명가 광저우 집회에 참가해 '의열단'과 이후 1935년 7월에 난징(南京)에서 창립된 조선민족혁명당(한국독립당, 조선의열단, 조선혁명당, 신한독립당 그리고 미주대한인독립당이 연합해 만듦)의 리더인 석정 윤세주 동지의 강연을 듣고 그에게 깊은 감화를 받아 이후 조선민족혁명당에 많은 관심을 가지게 됐다. 그러자 같은 해 겨울 조선민족혁명당총부(당주석 김규식, 총서기 김원봉) 쪽에서 이화림 여사가 난징총부에 와서 근무할 것을 통지했다. 이러한 사실을 남편인 김창국에게 알리자 그는 자신이 공부가 아직 끝나지 않았고 아들 우성(雨星)도 어려 난징으로 가면 견디기 힘들 것이라며 반대를 했다.

하지만 이화림 여사는 자신이 중국에 온 목적은 작은 가정을 꾸리러 온 것이 아니라 조국의 독립과 해방을 위해 왔기 때문에 큰 혁명을 위해서는 작은 가정의 포기는 어쩔 수 없는 일이라고 생각해 김창국과 결국 이혼을 하고 난징으로 떠났다. 그곳에서 이화림 여사는 임철애_본명 박차정(樸次貞), 부산 출신으로 김원봉의 첫 번째 아내, 이후 1944년 5월 27일 충칭에서 타계 등과 함께 부녀국에서 선전활동 등을 했다.

이 무렵 이화림 여사는 윤세주와 이춘암_李春巖 등의 소개로 이집중_李集中, 본명 이종희(李鐘熙) 동지를 만나 재혼을 한다. 그는 나이가 좀 있었지만 이화림 여사는 그녀의 혁명활동을 지지해준다면 큰 문제가 없을 것 같다고 생각했다. 하지만 결혼 후 반 년이 지나면서 그는 아내가 부녀국 활동에 너무 전념하는 것에 못마땅해 했고 나이 차이에서 오는 간극을 극복하지 못하고 결국 둘은 헤어지게 됐다. 한편, 의혈단에서는 조선혁명군사정치간부학교_교장 김원봉를 세워 조선에서 온 우수한 학생들을 모아 집중적으로 정치·군사교육을 실시했다. 윤세주_1기 때는 학생, 2,3기 때는 교관으로 활동, 이육사, 정율성 등 항일정신이 투철한 200여 열혈청년이 이 학교를 다녔다.

그 후 1937년 7·7사변_일명 루거우차오사건이 발생하자 공산당과 국민당은 제2차 국공합작을 실시해 항일을 위한 통일전선을 형성했다. 이에 영향을 받아 당시 중국과 미국 내에서 영향력이 큰 혁명단체인 조선민족혁명당·조선민족해방동맹·조선혁명자연맹의 대표들이 같은 해 11월 난징에서 조선민족전선연맹을 성립하고 명칭·규약·강령과 선언 등을 통과시켰다. 그리고 당시 난징이 위기에 처하자 '민전'은 우한_武漢으로 이사를 해 12월 초에 한커우_漢

□에서 '민전'상무이사 김원봉의 창립선언을 발표했다. 그리고 이때 중국공산당의 항일투쟁책략과 투쟁경험을 더 잘 학습하기 위해 '민전' 소속의 정율성鄭律成, 이근산李根山, 호철명胡哲明, 로명魯明 등을 옌안에 파견했다.

한편, 1937년 겨울 난징을 출발한 조선민족혁명당의 전체 부녀동지, 노약자, 어린이들은 한커우·이창宜昌을 지나 천신만고 끝에 1938년 봄에 충칭重慶에 도착했다. 그곳에서 이화림 여사는 중산대학 부속병원에서 배운 의료경험을 토대로 의료활동을 하던 어느 날 김구 선생의 모친이 병으로 별세하면서 김구 선생을 다시 상봉하게 된다. 모친상을 마친 후 김구 선생은 이화림 여사와 지난 날에 대해 얘기를 하고 헤어질 때 이렇게 물었다.

"동해 이화림 여사의 상하이시절 가명야. 너 아직도 공산주의자냐? 공산주의를 믿느냐?"
"저는 공산주의를 믿습니다. 저는 공산주의자입니다!"
이화림 여사는 자랑스럽게 회답했다.
"그럼 우리 앞으로 다시는 만나지 말자구나!"

그 후 이화림 여사와 김구 선생은 같은 충칭지역에 있으면서도 더 이상 만나지 않았다. 그 만큼 독립운동단체들의 각 계파 간 갈등이 심했다는 것을 알 수 있다.

1938년 충칭 시절의 이화림 여사

1. 조선의용대 참가와 타이항산에서의 항일 활동

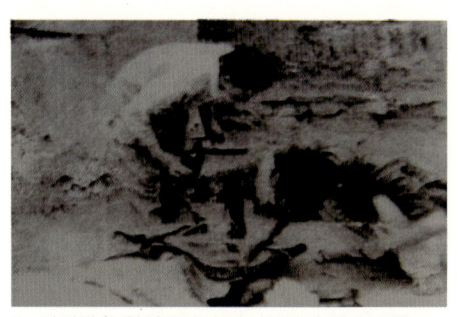
타이항산 항일근거지 반소탕작전 중 부상을 입은 조선의용군 대원을 치료하는 이화림 여사

조선민족전선연맹 성립 후 조선혁명무장부대 설립에 관한 문제에 대해 중국측과 협의한 결과 국민당정부의 지원으로 조선의용대_{대장 김원봉}가 1938년 10월 10일 한커우에서 창립됐고 약 140명의 젊은 청년들이 여기에 참가했다. 하지만 그 해 11월 일제가 우한지역까지 진공하자 조선의용대는 충칭과 구이린_{桂林}으로 퇴각했다. 이후 조선의용대는 일부가 충칭에 남고 나머지는 타이항산 팔로군 근거지에 가기 위해 뤄양_{洛陽}에서 모여 뜨거운 상봉의 감격을 나누고 난 다음 다시 험난한 여정을 거쳐 1941년 5월에 드디어 타이항산지역에 도착했다. 조선의용대가 타이항산에 도착하자 팔로군전선사령부 펑더화이_{彭德懷} 사령관, 뤄루이칭_{羅瑞卿} 주임 등이 친히 환영대회에 출석해 맞아주었다. 하지만 그 해 12월 12일 위안스_{元氏}현 후자좡_{胡家莊}에서 29명의 조선의용대 대원이 팔로군의 정치활동을 도와 군중대회를 열어 주민들에게 일본의 소탕작전에 잘 대비할 것을 선전하던 중 500여 일본군이 포위해 오자 그들과 전투를 벌였다. 하지만 전투 중에 손일봉·최철호·왕현순·박철동대원이 장렬히 전사했고, 김세광 대원은 어깨가 부러졌으며 김학철 대원은 다리부상을 입는 등 큰 손실을 입었다.

그 후 1942년 5월, 일본군 수십만이 팔로군을 섬멸하기 위해 타이항산지구로 쳐들어왔다. 당시 이곳의 팔로군과 조선의용대는 6만여 명으로 절대적 열세였다. 5월 상순, 전쟁이 다시 시작되었고 5월 28일에 조선의용대와 팔로군이 일본군에 포위되고 말았다. 그러자 팔로군 사령부는 조선의용군이 일본에서 점령한 두 산봉우리를 뚫고 포위된 동지들에게 돌파구를 마련할 것을 명령했다. 그래서 조선의용군 박효삼朴孝三 사령관은 부하들을 이끌고 야간을 틈타 일본군과 격전을 벌인 끝에 퇴로를 뚫었다. 하지만 이 퇴로를 따라 나오던 팔로군전선참모장 쥐췐左權 장군이 그 자리에서 전사하고 조선의용군 진광화도 즉사 하였으며 윤세주 열사는 일본군의 총탄을 맞고 도피하다 타이항산지구 좡즈링 일대 동굴에서 6월 3일 결국 전사했다.

1942년 9월 18일 타이항산에서는 후자좡과 타이항산에서 전사한 11명의 열사에 대한 장례식을 치렀는데 이 때 주더朱德 총사령관이 무대에 올라 애도를 했고, 예젠잉葉劍英, 샤오산肖三 등도 신문에 애도의 글을 남겼다. 특히 저명한 시인 아이칭艾靑은 타이항산 전투에서 희생된 조선의용대 열사를 위해 다음과 같은 시로 애도를 표했다.

  사랑하는 전우들이 떠났습니다.
  당신들은 중국의 반침략전쟁에서 희생됐고,
  당신들의 희생은 우리의 영광을 드높였습니다.
  사랑하는 전우들이여,
  이제 편안한 안식을 맞이하기 바랍니다.

따뜻한 햇볕과 구름이 당신들의 묘지를 어루만질 것입니다.
우리는 당신들의 이름을 깃발로 삼아,
나아가 당신들을 위해 복수하고,
나아가 적들을 섬멸할 것입니다.

한편, 조선의용군 여성대원들과 부녀자들은 전투와 선전활동 이외의 시간에는 산채 등을 캐서 반찬을 만들어 조선의용군들에게 제공했다. 그래서 매일 같이 산으로 가서 각종 산채, 버섯 등을 채취했다.

특히 1942년에는 이곳에 극심한 가뭄이 들어 조선의용군과 부녀자들은 직접 산을 개간해 작물을 심어 자급자족을 해야 했다. 그리고 이곳에는 소금이 매우 귀해 얻을 수가 없어 염기성이 많은 돌을 갈아 산채에 비벼 먹었다. 그 당시 산에서 가장 많이 채취했던 산채는 돌미나리였다. 이화림 여사는 거의 매일 산에 가 돌미나리를 캘 때면 자신도 모르게 저절로 조선의 민요 '도라지타령'이 생각나 부르곤 했는데 '도라지타령'의 가사를 바꿔 이렇게 불렀다고 한다.

미나리, 미나리, 돌미나리
타이항산골짜기의 돌미나리
한두 뿌리만 캐어도
광주리에 가득차누나.
에해요, 에해요, 에-해요,
우리의 근거지, 너무도 사랑스러워.
우리의 타이항산 너무도 아름다워.

2. 옌안에서의 항일 활동과 해방

1943년 12월, 조선의용군총부(대장 무정)는 중국공산당 중앙위가 조선의용군의 일부를 제외하고 모두 옌안으로 이주해 훈련을 받으라는 옌안 공산당지도부의 결정에 관한 통지를 전달한다. 앞으로 옌안에서 조선의용군 군정대학을 설립해 교육과 훈련을 시킬 계획이라는 것이다. 이 소식이 전해지자 조선의용군은 중국 공산당 혁명의 성지인 옌안에 갈 수 있다는 것에 무척 고무되었다. 그리고 곧 짐을 꾸려 옌안으로 출발했고 그 이전에 옌안에서 온 조선의용대 출신 정율성 등이 호위하며 험난한 길을 걸었다. 그리고 천신만고 끝에 1944년 4월 7일에 바오타산이 있는 옌안에 도착했다. 그곳에서 중국공산당의 도움으로 토지·자금·생산도구 등의 문제를 해결해 뤄자핑(羅家坪)에 군정학교를 세우고 예배당과 요동(窯洞, 동굴)을 만들었다. 그리고 자력갱생의 원칙 하에 조선의용군은 대원들 스스로 인근 산을 개간하고 농사를 짓고 산채를 캐 저장하는 등의 방법으로 먹는 문제를 해결해야 했다.

군정학교에서는 군사·정치 과목 이외에 군중활동, 특히 생산활동에도 전념했다. 주요 학습내용은 조선민족의 역사와 문화, 일본제국주의 침략조선의 죄악의 역사와 그 현상, 일본통치 하의 조선인민의 생활 상황과 조선민족의 해방투쟁의 현황 및 전도, 국제형세와 조선민족독립운동의 관계 그리고 일본필패와 조선필승의 원인 등이었다. 또한 마르크스주의의 계급투쟁학설, 무산계급전정(專政)학설, 정당학설 그리고 중국공산당의 군사이론과 실제작전 경험 등을 학습했다.

그러던 어느 날 무정 장군이 이화림 여사에게 의학대학에 가 의학을 공부할 것을 권유하며 이미 학교 당국과 협의를 마쳤다고 전했다. 이화림 여사는 이전에 광저우 중산대학에서 의학을 공부한 적이 있었는데 이후 공부를 다 마치지 못해 아쉬움을 가지고 있었기 때문에 무정 장군의 제안에 적극 찬성했다. 그래서 1945년 초 이화림 여사는 김화金華 동지와 함께 옌안중국의과대학에 제20기 학생으로 입학해 의학 공부를 시작했다.

의학 공부에 열중하던 이화림 여사는 1945년 8월 15일 저녁, 일본이 투항했다는 소식을 전해 들었다. 이 소식은 옌안 전체로 퍼졌고 그날 저녁 옌안 전체가 기쁨에 불야성을 이뤘으며 그 분위기는 다음날 오전까지 이어졌다. 8월 16일 오후, 이화림 여사는 의과대학에서 5km 떨어진 뤄자펑으로 달려갔다. 그곳에는 전체 조선의용군 전사들이 군정학교 운동장에서 조선한복을 입고 명절을 보내듯 노래하고 춤을 추며 해방의 기쁨을 나누고 있었다. 이때 이화림 여사가 그곳에 도착하자 조선의용군들은 이화림 여사의 이름을 외치며 껴안고 기쁨을 함께 나누었다. 이 순간 이화림 여사는 타이항산에서 희생된 진광화·윤세주·손일봉 열사를 생각하며 그 분들이 이곳에 있었으면 얼마나 좋을까! 하며 기쁨과 아쉬움의 눈물을 흘렸다.

해방과 6·25전쟁 참전

해방은 조선의용군에게 기쁨을 가져왔지만 한편으로는 큰 변화를 가져왔다. 해방 이후 조선의용군은 북진을 통해 조선반도로의 진입을 준비하는 한편, 그곳의 팔로군과 연합해 국민당군과 해방전쟁을 벌이는 데 참전한다. 하지만 이화림 여사는 조선의용군의 북진에 참여하지 않고 옌안에 남아 계속 의학공부를 했고 1947년에 졸업한 후 현재 옌볜의학원의 전신인 중국의과대학 제1분교에 배치되어 근무했다.

그러던 중 1950년 6·25전쟁이 발발했고 이화림 여사는 중국인민지원군으로 참전해 북한으로 들어갔다. 그곳에서 의무병으로 부상자 치료활동을 전개하던 중 미군의 폭격으로 다리 부상을 입고 다시 옌볜으로 복귀했다. 그리고 휴전과 함께 이화림 여사는 고국으로 돌아오지 못하고 중국에 남게 되었다.

중국 내에서의 활동

1952년 여름, 이화림 여사는 선양에 있는 인민지원군 후근부총부에 갔는데 그곳 상부에서 이화림 여사에게 2등 을급 잔폐증(殘廢證)을 발급해 주어 다시 지원군으로 6·25전쟁에 참전할 계획을 포기했다. 그 후, 이화림 여사는 군인병원인 랴오닝성 와팡뎬(瓦房店) 캉푸(康復) 병원 기술과 과장을 역임했고, 1953년에는 선양의사(醫士)학교 부교장을 역임했다. 1954년에는 다시 지린성 위생청 부녀아동과에서 근무를 했으며 1955년에는 교통부 위생처 기술과 과장을 역임했다. 1955년 9월에는 당의 요청으로 중앙당교에서 공부를 하기도 했으며, 1956년 7월에 졸업 후 다시 교통부 위생기술과에서 일을 했다. 그 후 상급 당의 요청으로 이화림 여사는 옌볜조선족자치주 위생국 부국장과 국장, 옌볜계획생육판공실 주임, 옌볜위생학교 교장, 옌볜자치주 중국런민대표, 주당대표, 정협상무위원 등을 역임했다. 하지만 1966년 문화대혁명이 발발해 홍위병으로부터 정치적 박해를 받게 됐다. 1970년에는 57간부학교에 보내져 고된 노역을 하며 고통스런 시간을 보냈다. 그렇지만 타이항산 항일 전투를 생각하며 힘겨운 시간을 이겨냈다.

그 후 1978년 중앙조직부 판공실의 왕 주임이 옌볜 시찰 중 이화림 여사를 만난 뒤 문혁 때의 받았던 상처가 크기 때문에 환경과 기후가 좋은 다롄에 가 퇴직을 준비하고 그곳에서 휴양할 것을 권유해 다롄으로 갔다. 그 해 다롄으로 간 이화림 여사는 그곳에서 다롄시 시찰실 시찰원과 다롄시정협 상무위원, 조선족노년협회 명예회장을 역임을 역임하기도 했다. 1984년에 퇴직한 후 그곳에 남아 생활하면서 평생 생활비를 아껴 모은 돈 2만 위안을 국가에 헌납하고, 1986년에는 옌볜조선족자치주의 미래 발전을 위해 옌볜아동문학상기금회에 1만 2,000위안을 기부했다.

이화림 여사는 그녀의 자서전 격인 『정도征途』의 마지막에서, "나는 우리의 국가가 번영 창성하길 바

중공중앙당교 재학 시절 1955년 9월 - 1956년 7월
이화림 여사 가운데

라며, 머지않아 조선이 평화통일이 되길 희망하며, 미래가 더 찬란하고 더 아름답기를 희망한다!"고 했다. 그리고 이화림 여사는 1999년 2월 향년 95세로 세상을 떠났다. 그녀의 전 재산 5만 위안은 유언에 따라 다롄시 조선족학교에 기부됐다.

좌우를 넘어 기억해야 할 숭고한 우리의 역사

 이화림 여사는 일제침략 초기 조선 평양의 가난한 가정의 막내로 3·1운동을 경험한 후 조국의 독립과 해방을 위해 중국으로 건너가 상하이에서 김구 선생을 도와 이봉창·윤봉길 의사의 폭탄투척사건에 참여했다. 이후 상하이지역 독립활동이 소강상태에 들어가자 광저우 중산대학에 가서 공부도 하고 가정도 꾸렸으나 혁명에 대한 의지를 꺾지 않았고 마침 광저우에 찾아온 조선민족혁명당의 윤세주 열사의 강연에 감화를 받아 홀로 난징으로 가 항일활동을 전개했다. 이후 조선의용대_{조선의용군}에 참여해 우한·충칭을 거쳐 타이항산·옌안 등지에서 험난한 항일활동과 학습활동을 했다. 해방 이후에는 선양·옌볜 등 동북지역에서 의료관련 활동을 했으며 6·25전쟁 때는 중국인민지원군으로 참여해 인도적 차원에서 부상병들을 치료하는 활동을 전개했다. 그 때 부상으로 다시 중국으로 왔으나 6·25전쟁이 휴전으로 들어가자 평생 중국에 남아 정부부문에서 의료사업과 정치활동을 전개했고 문화대혁명 때는 박해를 받아 상처를 입기도 했다. 하지만 이후 복권되어 활동하다 마지막 여생을 다롄에서 보냈고 그곳에서 95세의 길고 험난했던 생을 마쳤다.

　이화림 여사의 삶은 실로 우리나라 독립운동사의 대하드라마이자 아프고 굴곡진 우리 근현대사의 아리랑이라고 할 수 있다. 소위 좌와 우를 넘어, 조선의 독립과 자유해방을 위해 때론 불꽃을 피운 혁명가이자, 때론 의학을 배워 아픈 사람들을 구제하고자 했던 인도주의 실천가이기도 했다. 이처럼 강직하고 고결하게 살다간 조선의 강한 여인 이화림 여사에 대해 우리 역사는 여전히 외면하고 있다. 민족의 스승이라는 김구 선생도 이화림 여사와 함께 이봉창·윤봉길 의사의 거사를 함께 꾸미고 실행했음에도 불구하고 그의 『백범일지』에 이화림 여사에 대해서는 한 마디 언급이 없다. 이념이 다르면 서로 배척해버렸던 우리 근현대사의 굴절을 보면서 과연 이념이 뭔지, 사상이 뭔지에 대해 다시 한번 의문을 갖지 않을 수 없다. 인간에 대한 예의와 존엄이 없는 이념과 사상은 결코 정당성을 가질 수 없다고 생각한다.

　이화림 여사에 대한 평가는 좌와 우를 떠나 이제 정당하게 평가되어야 한다. 공산주의자였고 중국인민지원군으로 6·25전쟁에도 참진했지만 나라를 잃은 조선의 한 여인으로서 역사의 매 순간마다 불어 닥친 온갖 고난과 역경에 당당히 맞서 평생을 조국의 독립과 해방 그리고 인민의 구제에 헌신했다. 훗날의 편향된 정치와 이념의 잣대로 함부로 재단되어서는 결코 안 될 일이다. 왜 우리는 닥터 노만 베순과 체 게바라같은 인물은 잘 알면서 이화림은 모르는 것일까? 그래도 되는 것일까? 이화림 여사의 진실된 삶과 강인한 정신은 이제는 다시 조명되고 선양되어야 할 것이다. 일제로부터 해방된 조국에서 살고 있는 우리 세대가 당연히 표해야 할 예의이자 의무라고 생각한다. 강인하고 고결했던 자랑스런 조선의 여성독립운동가이자 인도주의 실천 의사였던 이화림 여사의 삶에 감사와 경의를 표하며 이 글을 맺고자 한다.

조선의용대 조선의용군와 대장정

정원식

격동의 한반도, 남북이 외면한 근현대사의 미아,
"조선의용대 조선의용군"

20세기 동아시아는 '식민제국주의'와 '혁명' 그리고 '이데올로기' 등 갈등과 대립의 혼돈 속에서 크고 작은 전쟁으로 점철된 역사였다고 말할 수 있다. 19세기 중엽, 서유럽에서 불기 시작한 식민제국주의 국제적 트렌드는 아시아 전역을 휩쓸면서, 특히 한반도 전역을 무려 40여 년 1905년 11월 17일 체결된 소위 '을사보호조약'부터 1945년 8월 15일 일제 항복 선언까지 이나 질곡의 나락으로 빠뜨렸다. 이러한 대격랑의 시대 틈바구니에서 당시 우리 한반도 선열들은 일본 식민제국주의를 향해 온 몸으로 항거하며, 벼랑 끝 가시밭길을 조국의 독립과 자유를 위해 한 걸음 한 걸음 내달렸다. 그 중에서 풍전등화의 민족 운명 앞에서 조국해방을 위해 목숨을 초개와 같이 바치며 당당히 항일투쟁사의 한 축을 용광로처럼 뜨겁게 달구었던, 바로 우리의 항일레지스탕스 아방가르드 돌격대 '조선의용대 조선의용군'가 있었다.

1945월 8월 15일, 근 40여 년 동안 항일투쟁에 몸 담아왔던 많은 선열들이 아름다운 이상과 비전을 꿈꾸며 그토록 갈망했던 조국광복. 그 광복은 우리가 아닌 외세에 의해 획득한 독립이었기에 환희와 기쁨도 잠깐, 다시 한번의 가혹한 현실과 시련이라는 검은 그림자가 우리 민족 운명 앞에 기다리고 있었다. 바로 미국과 소련이라는 거대한 역사의 암초가 우리 한반도 현대사의 방향타를 전혀 예상치 않았던 획일화된 이념적 갈등과 대립이라는 역사의 질곡으로 몰아넣었다. 이념은 한 인간의 사고체계를 지배하는 관념으로 그 안에는 인간의 다양한 행동을 제어하는 이념_이데올로기_의 청사진이 존재한다. 이념은 역사에 따라서는 위대한 이상과 비전이 될 수 있지만, 때로는 그 시대와 사람을 억압하는 아이러니한 역사의 굴절이라는 괴물이 될 수도 있다.

　이러한 굴절된 이념은 한반도에서 동족상잔의 비극인 6·25전쟁이라는 괴물의 탄생을 불러왔고, 남북한 쌍방을 첨예한 이데올로기의 적대적 공생관계로 구체화시켜 반세기가 훨씬 넘는 오늘날까지 박제화시켰다.

　이렇게 박제화된 이념적 가치에 의한 매카시즘적인 광풍은 반평생 넘게 일본 식민제국주의 침략에 분연히 일어나 대한독립운동사에 한 획을 그었던 사회주의 계열 조선의용대의 항일무장투쟁활동은, 남한 근현대사에서 빨갱이 항일투쟁 쯤으로 폄하_貶下_한 나머지 객관적인 조명과 평가를 제대로 받지 못하고 있는 실정이다. 또한 지난날 친일파와 반공이데올로기에 기반을 둔 과거 권위주의 독재정권은 취약한 독재 권력의 정통성 확보와 그러한 권력의 유지 강화 차원에서 사회주의계열의 독립운동가_조선의용대 출신인사 포함_들에 대한 탄압과 심지어는 '빨갱이'·'간첩'으로 옭아매어 정치권력의 희생양으로 삼아온 것은 우리 근현대사에서는 새삼 새로운 것도 아닐 것이다.

한편 북한에서도 남한과 크게 다르지 않았다. 단지 정도차이만 있을 뿐이다. 6·25전쟁 직후 소위 '만주 항일 빨치산파'를 중심으로 한 김일성은 자신의 1인 독재 권력을 구축해 가는 과정에서 1956년 일명 '8월 종파투쟁사건'를 계기로 조선의용대軍 출신들로 구성된 '옌안파延安派' 인사들을 1인 독재의 정치적 장애물로 판단하여 6·25전쟁 시 최전선에서 군마처럼 부렸으며, 이후 북한 정치 및 군에서 '반당분자, 종파분자, 미제 프락치' 라는 죄목으로 옭아매어 북한체제에서 완전히 숙청하였다. 동시에 조선의용대의 과거 항일투쟁에 관한 모든 행적과 활동까지도 그네들의 역사에서 완전히 지워버렸다. 오늘날까지도 '조선의용대와 옌안파' 라는 용어 자체는 북한에서 금기시되고 있다.

이처럼 조선의용대의 존재는 한마디로 이데올로기화된 인간의 탐욕이 빚어낸 정치적 희생양이 되어, 한반도 남북한 역사에서 그 존재가치가 부정되고 역사의 기억에서 삭제된 근현대사의 미아로 전락해버렸다. 따라서 조선의용대의 항일무장독립투쟁사는 한반도 역사에서 편협한 권력욕의 이데올로기 앞에서 철저히 왜곡되고 기만당한, 그야말로 역사에서 토사구팽 당한 전형적인 사례라 할 것이다.

이처럼 근현대사의 미아로 전락해 버린 우리네 역사에 대해, 오늘을 살아가는 우리가 이제라도 사회주의계열의 독립운동사에 대해 적극적인 관심을 갖고, 선과 악이라는 다분히 냉전적이며 이분법적인 사고와 인식의 틀에서 과감히 탈피하여, 이젠 우리 사회가 보다 넓은 가슴과 한 단계 성숙된 역사인식을 통해 그들을 음지의 역사에서 양지의 역사로 탈바꿈시켜 통일 한국으로 나아가는 데 있어서 진정한 한반도 역사복원의 첫 출발로 삼아야 할 것이다.

소중한 인연과 조선의용대군 인식

필자가 사회주의계열 항일독립운동과 조선의용대군를 하나의 역사 실체로서 인식하게 된 것은 부끄럽게도 중국 베이징대학 대학원에서 늦은 나이에 석사과정을 마치고, 2009년 박사과정국제관계학에 입학할 즈음 우연히 건네받은 한편의 동영상을 통해서였다.

그 동영상과의 인연은 어떻게 보면 우연을 가장한 필연적인 한 만남이 계기가 되었다. 불볕더위가 한껏 기승을 부리며 베이징을 달구고 있던 2009년 8월 중순 어느 날, 내가 살고 있던 우다오커우오도구, 五道口 동셩위엔동승원, 东升园에서 도보로 5분 거리에 있는 지구촌학원 자습실. 그 당시에 에어컨 시설이 워낙 좋고 식사도 가볍게 해결할 수 있어 그곳에 자주 들러 공부하곤 했었다. 그런데 그곳 자습실 휴게실에서 같은 과 대학원 한 후배를 통해 숙명적인 만남을 갖게 되었다. 옆집 아저씨처럼 포근하고 순박하게 생긴 나보다 두 살 많은 베이징대학 사회학과 박사과정에 재학 중인 박경철 선배현재 충남발전연구원 책임연구원였다. 그 선배의 고향은 전북 고창군 공음면 면소재지로, 실은 나의 고향 전남 영광군서면 남계리에서 차로 20분 거리에 있는 곳으로, 과거에는 우리 영광 행정구역에 속한 지역이었다. 타국에서 이렇게 같은 고향 사람을 학교 선후배 관계로 만난다는 것은 보통의 인연이 아닌, 어쩌면 숙명적인 만남 그 자체라 해야 할 것이다. 베이징대학 내에서 좀처럼 고향 사람 보기가 힘들었는데, 너무나 반가웠고 여러 방면에서 서로 공감하는 면이 많아, 만남 그 자체가 편안하고 좋았다. 첫 만남이후, 박 선배는 시대정신 구현에 항상 고뇌하고 목말라하는 사람이라는 것을 시간이 지나고서야 알게 되었다.

다음날 지구촌학원 자습실 옆 휴게실에서 박 선배와 나는 자연스레 커피타임을 가졌다. 그때 선배는 갑자기 손에 쥐고 있던 묵직한 외장형 하드웨어를 나에게 건네주며, 자기가 소중히 간직하고 있는 동영상이라며 집에 가서 꼭 한 번 보라고 권하였다. 나는 그때 별 생각 없이 받아 들고 집에 가서 그 동영상을 켜 보았다. 뭔가 심상치 않다는 느낌이 들었다. 장중한 배경음악과 시작한 동영상은 바로 2005년 대한독립 60주년을 기념하여 EBS와 함께 도올 김용옥 선생께서 한국 국내는 물론 타이완·중국대륙·러시아 연해주를 직접 현장 취재하며, 2년에 걸쳐 다큐멘터리로 제작한 〈도올이 바라본 한국독립운동사〉라는 제목의 한편의 동영상이었다. 그 동영상은 제1부 '피아골의 들국화'로 시작하여 제10부 '황포의 눈물'로 끝나는 10부작으로 기존 한국사회에서 거의 알려져 있지 않았던 새로운 사실을 발굴하여 제작된 것으로, 기존의 틀에 박힌 독립운동사와는 전혀 차원이 달랐다. 동학혁명과 의병활동의 숨겨진 진실, 그리고 경술국치$_{1910년}$ 후 만주 간도에서 일어난 초기 선각자들의 활동, 이후 민족·사회주의계열의 독립운동 등 이러

중국 허베이 성 한단시 서현步縣 스먼촌石門村에 있는
진광화 열사좌측와 석정 윤세주 열사우측의 초장지묘소

한 민족항일운동의 전 과정을 집중 조명하는, 그야말로 지금까지 들어보지도, 존재 자체도 몰랐던 내용들로 가득 차 있었다. 특히 사회주의계열의 항일무장조직인 조선의용대를 집중 조명하는 '제7부 십자령에 뿌린 의혈'에서 나는 한순간도 눈을 떼지 못했다. 그 다음날까지……!

조선의용대에 대한 나의 지식은 솔직히 말해, 상식수준 이상을 벗어나지 못했다. 그 상식수준의 지식이라는 것이 좌파 항일무장조직이며, 6·25전쟁에 북조선인민군으로 참전했다는 단순한 두어 줄 정도의 수준이었다. 그러나 이 동영상과 그 후 중국과 한국 측 여러 자료와 전문 학자들을 통해 직접 확인할 수 있었던 것은, 기존에 그 두 어 줄 수준의 내용은 하나의 아주 작은 점에 불과하다는 사실이었다.

뒤에서 자세히 기술하겠지만, 조선의용대는 중국정부장제스 국민당와 긴 협상을 통해, 마침내 중국관내_{산하이관 이남의 중원을 중심으로 하는 일대를 가리킴}에서 중국정부에 의해 최초로 합법화된 조선인 항일무장조직이며, 동시에 여러 좌파계열의 독립운동을 하나로 묶는 구심점 역할을 해왔다. 후에 국·공합작의 지형 변화로 중국공산당 팔로군과 연합전선이라는 국제연대를 형성하여 많은 혁혁한 전과를 거두어 중국인들에게 조선인들의 항일투쟁 의지를 깊이 각인시켜주었다.

특히 놀라운 사실은 조선의용대 소속 경남 밀양 출신 윤세주 열사_{1982년 8월 15일 건국훈장 국민장 추서}와 평양 출신 진광화 열사_{1993년 8월 15일 건국훈장 애국장 독서} 등이 이끈 특공대 30여 명이 허베이성 타이항산 한 계곡에서 팔로군지도부_{후일 중국을 이끈 덩샤오핑, 펑더화이, 주더, 리우보청}가 일본군에 포위되자, 안전한 탈출퇴로를 개척하기 위한 작전 중_{1942년 5월}에 현장에서 장렬히 전사했다는 사실과 그 자존심 강한 중국인들이 자기네 국립묘지_{허베이 성 한단시 중심지에 위치}에 우리의 열사 두 분을 안장_{1950년 10월}했다는 사실이다.

이 같은 역사적 실체가 그동안 사회주의계열의 좌파 독립운동단체라는 이유만으로 한국 내에는 거의 알려지지 않았다. 이처럼 우리 한국사회가 냉전적 사고에 기반을 둔 편협한 역사인식의 이데올로기 그늘에 가려, 그간 우리의 자랑스럽고 위대한 역사를 잊고 살아왔던 지난날들을 더듬어 보면 후손의 한 사람으로서 그저 안타깝고 부끄러울 뿐이다. 이러한 비정상적인 역사인식의 행태는 우리 민족의 상실이요, 나아가 우리 한반도 역사의 상실이라 생각한다.

며칠 간의 큰 충격과 분노에서 깨어난 나는, 그 즉시 박 선배를 찾아가 동영상과 관련된 많은 얘기를 시간가는 줄 모르고 나누었다. 내가 느꼈던 대부분의 내용에 선배도 공감하고 있었다. 그 대화가 끝나갈 무렵 우리는 2010년 여름방학 때 타이항산과 옌안에 역사기행을 꼭 가자고 굳게 약속을 했다.

이 약속은 후에 '2010 베이징대학 韓·中대학원생 공동 역사탐방'으로 구체화되어 우리의 약속을 실천으로 옮기게 되었다. 우리의 약속이 어떻게 실천으로 옮겨지게 되었는지는 뒤에서 자세히 언급하기로 한다.

중국 팔로군 후신 중국인민해방군과의 인연, 그리고 유학

우리 조선의용대와 연합전선을 형성하여 국제연대를 꾀했던 중국공산당 팔로군. 나는 군복무 시 팔로군의 후신인 중국인민해방군6·25전쟁 시 '중공군'이라 불림과 인연을 말하지 않을 수 없다.

모두 알다시피, 국·공내전 승리1949년를 통해 중국대륙을 통일한 마오쩌둥 중국공산당은 1950년 6월 25일 전쟁이 발발하자, 중국인민해방군 일부를 소위 항미원조의용군으로 편성하여, 같은 해 10월 17일경 수십만 중공군병력이 압록강과 두만강을 건너 한반도로 진입하게 하였다. 우리 민족의 동족상잔의 비극이 또 다른 외세에 의해서 고착화되는 순간이었다.

다음 해 1951년 봄이 되자, 중공군사령관 펑더화이은 5월 가평과 양평을 향해 춘계대공세를 단행한다. 이때의 전투를 6·25전쟁사에서는 '용문산전투'라고 말한다. 우리 국군 제6사단_청성부대_은 같은 해 5월 20일부터 24일까지, 경기도 용문산과 홍천강을 잇는 선에서 중공군 제63군 예하 3개 사단_제187·제188·제189사단_의 포위 공격을 격퇴하고, 도주하는 적을 멀리 화천댐 이북까지 진격하여 섬멸함으로써 휴전선을 현재 상태로 굳히는데 결정적인 기여를 하였다. 이러한 사실을 알고 있는 우리 국민은 극소수인것 같다. 용문산전투에서 중공군은 전사 1만 7,177명, 포로 2,183명이라는 대패를 당했으며, 아군의 피해는 전사 107명, 부상 494명, 실종 33명이라는 최소한의 희생으로 대승을 거두었다. 중공군은 이 전투에서 사상자들을 포함해, 6·25전쟁에서 무려 38만 명이라는 자국 청년들의 희생과 20억 달러에 이르는 전비를 소모하였다.

　이 용문산일대에서 제6사단 예하 2연대가 전투 최선봉에서 거점 방어의 사수작전에 성공하여, 소위 용문산전투의 승리에 큰 역할을 함으로써 2연대는 '용문산부대'라는 명칭을 부여받아 지금에 이르고 있다.

이처럼 6·25전쟁에서 혁혁한 전공을 세웠던 중부전선 최전방 보병 제6사단_{사령부, 신병교육대 및 예하 2연대에서 근무}에서 나는 R.O.T.C. 육군 정훈공보장교로 전체 6년 4개월_{1996년 3월~2002년 6월} 군 복무 중 약 3년 6개월을 복무하였다. 이때 나는 우리 부대 장병들에게 '우리 역사와 6·25전쟁 관련 전사 및 대북 대적관 확립 교육' 등을 담당하는 직책을 수행하고 있었다.

15년 전, 제2연대에서 근무 시 나는 6·25전쟁 관련 부대전사를 접하면서 한반도에서 중공군 존재와 실체 그리고 그들의 다양한 전투 활동과 더불어 다른 많은 전사들을 깊이 있게 연구하고 공부할 수 있었다. 매우 소중한 기회였다.

어느 날 나는 부대 지휘관으로부터 부대정체성 제고와 장병들의 전투 의지 고취 차원에서 '부대역사교육관건립'과 '장병전적지답사'라는 특별임무를 부여 받았다. 이 두 가지 임무는 그리 쉽지 않은 일들이었다.

그때 나는 부대에 대한 애정과 사명감으로 병사 7명과 함께 6개월에 걸쳐 기존 부대 내 건물에 역사교육관을 건립하는 데 밤낮으로 모든 힘을 쏟아 부었다. 건립 과정에서 부대사에 대한 체계적인 연구와 용문산전투 당시 참전했던 많은 부대 선배 전우들로부터 중공군에게 노획한 크고 작은 물품과 기타 다른 전투에서 사용했던 여러 군용품들을 기증받아 명실상부한 하나의 역사관으로 탄생시켰다. 완공 후 선배 전우 및 부대원들과 함께 일명 '용문산부대역사교육관'으로 개관하여 새로 전입해 오는 많은 장병들에게 부대 소개와 부대 정체성을 알리는 소위 '교육과 홍보'의 요람으로 유익하게 활용되었다.

또한 이러한 역사 교육관에서 듣고 배웠던 내용을 현장에서 백문이면 불여일견 百聞不如一見 이라는 말처럼 중공군을 상대로 전투를 벌였던 경기도 가평과 양평 등지에서 직접 눈과 발로 확인하는 전적지 답사를 2회에 걸쳐 실시하였다. 답사 중에 아직도 치열했던 전투의 흔적들을 여기저기서 발견할 수 있었고, 마치 주변 곳곳에서는 그날의 총성과 대포소리, 그리고 죽어가는 병사들의 비명소리가 귓가에 맴도는 듯 했다. 그 날 전적지 답사는 부대 장병들에게 큰 반향과 큰 호응을 불러 일으켰다.

이와 같이 군 복무 중 나와 중국인민해방군 중공군 은 처음 만났는데 당시만 해도 나는 냉전적 사고라는 큰 틀에 얽매여 시대가 변하고 국제정세가 변하여, 중국과 국교를 수립한 지 10여 년이 흘렀건만, 여전히 내 기억 속에 중공군하면 우리 국토를 유린하고 남북분단을 고착화시킨 주범으로 인식하는 사고에서 크게 벗어나지 못하고 있었다. 그러나 군 전역을 앞두고 여러 고민 끝에 모든 것을 뒤로 하고, 나는 늦은 나이에 과감히 중국 유학을 결정하였다.

중국 유학 초창기 생활 때는 내 머리와 마음속에 깊이 자리하고 있던 '중공군 = 빨갱이'라는 등식의 이미지로 중국 사회를 투시하려는 내면의 무의식적 사고가 발동하고 있었다. 이것은 바로 중국의 현실과 내 자신의 냉전적 편견과의 끊임없는 충돌과 고민, 그리고 정신적 스트레스의 연속이었으며, 좀처럼 중국 생활 현실과의 거리가 좁혀지지 않았다.

그러나 베이징대학 대학원 국제정치학과 석사졸업 / 국제관계학과 박사과정 재학 과정

중에 많은 중국인 엘리트학생들과 국적을 달리하는 여러 외국 유학생들과의 빈번한 교류와 함께 전공의 학문적 배경에 의해 나의 근본적인 사고체계와 인식 틀에 일대 큰 변화를 가져오게 되었다.

이러한 나의 변화된 사고와 인식의 원인은 새로운 사실 발굴과 사실 그대로의 역사를 보여주었으며, 나아가 이 시대의 역사를 어떻게 바라보아야 하는 지에 대한 혜안과 역사인식에 대한 여러 영감을 불어넣어준 〈도올이 바라본 한국독립운동사〉 다큐멘터리에 열광하고 매료되었던 때문이 아니었을까 싶다.

특히 사회주의계열의 독립운동사가 대부분 중국 대륙이라는 물리적 공간에서 이루어져 왔기에, 중국에서 유학하고 있던 나에게 사고의 변화와 함께, 머리와 가슴으로 사회주의 선열들의 조국 독립에 대한 열망과 열정을 쉽게 이해하고 공감할 수 있었던 것은 아니었을까.

1999년 5월 부대원들과함께 경기도 가평 어느 무명산 정상에서 6·25전쟁시 중공군과 치열하게 격전 1951.5.20~24 을 벌였던 전투현장에서 필자가 우리 부대 장병들에게 당시 상황을 설명하고 있는 모습

타이항산 항일유적지 역사탐방 구상을 실천으로

2009년 8월 말, 나는 어두컴컴한 방에서 〈도올이 본 한국독립운동사〉 다큐멘터리를 몇 날 며칠을 반복해 보았다. 충격과 분노 속에 홀로 울분을 삼키면서 나는 박경철 선배와 굳게 약속했던 타이항산 역사기행의 구상을 소위 학생회 차원에서 실행으로 옮겼다. 그 과정을 이야기 하자면, 4년 전인 2010년 3월 초순경으로 거슬러 올라가야 한다. 2010년3월 초순 무렵 나의 박사과정 1년차 2학기 수업이 시작한지 일주일 정도 지난 어느 날 오후, 여느 때처럼 집에서 가까운 지구촌학원 자습실에서 공부하고 있던 나를 갑자기 찾아온 박 선배는 커피한잔 하자며 휴게실로 나를 불러냈다. 선배와 이러 저런 이야기를 한 시간 정도 주고받았을까, 평소와는 다르게 부자연스런 모습으로 박 선배는 어렵게 말문을 열었다. "원식후배가 차기 학생회장선거 후보에 나서 주었으면 좋겠다.", "어렵겠지만 한번 나의 제안을 긍정적으로 생각해 달라." 는 말이었다.

EBS에서 방영된 〈도올이 본 한국 독립운동사〉

당시 박 선배는 제2대 베이징대학 한국유학생 연구생(대학원생) 회장이었는데 임기 막바지로 후임 인선에 골몰하고 있었다. 선배의 제안은 전혀 생각지도 못했던 것이기에 나는 순간 몹시 당황했다. 박 선배의 평소 성격으로 미루어 보아 내게 제안해 오기까지 여러 가지 많은 생각을 했을 것으로 짐작되었고, 또한 평소에 늘 가까운 친형처럼 생각했기에 차마 선배 면전에서 바로 거절을 할 수가 없었다. 그때 나는 이런 불편한 상황을 벗어나기 위해 "집에 가서 한번 생각해 보지요!"라는 말로 가볍게 애써 둘러댔다. 그런데 선배는 그날 저녁부터 나에게 후보등록을 긍정적으로 생각해 주길 바란다는 전화와 문자를 보내왔다. 그때마다 나는 고민이 깊어졌고 결국 4일째 되는 날 삼고초려 끝에, 오후에 드디어 전화로 선배가 원하는 답변을 들려주었다.

내가 학생회장 후보를 수락하게 된 직접적인 동기는, 타이항산 역사기행 구상을 학생회라는 소위 제도권 차원에서 타이항산 항일역사탐방으로 추진할 수 있다는 것과, 학제간 학술교류를 더욱 활성화 할 수 있겠다는 강한 의지와 자신감이었다. 이런 일들이 혹자들에게는 유학생활 중에 외딴 짓으로 보일지 모르겠지만, 나에게는 특히 중국에서 유학하면서 한국 내 정치·사회적인 원인으로 외면 받아 우리 근현대사의 미아로 전락했던 과거 우리의 정체성을 이곳 중국에서 찾아 나서는 활동이 전공공부 못지않게 대단히 의미 있는 일이라는 확신을 가지고 있었기 때문이다.

그리하여 2010년 4월1일, 마침내 임원 13명으로 꾸려진 『제3대 베이징대학 한국유학생 연구생회』가 출범을 하게 되었다. 한

달이 지나 꽃피는 5월이 되자, 예정되었던 초청강연회 2회_{한상진 서} _{울대 명예교수와 베이징대학 김경일 교수}와 학술세미나를 개최하면서 임원들 간에 팀워크가 살아났고, 디테일한 부분에서 임원진 저마다 밤샘을 해가며 최선을 다해 준비하여, 기 계획된 활동을 성공리에 마칠 수 있었다._{이 지면을 통해 당시 학생회 임원들 모두가 1년 임기 동안 보여주었던 열정과 노력들에 깊은 감사의 말을 전하고 싶다.} 이때 많은 참가 학생들이 큰 만족감을 표하면서 우리 임원진들에게 진심 어린 감사와 격려의 말을 아끼지 않았다. 학생회 활동은 큰 어려움 없이 여기까지는 순항을 거듭했다.

하지만 타이항산 역사탐방 추진은, 인터넷 학생회 전용 사이트를 통해 학생회 전반기 활동사업으로 편성하여 모든 학생들에게 이미 공지한 상태였다. 그래서 학생회장 출마의 존재이유였던 역사탐방 자체가 어느새 나를 압박하는 하나의 엄청나게 큰 부담으로 다가왔다. 어쨌든, 추진을 해야 하는 상황에서 타이항산 항일유적지에 관한 정보라고는 도올 선생님의 동영상뿐이었다. 어떻게 해야 하나, 나의 고민은 하루가 갈수록 깊어졌다. 마음으로는 강한 의욕을 가지고 있었지만 이것을 어떻게 구체화할 것인지에 대해서 누구와 상의를 하고 자문을 구해야 할지 등등 너무 막막했다. 나의 머릿속에 있는 구상을 어떻게, 어떤 방식을 통해 밖_{실천}으로 이끌어 낼 수 있을까를 여러 밤을 꼬박 새며 고민에 고민을 거듭했다.

헌데 "뜻이 있는 곳에 길이 있다"고 했던가! 우연을 가장한 필연이라 할 수 있는 만남을 통해 첫 고민이 해결되자, 복잡했던 실타래가 한 순간에 한 올 한 올 풀리기 시작했다.

나는 바쁜 학기생활 중에 교양 차원에서 역사학과 대학원 수업에 편성된 『한국근현대사 과목』을 매주 청강하였고, 그곳에서 자연스레 염인호 교수님을 알게 되었다. 염인호 교수님은 한국국제교류재단에서 베이징대학으로 파견되어 오신 서울시립대학교 역사학과 교수님이셨다. 매주 수업이 거듭 될수록 교수님과 인간적으로 친밀해졌고, 여러 이야기를 허심탄회하게 얘기 할 수 있는 관계로 발전한 어느 날, 나는 시간을 내어 염 교수님에게 『타이항산 항일유적지 역사탐방 추진』과 관련된 나의 고민을 속시원히 털어놓았다. 그때, 염 교수님께서는 웃으시며 "실은 『조선의용대』는 나의 박사학위 논문의 주제였고, 줄곧 지금까지 연구를 하고 있어요.", "학생회에서 타이항산 항일유적지 탐방을 하겠다면 내 미약한 힘이나마 적극 도움이 되도록 하겠습니다.", "중국에서 유학하면서 좋은 의미 있는 일이라고 생각합니다!" 라고 말씀을 건네주시는 것이었다. 그때 순간 나는 너무 기뻐 놀란 나머지, 염 교수님의 손을 잡고 어찌 할 바를 몰랐다! 지금도 내 기억에는 그때 그 순간이 마치 어제 일처럼 생생하다.

지금 생각해 보면, 타이항산 일대에서 일본군과 맞서 싸우다 희생되신 열사님들의 영혼이 나와 염인호 교수님과의 만남을 주선해 주지 않았나 하는 생각을 해본다. 그렇지 않았다면 어떻게 이역만리 외국에서, 그것도 베이징대

염인호 교수의 항일투쟁 관련 연구서적

학에서 『조선의용대』를 연구하는 교수님을 만날 수 있단 말인가! 우연치고는 너무 필연이기에!

　　염 교수님께서는 약산 김원봉선생과 조선의용대관련 책 2권과 관련 논문자료를 나에게 건네주시면서 여러 좋은 말씀들을 들려주셨다. 나는 며칠을 그 책과 자료들 사이에서 씨름하며 체계적으로 조선의용대와 타이항산 항일무장투쟁관련 지식을 습득할 수 있었다. 더구나 중국내 자료까지 찾아서 정독할수록 역사탐방 추진에 대한 강한 나의 의지를 다시금 확인할 수 있었다. 또한 교수님께서는 회사에서 파견되어 베이징 왕징에서 거주하고 계시는, 석정 윤세주 열사와 한 집안인 윤병선 세동주식회사 베이징지부 이사님을 소개 해주셨다. 나는 곧바로 윤병선 이사님과 왕징에서 만나 현 윤세주 열사의 유가족과 집안 상황을 좀 더 자세히 이해_{당시 세동회사 대표 이신 고 윤영식 회장님이 유족대표였다} 할 수 있었고, 나 또한 베이징대학 대학원 학생회 차원에서 타이항산 항일유적지 역사탐방에 대한 강한 추진의지를 피력했다. 이에 대해 윤병선 이사님은 윤세주 열사와 관련된 책과 여러 자료를 나에게 건네주시는 것으로 우리 학생회의 탐방의지와 마음을 받아주셨다. 격려의 말씀 중에, 나에게 울산에서 자영업을 하시면서 '우리 역사 바로 알기'에 앞장서고 계시는 풍객 김영민 선생님을 소개해 주셨다. 특히 김영민 선생님은 타이항산 항일유적지 역사기행을 여러 번 하셨기에 실질적으로 많은 도움이 될 수 있을 거라 하셨다.

　　그 다음날, 나는 곧 바로 국제전화로 김영민 선생님에게 연락을 드렸다. 나는 그분과의 통화에서 우리의 탐방추진에 대한 목적과 계획을 말씀 드리면서 도움을 정중하게 요청하였다. 그때 김영민 선생님께서는 적극적인 도움을 주겠다는 말씀으로 회답을 하셨다. 그리하여 우리의 타이항산 항일유적지 역사탐방은 급물살을 타게 되었다. 그 후로 수십 차례, 많은 시간 김영민 선생님과의 국제전화로 타이항산에 관련한 여러 생생한 이야기와, 더불어 김 선생님이 울산시내에서 "풍객 설렁탕집"을 운영하면서 벌어들인 수입으로 일본열도와 중국대륙에서 "풍객과 함께 하는 역사기행"을 매년 중·고생과 함께 해 왔던 이야기를 들을 수 있었다. 정말 신선한 충격이었다. 요즘 같은 한국사회에 저런 분이 계시다니, 돈을 벌면 그 돈을 어떻게 값지게 사용해야 하는지를 몸소 실천으로 보여주고 계셨다. 아무튼 김 선생님은 나로 하여금 앞으로 삶을 어떻게 살아가야 하는지에 대해 다시 한번 깊이 생각을 할 수 있는 여지를 남겨 주셨다.

2012년 1월 "풍객과 함께 하는 역사기행"을 주관했던 김영민 선생님께 제2대 베이징대학 한국유학생 연구생(대학원생) 박경철 회장이 감사패를 전하고 있다.

나는 거의 매일 김영민 선생님과 통화하면서, 탐방추진에 대한 전체적인 그림과 사전답사에 관한 상의를 하였다. 그때 선생님께서 나에게 타이항산 주변 인근 도시인 허베이성 한단시에 살고 있는 중국인 상롱성 선생님_{조선의용군기념관장}과 왕춘상_{북한 화교출신으로 한국어 전문 통역}씨를 소개해 주셨다. 나는 그분들과 전화통화 및 메일로 여러 번 연락을 취하여, 곧 바로 사전답사를 갈 수 있는 날짜_{2010년 6월4일~5일/1박2일}와 코스, 교통편, 그리고 숙소를 정할 수 있었다. 그 두 분은 현재까지 우리에게 많은 도움을 주고 계신다. 참, 고마운 분들이시다!

학생회 임원중에서 평소 역사에 지대한 관심을 가지고 있던 후배_{김용경 석사과정} 한명이 선뜻 나와 사전답사를 같이 가겠다고 하여, 우리는 6월 4일 토요일 새벽 베이징 서역에서 2시 40분 한단행 완행열차를 7시간동안 입석으로 타고, 당일 9시에 녹초가 된 상태에서 한단시 기차역에 도착하였다. 우리는 두 번 다시 기차를 입석으로 타지 않겠다는 다짐에 다짐을 하였다. 밖에서는 약속한 시간에 맞게 상롱성 선생님과 왕춘상 씨가 우리 일행을 반갑게 맞아주었다. 시간이 촉박한 관계로 승용차를 타고, 의용대가 활동했던 항일 유적지가 있는 타이항산 인근 지역으로 차머리를 돌렸다.

그곳에서 우리는 미리 준비한 자료와 함께 1박 2일 동안의 탐방코스와 비교하면서 순서별 구간 거리와 대형버스로 이동시 소요시간 등을 면밀히 검토하면서, 상롱성 선생님을 통해 좀 더 자세히 코스별 유적지 혹은 전적지에 대해 많은 설명을 들을 수 있었다.

사전 답사 일정이 끝난 후, 베이징으로 돌아오는 기차 창가 너머로 끝없이 펼쳐진 화북평원을 보면서 나는 많은 생각에 잠겼다. 1940년대 한반도 조선에서 일본 제국주의자들에게 자기 영혼과 신념을 팔아 호의호식하고 있던 친일 매국노와, 중국 관내인 이곳 타이항산 자락에서 매서운 추위와 배고픔을 견디며 조국 독립과 자유를 위해 자기의 모든 것을 바쳐 험한 산중에서 혹은 산비탈에서 일본군 적탄에 맞아 쓰러져간 많은 열사들이 오버랩 되면서, 그 지역에서 희생된 수많은 열사들이 사회주의 성향이라 하여 대부분 우리 사회에서 외면과 멸시를 당하고 있는 현실들이 나의 뇌리 속을 파고들었다. 참! 억장이 무너지고 착잡한 심정을 금할 수 없었다. 지금까지 그분들의 존재감을 모르고 살아왔다는 것에 나의 마음 깊은 곳에서 죄송함과 죄책감이 물밀듯이 밀려왔다.

　나는 임원진 후배와 함께 베이징에 돌아오자마자 곧 본격적으로 탐방준비에 박차를 가했다. 우선 사전 답사했던 데이터를 토대로 세부적인 탐방계획을 수립하고, 홍보담당 임원 이소림_{대외한어과 박사생}을 통해 인터넷 학생회 사이트 공지사항에 게재함과 동시에 학생 개개인에게 홍보메일을 보냈다. 또한 윤세주 열사 기념사업회와 김영민 선생님에게도 발송하여 본 탐방에 대한 여러 지원을 확보할 수 있었다. 이로 인해 탐방추진이 한층 더 탄력을 받을 수 있었다. 그러나 당장 탐방추진 착수금이 없어, 나는 박 선배에게 중국 돈 8천원_{한국 돈 146만원}을 빌려 행사준비에 착수하기 시작했다. 특히 김용경 후배에게 '40명 내외의 참가자 인원에 대한 왕복 기차표 사전 예매'라는 어려운 일을 부탁했고, 김영민 선생님께서 소개해준 조선족 여행전문가이드 김정남씨를 통해 현지 2박 3일간의 호텔과 버스차량 협조 및 현지식당 예약을 할 수 있었다. 대략 탐방관련 주변 하드웨어가 하나하나 구축되어가자, 다음으로 탐방 콘텐츠를 채워 나가기 시작했다. 특히 탐방 도중의 학술세미나를 위해 발표자 3명 섭외에 공을 들였고 겨우 선정할 수 있었다. 또한 김영민 선생님을 본 탐방에 정식 강연자로 초청하여 그 지역 항일무장 운동에 대해 상세한 설명과 강의를 부탁 드렸으며, 현지 항일유적지에 대한 설명은 현지 중국인 상롱성 선생님에게 의뢰를 하여 흔쾌히 승낙을 받은 상태였다. 또한 행사 진행 도우미들은 학생회 임원 후배들과 참가자들 중에서 도움을 받기로 하였다.

이렇게 하여 출발 하루 전날인 2010년 7월 2일에 참가자 대상으로 우다오커우_五道九_에 있는 한국식당_곰집_에서 사전 모임을 갖고, 탐방지역에 대한 사전 이해를 높인다는 차원에서 김영민 선생님께서 2시간의 특강을 진행 하여 많은 학생들이 탐방지에 대한 사전지식을 습득할 수 있었다. 또한 베이징대학 사회학과 객원 교수였던 한상진 서울대 명예교수님께서 장도에 오를 우리 참가학생들에게 격려의 말씀을 해 주셨다. 뿐만 아니라 이번 탐방에 여러 지원을 아낌없이 해 주신 '석정 윤세주 기념사업회'에 우리 학생회가 준비한 감사패를 전달하는 시간을 갖기도 하였다.

나 또한 행사 주최 측을 대표하여 탐방참가자들에게 "좌·우 냉전적 이념을 떠나 항일무장 독립운동을 하다 희생되신 선열들을 내일부터 찾아뵙는 뜻 깊은 행사이기에 경건한 마음과 자세로 임해 달라"는 부탁의 말과 아울러 여러 준비사항에 대한 설명을 끝으로, 50여일 정도의 탐방준비를 순조롭게 끝냈다. 이제 D-Day

만이 남았다! 여기서 탐방 세부여정은 2013년 7월 초에 실시했던 제4회 탐방기 본문 제3부 화북지역 항일 유적지답사기 로 대체한다.

베이징대학 한중대학원생 타이항산 항일유적지 역사탐방이 지난해 2013년7월1일~4일 4회째를 맞이하기까지 많은 도움을 주셨던 염인호 교수님, 풍객 김영민 선생님, 석정 윤세주 열사 기념사업회 고(故) 운영식 회장님, 이철환 사무국장님, 약산 김원봉 장학회 김태영 회장님, 그리고 김수곤 선생님, 최필숙 선생님 등 이상 모든 분들에게 이 지면을 통해 깊은 감사에 말씀을 전하고 싶다. 그리고 학생회 임원진 후배님들에게도 따뜻한 감사의 말을 덧붙이고 싶다.

제1회 2010년 베이징대학교 한·중대학원생 항일역사유적지 역사탐방

조선의용대 요람을 찾아 남방으로 향하다

2012년 1월 5일, 김영민선생님이 주최하는 "풍객과 함께하는 역사기행"에 참가히기 위해 나를 비롯한 우리 학교와 인접한 칭화대와 중국런민대 대학원 몇몇 후배들과 박경철 선배, 그리고 나의 군 후배인 중국런민대학 교수인 김병철 등은 모두 이른 아침에 뼈 속까지 파고드는 매서운 추위를 뒤로 하고, 베이징 수도공항 제1터미널 국내선에서 상하이행 비행기에 몸을 실었다.

이번 기행은 상하이→저장성 자싱→상하이→난징→우한→허베이성 한단시→베이징으로 이어지는 5박 6일 간의 기행이다. 여행 코스에서 말해주듯 김구 선생 중심의 상하이임시정부 민족주의계열과 김원봉 선생 중심의 사회주의계열 독립운동의 발자취를 찾아 나서는 여정이다. 이 기행은 쉽게 잡을 수 있는 기회가 아니었기에 나의 마음속은 뭔가 모를 기대감과 흥분으로 가득 차 있었다.

나에게 있어 이번 기행은 매우 특별하다. 2010년과 2011년 7월 초에 각각 나는 우리 베이징대학 대학원에 재학 중인 한·중대학원생 40여 명과 함께 과거 조선의용대와 중국 팔로군이 연합하여 항일무장투쟁 1941년 6월~1942년 5월 을 전개했던 허베이성 타이항산 일대를 2박 3일동안 역사탐방했었다.

그래서 이번 기행은 이전에 했던 타이항산 역사탐방의 연장선상에 있었다. 즉, 타이항산 항일투쟁은 조선의용대가 창설 1938년 10월 10일 된 지 4년 후에 전개했던 무장 투쟁지였다면, 이번 기행은 개인적으로는 허베이성 우한에서 조선의용대의 대장정이 태어난 그

요람을 찾아 나서는 탐방이다.

  우리 일행은 약 2시간 가량을 달려 상하이 푸동공항에 도착했다. 마침, 상하이 날씨는 맑고 따뜻하여 우리 모두를 포근하게 맞아주었다. 나는 여러 해 동안 베이징에서 유학했지만 상하이는 처음이었다. 우리는 이곳 공항에서 한국에서 오시는 선생님 세 분과 합류하기로 예정되어있었다.

  바로 풍객 김영민 선생님_{자영업}, 노사 김수곤 선생님_{밀양 국학원 원장 겸 고교 수학교사}, 이철환 사무국장님_{윤세주 기념사업회} 등 세 분이다. 특히 이 남방기행은 김영민 선생님께서 개인 사비를 털어, '우리 민족역사 바로 알기' 차원에서 일명 '풍객과 함께하는 역사기행'의 일환으로 기획된 역사탐방이다. 참으로 고마운 분이시다! 세 분 선생님들은 미리 공항에 도착하여 우리를 정겹게 맞아주셨다. 나는 너무 반가워 그 세 분 선생님과 뜨거운 포옹으로 인사를 대신 했다. 우리 모두는 화기애한 분위기 속에서 서로 안부를 묻고, 즐겁게 인사를 나누었다. 한참이 지나서 우리는 공항 밖에 미리 대기하고 있던 미니버스를 타고, 첫 행선지인 저장성 자싱_{가흥, 嘉興}으로 길을 잡았다.

  제일 먼저 도착한 자싱시 메이완 거리_{매만가, 梅灣街} 76호 가옥은 김구 선생이 임시로 피신해 있던 곳이다. 1932년 4월 29일 홍커우 공원_{현재 루쉰 공원}에서 윤봉길 의사가 폭탄을 투척한 후 임정_{임시정부} 요인들에게 일제히 체포령이 내려지자 다급한 김구 선생을 비롯한 임정요인들은 일본헌병의 눈을 피해 중국인 추푸청이 제공한 이곳 은신처에서 3년 동안 거처했었다. 건물 남쪽 뒤편에는 남호라는 호수가 있어 작은 나룻배를 대기시켜 유사시 탈출할 수 있는 루트도 있었다. 이는 당시 상황을 단적으로 보여주는 광경이었다. 삼엄한 일본헌병과 밀정들의 체포망 속에서 순간순간을 불안과 긴장 속에 살아야 했던, 그때 그 선열들을 생각하면 고개가 절로 숙여진다. 나는 동료 일행과 건물 내부 이곳저곳을 돌아보면서 당시의 상황을 상상해 보았다. 과연, 우리가 그 시대로 돌아간다면, 이분들처럼 이렇게 독립운동을 할 수 있을까? 그때 우리 모두는 의미심장한 미소로 답을 할 뿐이었다. 나는 우리들의 미소가 '마하가섭의 미소' 이길 믿고 싶다.

다음날 우리는 루쉰공원으로 이동했다. 우리에게는 홍커우공원으로 더 잘 알려져 있는 장소다. 이곳에서 1932년 4월 29일 일왕생일인 천장절을 맞아 기념행사를 하던 중 일본제국주의 심장부에 도시락폭탄을 투척하는 그 유명한 윤봉길의거가 일어났다. 이 사건은 일본제국주의자들에게 엄청난 충격과 타격을 안겨다 주었다. 특히 이 사건은 중국인에게도 신선한 큰 충격으로 다가와, 중국 국민당 장제스가 "백만 대군도 할 수 없는 것을 조선인 청년 한 명이 해냈다." 라고 극찬할 정도로 안중근의사의 하얼빈의거 이후, 우리 조선인의 항일투쟁의지와 저력을 대외적으로 알리는 최대 사건이었다. 또한 조선의 독립운동에 일대 전환점을 가져오는 계기가 되었다.

윤봉길 의사의 의거는 중국 국민당 정부의 기존 조선인 독립운동에 대한 인식을 바꾸는 결정적인 계기로 작용하여, 좌·우파와 관계없이 조선인 독립운동단체들에게 재정을 아끼지 않았다. 특히 무장투쟁조직 창설_조선의용대와 광복군 창설_과 관련해 적극적인 지지와 물적지원을 보내게 되었다.

🍑 루쉰공원에서 태극권을 하는 상하이 시민들과 지서(地書)

    우리는 밤늦게 명나라 초기 수도였던 난징으로 이동하여, 그 곳 호텔에서 피곤한 잠을 청했다. 다음날 일찍 난징시내에서 60km 외곽에 떨어져 있는 톈닝사_{天寧寺}라는 옛 사찰을 찾아 나섰다. 겨울이라 앙상한 나뭇가지와 썰렁하기 그지없는 초라한 톈닝사. 그 앞에는 이름 모를 큰 고목나무만이 옛 톈닝사의 역사의 무게를 지탱하고 있는 듯했다. 이곳은 김원봉 선생과 윤세주 열사 등이 중심이 되어 1932년부터 1935년까지, 중국 국민당정부 지원 하에 조선의열단 간부양성을 겸한 조선혁명군사정치간부학교였던 자리이다. 총 3기생까지 125명을 배출했다.

    우리의 여행버스는 다음 행선지인 진링대학으로 발을 재촉했다. 진링대학은 지금의 난징대학으로 후에 조선의용대 탄생의 원형이 되었던 곳이다. 또한 몽양 여운형 선생이 1917년에 이 대학 영문과를 졸업하기도 했다. 이 대학은 1935년 7월 4일, 1920년대 후반부터 항일독립운동이 침체국면에 접어들자, 기존 중국관내에

흩어져 있던 좌파와 우파계열의 독립운동조직들을 한데로 묶어 통일전선을 이룩하기 위해 김원봉 선생을 중심으로 5당 의열단, 한국독립당, 조선독립당, 신한독립당, 대한독립당 대표 14인이 이 대학 강당에 모여 조선민족혁명당을 결성한 곳으로 유명하다.

조선민족혁명당은 다음과 같이 강령 3대 원칙을 천명했다. 첫째, 일제타도와 민족자주독립 완성. 둘째, 봉건세력 및 반혁명세력 숙청과 민주공화국 건설. 셋째, 소수가 다수를 수탈하는 경제제도의 폐지와 평등제도 확립 등이 그것이다. 이에 따른 당면 행동방침으로 국내외 혁명운동 단체의 총결집, 무장투쟁노선 채택, 중국 국민당정부와의 제휴 등을 내걸었다.

그러나 이 조직에 김구 중심의 임정계열은 참여를 거부하고, 김원봉 선생의 조선의열단 계열이 조직 내에서 목소리를 점점 높이자 조소앙·지청천 등 우파계열은 김원봉 선생의 노선에 반발, 잇따라 탈퇴하였다. 이러한 상황에서 1935년 최창익崔昌益 등 국내에서 활동하던 공산주의자들이 망명·합류해 왔다. 이후 조선민족혁명당은 하나의 좌파계열 조직으로 전락하면서 표류하다 1937년 7월 중·일전쟁이 발발하자 그해 말 순수좌파계열 당파인 조선민족 해방동맹·조선혁명자 연맹과 연합하여 조선민족전선연맹이라는 좌파계열중심의 통일전선조직으로 새롭게 태어났다. 또한 몇 달 앞서 7월에 조선민족혁명당에서 탈퇴했던 한국독립당과 조선혁명당도 독자적으로 우익진영 연합체로서 한국광복운동단체연합회를 결성했다.

한편 조선민족전선연맹은 1938년 10월 10일 예하 군사조직으로 조선의용대를 창설함으로서, 중국관내에서 사회주의계열 독립운동

활동에 하나의 큰 전기를 마련하였다.

우리 일행은 명나라 태조 주원장의 효능과 쑨원 선생의 능원을 둘러보고, 인간 잔인함의 극치를 보여준 일본군 난징대학살박물관 견학을 끝으로 당일 여정을 마무리하였다. 여행가이드는 우리 일행들을 독촉하여 버스에 태우고, 조선의용대가 창설되었던 후베이성 우한으로 곧장 달리기 시작하였다.

우한 무한, 武漢, 어느 작은 호텔에서 만끽한 라면 만찬

나와 우리 일행들은 우한의 한 호텔에 밤늦게 도착하였다. 모두들 피곤한 기색이 역력한 가운데 몹시 배고파 보였다. 며칠 간 한국음식을 제대로 먹지 못해, 특히 세 분 선생님께서 더 힘들어 하셨다.

물론 나도 예외는 아니었다. 나는 여러 해 동안 베이징에서 생활해 왔지만 아직까지 중국음식이 내입에서 썩 편안하게 넘어가지는 않는다. 가끔 나는 주변 중국인 친구들, 혹은 한국 선후배들과 식사 때면 그들로부터 중국에서 유학한 지 몇 년인데 아직도 제대로 중국음식을 먹지 못하냐며 자주 핀잔을 듣곤 한다. 이런 중국음식에 대한 나의 부적응은 장거리 여행할 때면 꼭 고추장과 김치, 라면 한 박스을 큰 배낭에 가득 넣고 다니게 한다. 이러는 내 자신도 스트레스가 이만 저만이 아니다.

이날 호텔에서 나는 통 큰 결단을 내렸다. 배고픈 일행을 위해 내가 가지고 왔던 피 같은 라면을 풀기로 하였다. 그런데 나의 이러한 성의 있는 결단에도 불구하고, 대부분의 우리 일행들은 반응이 가당치도 않다는 듯 시큰둥했다. "호텔에서 어떻게 라면을 끓일 수 있느냐."며, "야~ 그건 그림에 떡이야!" 하고 모두들 손사래를 쳤다. 그때 나는 순간 뿔이 확 끌어올랐다. 동시에 나의 특유의 "안 되면 되게 하라."라는 군인정신이 발동하기 시작했다.

실은 동북 3성과 백두산 여행 등 4차례를 하면서 숙박한 호텔주방 종업원들에게 사정을 잘만 말하면 라면을 끓일 수 있었던 경험을 가지고 있었기에 나는 확신을 가지고 우리 일행들에게 말을 건넨 것인데…. 어쨌든 나의 이러한 결단에 매우 회의적이고 시큰둥해 하는 후배 두 명을 데리고 호텔식당 주방까지 물어물어 갔다. 늦은 시간이어서 대부분 문이 잠겨 있었기에 열린 문을 찾기란 쉽지 않았다. 마치 미로찾기를 하는 것 같았다. 주방 쪽에 문 하나가 살짝 열려 있는 것을 확인하고는, 나는 매우 큰 소리로 "니먼 하오!" 하며 손으로 문을 꽝꽝 두드렸다. 그때 소리를 들은 호텔주방 종업원이 우리를 보고는 당황해 하며 "니먼 쉐이?_너희들은 누구냐?_ 요우 션머스?_무슨 일 있느냐?_" 하고 물었나. 나는 그 종업원에게 "우리는 한국인 관광객인데 중국음식이 입에 잘 맞지 않아 한국라면을 몹시 먹고 싶어한다. 제발 라면을 끓일 수 있도록 허락해 주기 바란다."며 인간적인 감정에 적극적으로 파고들었다. 그때 종업원이 웃으며 "커이_可以: 가능하다_." 하고 흔쾌히 우리의 부탁을 들어주었다. 역시 인지상정인가, 이곳 호텔에서도 통했다. 같이 동행했던 후배들이 순간 "와~"하며 놀라워했다! 나는 안도의 숨을 들이켰고, 우리는 두 개의 냄비로 라면 9봉을 끓이고,

남은 한 봉지는 그 종업원에게 감사의 답례로 건넸다.

이윽고 일행들이 모여 있는 어르신 방 김수곤 선생님 / 이철환 사무국장 방 에 끓인 라면을 가지고 도착했다. 모두들 믿기지 않는다는 듯, "와~" 하는 탄성이 절로 터져 나왔다. "아니, 어떻게 라면을 끓일 수 있었느냐?", "어떻게 가능했지!" 하며 시큰둥했던 일행들이 순식간에 최고! 따봉! 등 감탄사를 연발했다.

그러더니 모두들 젓가락을 들자마자 순간 사방이 적막해지면서 냄비와 라면그릇에 부닥치는 젓가락 소리와 후루룩 라면 먹는 소리 뿐, 냄비는 7분도 안 되어 국물까지 다 비워지고 금세 바닥이 드러나 보였다. 그야말로 전광석화였다. 배가 부르자 일행 모두는 그제야 입가에 흐뭇한 미소가 흘러나오면서 얼굴색이 정상으로 돌아왔다. 정말 모두 엄청 배고팠던 모양이다. 내가 생각하기에도 이날 라면은 여행 중에 먹었던 그 어떤 음식보다도 최고였다. "아! 이제 살겠다." 라는 탄성이 일행들 사이에 여기저기서 터져 나왔다. 나 또한 인민 일행들 들이 배불리 잘 먹었다고 하니 어깨가 으쓱해졌다.

마침 일행 몇 명이 밖에서 사온 맥주가 있어 가볍게 한잔씩 마시면서, 그간의 이러저러한 기행에 관해 개개인들이 느꼈던 소감을 밤늦게까지 나누고, 또 내일 여정을 위해 하나 둘 시나브로 자기 방을 향해 자리를 뜨면서 만찬은 마루리되었다. 이날 라면 만찬은 또 하나의 멋진 추억으로 내 기억 속에 아로새겨져 있다.

조선의용대 창설지와 창설기념 공연장

　다음 날 잔뜩 흐린 날씨에 일행들은 조금은 여유를 가지고, 남방에서의 마지막 행선지인 조선의용대 요람을 찾아나서는 미니버스에 몸을 실었다. 사실 나는 우한에서 조선의용대의 요람을 볼 수 있다는 큰 기대감을 가슴에 안고 왔다. 평소 쉽게 올 수 있는 지역도 아니고 해서 더욱 더 와보고 싶었다. 우리가 버스로 30분 정도 달려 도착한 곳은 지금은 우한시로 흡수 통합된 한커우漢口라는 곳이다. 정확히 말해, 한커우가 조선의용대의 창설지다. 우리를 안내하는 여행가이드는 시내중심가 주소지 안내에 따라 중산따다오中山大道 1114번지를 찾아 물어물어 갔다.

　드디어 창설지에 도착했다. 그런데 우리 눈에 들어온 것은 낡은 한 상점건물만 있을 뿐, 조선의용대가 창설된 장소는 그 어떠한 흔

🍑 1938년 10월 10일, 조선의용대 창설식이 끝난 직후 전체 대원들의 기념사진

적도 없었다. 그때 가이드는 이곳이 조선의용대 창설지인지는 백 퍼센트 확실치 않고, 단지 추정일 뿐이라고 했다. 나는 순간 당황했다. 가이드는 이어서 조선의용대 창설지를 놓고 중국과 한국에서 다양한 의견들이 존재하고 있어, 정확히 그 위치를 알 수 없다고 설명했다. 순간 실망감과 허무함이 교차하면서 나의 가슴을 짓눌렀다. 이러한 궁금증을 풀기 위해 나중에 한국에 있는 독립기념관에 문의를 해보니, 현재 우한시 우창武昌구 즈양紫陽로 234호 허베이성 총공회상인연합회자리가 그 당시 창설기념식이 열렸던 자리라고 현재 추측만 할 뿐, 애석하게도 정확하지 않다는 대답 뿐이었다.

 어쨌든 나는 큰 실망감을 갖고 일행들과 함께 조선의용대가 창설1938년 10월 10일된 후 사흘째 되는 날 창설기념 축하행사1938년 10월 13일를 가졌던 우한청년회관YMCA 으로 향했다.

 도착한 곳은 다행히 사진처럼 건물은 그 당시 모습 그대로 형체를 유지하고 있었다. 단지 현재는 일반 서민주거 용도로 바뀌어 있었다.

 다음 페이지 사진에서 보이는 건물 2층 대강당에서 역사적인 '조선의용대' 창설을 축하하는 기념행사를 가졌는데, 이날 행사에 조선의용대 대원들이 가무를 공연하였고, 3·8 여성 가창단, 한커우시 후원선전대대, 한커우시 청년항전협회, 아동보육원, 아동구제협회, 동자군 등 6개 단체들이 공연 프로를 선보였다고 한다.

 이날 우한 외곽에서는 중국국민당 군대와 일본군이 계속되는 전투를 벌이고 있는 상황이었다. 이때 조선의용대 창설식과 기념행사는 분위기가 사뭇 비장하고 대일 항전의지로 충만했으리라. 그

날 그들의 함성은 바로 독립운동사의 한 축을 이루는 역사적 순간의 첫 발이요, '동아시아 대장정'의 출발이었다.

나의 큰 기대감과는 달랐던 많은 아쉬움을 조선의용대의 창설 축하 공연장 우한 청년기독교회관 앞에서 기념사진 촬영을 하는 것으로 대신 만족해야만 했다. 우리 기행팀은 이곳 우한에서 창설된 조선의용대가 여러 우여곡절 끝에 1941년 1월 황허를 건너 최종 기착지였던 화북지역 내 한단시 邯鄲市: 타이항산 일부를 포함하고 있음 로 간 것처럼 한단

오른쪽 건물 이층은 조선의용대 창설 축하공연장으로 사용되었다.

시로 향하는 야간기차에 몸을 실었다. 다음날 1월 10일, 우리는 한단 시내 중심가에 자리 잡고 있는 진지루위 晉冀魯豫 국립묘지를 찾아가 석정 윤세주 열사와 진광화 열사 묘소 1950년 10월 천장를 참배하는 것 뒤에서 다른 저자들이 자세히 언급을 끝으로 5박 6일간의 긴 여정을 마무리 하고, 베이징 행 기차에 몸을 실었다. 나는 기차 창 너머로 끝없이 펼쳐진 화북 평원을 바라보며 5박 6일간의 "풍객과 함께 하는 역사기행" 여정을 정리하는 시간을 가졌다.

맹추위 속에서 중국대륙의 험준한 산과 굽이치는 세찬 강, 허허 벌판을 넘나들며 조국의 독립과 자유를 위해 모든 것을 포기하고 오직 조국을 찾겠다는 신념 하나로 혼신을 다했던 선열들의 숭고한 정신을 마음 속 깊이 새기며, 앞으로 살아갈 나의 삶 속에서 선열들의 정신을 어떻게 구현할 것인가를 고민해보는 소중한 시간이었던 것 같다.

이상 이번 역사기행을 탐방지를 중심으로 가능하면 압축해서 기술하였다. 그 과정에서 조선의용대를 잠깐 잠깐 언급한 것은 조선의용대의 발자취 전체를 이해하는데 한계가 있다고 판단되어 스토리텔링 형식으로 조선의용대의 전체적인 윤곽을 다시 그려 보고자 한다.

주요 내용전개는 조선의용대의 1938년 10월 10일 창설 전후과정과 화중·화남지역에서의 항일투쟁, 화북지역으로 이동하여 조직을 개편함과 동시에 의혈무장투쟁을 전개한 후에 중국 공산당 팔로군 산하 조선의용군으로 새로 개편하면서 조직을 새롭게 재정비하여 만주 지역으로 진출과 동시에 국·공내전 참가, 그리고 북한으로 입국하여 6·25전쟁 참전 등으로 이어지는 조선의용대 군의 대장정 발자취를 개괄적으로 살펴보고자 한다.

약산 김원봉과 조선민족전선연맹

진보적 민족주의자 약산 김원봉 선생과
신흥무관학교→조선의열단
→조선민족혁명당→조선민족전선연맹

대한독립운동사에서 사회주의계열 독립운동을 말할 때 우리는 약산 김원봉 선생을 빼놓을 수 없다. 그분이 걸어온 발자취는 좌파계열 독립운동사 그 자체라 해도 과언이 아니다. 특히 항일투쟁의 형세변화에 따라 조선의열단과 조선민족혁명당, 그리고 조선민족전선연맹 등의 정치조직과 조선의용대 창설이 그것이다.

약산 김원봉 선생은 1898년 경남 밀양에서 태어나 서울 중앙학교를 거쳐 중국으로 이동하였다. 그가 신흥무관학교에 재학 중인 1919년 3·1운동이 발생한다. 이때 김원봉 선생은 학교를 자퇴하고 폭탄제조법을 습득하여 같은 해 11월 만주 지린성에서 신흥무관학교 출신인 고향 후배 윤세주 열사 외 12명의 열혈청년과 함께 조선의열단을 결성하여 조국독립의 방안으로 급진적 폭력투쟁炸彈鬪爭을 견지하였다. 조선의열단은 크고 작은 국내외 테러활동을 통해 일제와 그 친일파들에게 경악과 공포의 대상이 되었다.

이후 의열단원과 김원봉 선생은 1925년 광저우 황푸黃埔 군관학교 제4기생으로 수학하여 체계적인 군사·정치지식을 습득하였으며, 많은 국민당 소속 사람들과 두터운 친분을 쌓았다. 이때 맺은 인연과 1927년 중국공산당의 난창봉기南昌起義 참여 등을 통해 쌓은 마오쩌둥 공산당과의 관계는 김원봉 선생의 1930년대 독립운동의 귀중한 인적 자산이 되었다. 1920년대 후반으로 가면서 우리 독립운동활동이 침체기를 걷는 중에 조선의열단은 꾸준히 왕성한 활동을 이어나갔다.

1931년 9월 18일 만주사변이 일어나자 그 이듬해인 1932년 상하이에서 김원봉 선생은 소위 조선대일전선통일동맹을 결성해 통일전선을 표방하고, 난징에서 무장독립투쟁을 위한 간부양성을 위해 국민당의 협조 하에 '조선혁명군사정치간부학교'를 설립하였다. 이 학교는 1935년까지 3년 동안 3기로 나누어 125명의 졸업생 간부를 배출하였다. 졸업생 중에는 항일 저항시인으로 우리에게 유명한 이육사 선생, 타이항산전투에서 희생된 석정 윤세주 열사, 그리고 중국정부가 발표한 신중국 건설에 기여한 100인 인물 중에 선정된 정율성 선생 등이 이 학교 출신 졸업생이다.

이 시기 일본제국이, 만주사변을 계기로 중국대륙에 대한 침략 야욕을 더욱 노골적으로 드러내자, 독립운동가 사이에 좌파와 우파

리빙홍黎冰鴻의 《난창기의南昌起義》

간의 조직 통합을 통한 항일무장투쟁으로 나아가자는 요구가 강하게 제기되면서, 김원봉 선생은 1935년 조선의열단과 '조선혁명군사정치간부학교'를 발전적으로 해체하고, 난징 진링대학_현 난징대학_에서 5당 14인 모여 조선민족혁명당을 결성했다. 이후 조직 내에 좌우갈등이 표면화되자, 우파인사들은 탈퇴하여 김구 선생이 이끄는 임정계열로 들어가면서, 조선민족혁명당은 허울만 남는 신세로 전락하였다.

  이러한 상황에서 1937년 7월 7일 중·일전쟁이 발발하면서 민족독립운동이 활기를 띠자, 여러 운동단체를 통일하려는 운동이 다시 일어났다. 그 결과 1937년 12월 김원봉 선생은 난징에서 조선민족혁명당, 조선민족해방동맹_김규광_, 조선혁명자연맹_유자명_ 등의 사회주의계열을 하나로 묶는 조선민족전선연맹을 만들었다. 기본 강령으로 '진정한 민주주의 독립국가 건설'을 표방함과 함께 창립선언문에서 '조선혁명은 민족혁명이며, 우리의 전선은 민족전선'이라고 하여 우익세력과 전선통일 할 것을 분명히 했다. 그러나 애석하게도 우파와의 통일은 끝내 이루어지지 않았다. 그야말로 순수 좌파계열의 통합조직인 된 셈이다. 이 조직은 곧바로 우한으로 이동하였다.

  조선민족전선연맹 설립은 좌파 민족주의 성향의 통일조직이며, 우리 민족 최초의 항일무장군사대오라는 조선의용대가 탄생할 수 있는 정치적 발판을 마련하는 결정적인 계기가 되었다는데 그 의미를 찾을 수가 있을 것이다.

항일레지스탕스 아방가르드 조선의용대 탄생과 동아시아 대장정

1938년 10월 10일 김원봉 선생을 대장으로 하는 조선의용대가 여러 우여곡절을 극복하고 우한에서 중국정부 제2차 국공합작 하에 있던 중국 군사위원회 정치부의 전폭적인 지지 속에서 창설식을 가졌다. 중국 관내에서 합법적으로 명실상부한 우리 민족항일 군사대오가 최초로 창설되는 순간이었다.

조선의용대 대원 대부분은 중국중앙군관학교 특별훈련단을 졸업한 뛰어난 군사인재들이었다. 조선의용대는 중국군사위원회 정치부 산하 한중지도위원회의 지도를 받도록 되어 있었는데, 이 지도위원회는 중국군사위원회 정치부 인원과 조선민족전선연맹의 대표들로 구성되었다.

즉, 조선의용대는 중군군사위원회 위원장: 장제스 정치부 부장: 진성/부부장: 저우언라이 → 한중지도원회 조선민족전선연맹 대표+중국 군사위 정치부측 인사 → 조선의용대본부로 이어지는 지휘체계였다. 이와 같이 조선의용대가 당당히 중국대륙에서 창설될 수 있었던 배경은 국제적인 상황, 즉 '스페인내전' 1936년 7월 7일~1939년 1월 29일과 무관치 않다.

미국의 대 문인으로 추앙받는 어니스트 헤밍웨이의 유명한 대작 중 하나인 『누구을 위하여 종을 울리나!』의 소설 배경이 된 것이 바로 '스페인내전'이다. 이 내전은 1936년 7월 17일 프랑코군부 세력이 주축이 된 파시즘 진영이, 독일·이탈리아 파시즘세력을 등에 업고 당시 스페인 제2공화국의 인민전선 사회주의계열의 좌파정부 정부를 전복시키기 위해 벌인 내란이다. 이때 제3인터내셔널로 불리는 사회주의 국제조직 코민테른의 주도로 53개국 좌파세력들이 최대 3만 2천 여 명으로 구성된 소위 국제의용군_국제여단_을 조직하여 인민전선부대를 대대적으로 지원에 나서는 상황이 전개되고 있었다. 이러한 국제적인 상황과 1937년 7월 7일 중·일전쟁의 발발로 일본제국 파시스트세력에게 유린당하고 있던 중국 국민당 정부로서는 이와 같이 국제연대를 꾀할 수 있는 조직과 국제적 사회로부터 지원의 필요성을 절감하게 되었다.

그 결과, 사회주의 성향의 국제반파시스트 운동가인 일본인 청산화부와 중국군사위원장 장제스의 측근인 왕펑셩_王鳳生_, 그리고 조선민족전선연맹을 이끌고 있던 김원봉 등이 1938년 7월 이후부터 긴밀한 3자 간의 협의 하에 조선민족의 군사대오 설립에 박차를 가하였다. 그러나 이때, 청산화부와 왕펑셩이 중국정부 내에서 조선민족의 군사대오를 그들이 주도하는 극동반파시스트동맹 산하 소속 조선인 군사대오로 결정하자 김원봉 선생을 중심으로 조선민족전선 연맹원들은 우리 민족의 군사대오의 자주성을 확보하기 위해 수십 차례의 끈질긴 협상 끝에 조선인 군사대오의 지도권을 한중대표로 구성된 조선의용대 한중지도위원회에 두는 것으로 결정하게 되었다. 동시에 조선의용대를 군이라는 정규군 단위로 할 것을 우리 측은 강력히 주장하였으나, 중국정부는 규모가 작다는 이유와 측·후방에서 활동을 해야 한다는 방침에 의해 우리 측 주장은 받아들여지지 않았다.

이리하여 조선의용대는 편제상 중국군사위 지휘 하에 있는 국제지원부대임과 동시에 김원봉 선생을 중심으로 한 조선민족전선연맹 산하 자율성과 독립성을 확보한 민족독립군의 성격을 가지고 있는, 명실

상부한 우리 민족 항일레지스탕스 아방가르드의 군사대오가 되었다.

조직 면에서 조선의용대는 창설 당시 대본부와 두 개의 구대로 편성되었다. 제1구대는 43명_구대장 박효삼_으로 구성되었고, 제2구대는 41명_구대장 이익성_으로 구성되었다. 대본부까지 합쳐 97명의 조직으로 출발하였으나 1939년 말 쯤에 이르러 점점 인원이 증가하여 구대가 지대로 바뀌면서 3개의 지대로 증편되었다. 이와 함께 의용대의 주요 활동은 일본군에 대한 정보수집, 일본군 포로취조 및 교육, 대일본군 선전공작, 후방교란, 중국군 및 조선·중국민중에 대한 선전활동을 담당하였다.

조선의용대는 창설 직후 우한이 일본군 수중에 떨어지자, 동년 11월 초 조선의용대 동아시아 대장정의 첫발은 구이린_계림, 桂林_으로 향했다. 구이린으로 대본부를 옮기면서 1940년 3월까지, 6개 대일전선 지역의 13개 성을 누비며 대일심리작전과 정찰대 및 유격대로서의 역할을 통해 일본군 460여 명을 사살하고 적의 차량 121대를 파괴하는 큰 전과를 올렸다.

이와 같은 전과는 중국정부로부터 조선의용대 대원들의 자질과 능력을 높이 평가 받는 계기가 되었고, 중국군민 등에게 항일의지를 더욱 고취시켜 주었다.

🍑 1939년 10월 10일 구이린에서 조선의용대 창설 1주년을 맞아 대원들이 모두 함께 촬영한 기념사진

일본군의 계속된 대대적 공세로 구이린마저 함락되자, 1940년 3월 김원봉의 조선의용대는 다시 짐을 챙겨 충칭으로 피난길에 올랐다. 충칭으로의 피난길은 조선의용대 동아시아 대장정의 제2탄이다.

다음 장에서 자세히 언급하겠지만 조선의용대는 충칭에서 1년 넘게 있으면서, 항일투쟁의 지형 변화와 내부적인 노선 갈등및 대립으로 대부분 주력들이 1941년 1월에 황허를 건너 중국공산당 세력권 내에 있던 화북으로 북상하였다. 1942년 3월 팔로군으로 정식 편입될 때까지 김원봉 선생의 조선의용대 41개월은 이때를 끝으로 마감하게 되었다.

한편, 화북으로 간 조선의용대는 중국공산당과 팔로군 영향력 하에 있으면서 정세변화에 따라 6번의 변신을 꾀하며, 그 누구도 전혀 예상치 않았던 역사의 협곡을 향해 한 발짝 한 발짝 나아가기 시작했다.

황허, 루비콘강을 건너다!

1941년 1월, 80여 명의 조선의용대 대원은 뤄양洛阳 멍진孟津 나루터에서 운명의 황허를 건너 화북지대인 허베이성 타이항산 일대로 이동하였다. 이 황허 도하는 조선의용대 대원들의 운명을 다시는 되돌릴 수 없는 소위 루비콘강이 되고 말았다.

황허 이북 화북지역에서 전개한 선열들의 항일독립운동은 중국대륙에서 전개한 항일투쟁의 세 가지 큰 유형 중 하나를 형성하는 계기가 되었다. 동북지역에서의 항일유격투쟁과 화남·화중지방에서의 항일외교투쟁, 그리고 화북지대에서의 의혈무장투쟁이 바로 그것이다.

나는 조선의용대가 황허 이북으로 건너감으로써 그들의 운명이 예측할 수 없는 역사의 소용돌이 속으로 휘말려 들어가는 그들의 모습을 떠올리며, 고조선 때 여옥麗玉이 공후箜篌라는 악기와 함께 불렀다는 '공무도하가公無渡河歌'로 그들의 안타까운 뒷모습을 대신하고자 한다.

公無渡河공무도하 임이여, 강을 건너지 마오
公竟渡河공경도하 임은 기어이 강을 건너셨네.
墮河而死타하이사 물에 빠져 돌아가시니
當奈公何당내공하 이제 임은 어찌할꼬.

고대 로마에서는 군대가 루비콘강을 건너 이탈리아로 들어갈 때 반드시 무장을 해제해야 했는데, BC 49년 1월 10일 속주 갈리아의 장관이었던 카이사르는 이 금기를 깨고 "주사위는 던져졌다!"라고 외치며, 군대를 이끌고 강을 건너 폼페이우스와의 전쟁에 들어갔다. 이 사건에서 유래하여 중대한 결정을 내려 사태에 대처하는 것을 '루비콘 강을 건너다!'라고 한다. 어떤 모험적인 일을 시작할 때 곧잘 쓰이며, 이미 되돌릴 수 없는 일이라는 뜻으로도 쓰인다.

조선의용대가 화중·화남지방에서의 활동 중에 어떤 계기로 황허-루비콘강을 도하하게 되었는가 하는 이유에 대해서는 조선의용대 연구자들 사이에 많은 논란이 되어 왔다. 황허 도하는 조선의용대가 장제스 중국국민당 작전 영역에서 벗어나 중국공산당 팔로군 활동지역으로 이동하여 그들과 항일무장연대를 도모하고, 후에 팔로군_{해방 후 중국인민 해방군으로 명칭변경} 산하로 편입함과 동시에 국·공내전 참전을 끝으로 6·25전쟁 최전선에서 김일성의 아방가르드_{전위대/돌격대}로 전락하는 운명을 맞게 되는 하나의 중대한 전환점이 되는 사건이기에 학자들 사이에 조선의용대_군의 도하를 둘러싼 배경과 원인에 대해 주목해왔다.

여기서 연구자들 사이에 대체로 일치된 견해를 간략하게 언급하자면 다음과 같다. 우한에서의 조선의용대 창립 전후로, 중국관내의 좌파계열은 크게 김원봉 선생과 최창익 계열로 양분되어 있었다. 최창익_{해방 후 북한에서 연안파를 형성함}은 전형적인 사회주의자로 1935년 조선 내에서 탄압이 심해지자 중국으로 망명하여 김원봉 선생의 좌파단체로 합류한 인물이다. 이후 그는 중국 관내는 조선인이 소수인 관계로 조선인이 많은 동북지방_{만주}으로 곧바로 이동하여 만주 조선인 항일부대와 합세해 항일무장투쟁을 전투 정규군으로 편성하여 전개하자는 소위 '동북노선'을 표방하였다.

이에 비판적 자세를 취하던 김원봉 선생과 반 최창익파는 중국 국민당지구_황허 이남_에서 중국군과 공동으로 항일운동을 전개한 다음, 중국 측의 신뢰와 지지를 얻은 후에 동북으로 진출하자는 온건노선을 견지하였다. 이와 같이 소위 최창익의 과격파와 김원봉 선생 중심의 온건파의 팽팽한 노선투쟁 중에, 조선의용대가 창립된 직후 우한에서 구이린으로 이동한 것을 전후로 최창익 계열의 인원들이 하나 둘씩 중국공산당 거처인 옌안으로 이동하기 시작하였다.

또한 반 최창익파와 과거 조선민족혁명당 출신 연합세력은 1939년 5월 우파단체들과의 '동지, 동포에 보내는 공개통지' 발표를 통해 통합을 시도했으나 최창익 일파의 반대로 무산되자 김원봉 선생은 분열된 조선인 좌파세력의 통일 단결을 위해 조선의용대 북상을 용인하게 되었다.

조선의용대가 화북행을 단행하게 된 결정적 원인으로는, 당시 중국 관내에 조선인 좌파계열은 중국 국민당과 제휴를 통해 공동으로 항일투쟁을 전개했으나 점차 사상적 갈등이 표면화되고, 1939년 말부터 중·일전쟁이 지구전으로 돌입하자 중국국민당은 항일에 대한 미온적인 자세를 취함과 동시에 중국공산당에 대한 적개심을 드러내기 시작하였다. 급기야 1941년 1월 6일 국민당 군대 8만여 명이 중국 공산당 계열의 신사군 9,000명을 포위 사살하는 소위 완난_晥南, 환남_ 사변을 일으키자 좌파계열의 의용대원들은 위기의식을 느꼈고, 그때 마침 화북에서 팔로군이 세력을 넓혀나가자 1941년 1월 조선의용대 주력이 팔로군 근거지로 이동했던 것이다.

이와 같은 이유들로 인해 조선의용대 주력이 화북으로 이동하면서 1941년 7월 7일 기존에 활동하고 있던 조선인과 조선의용대 대원들이 통합하여 화북지역 타이항산 일대에서 조선의용대 화북지대를 창설하였다. 화북지대장은 박효삼, 부지대장은 이익성, 정치지도원은 김학무가 각각 맡았다. 이 부대는 일제침략반대, 반파쇼 대동맹 지지 옹호, 적구 조선동포 획득을 목표로 강력한 항일 무장선전 활동을 펼쳤다.

특히 조선의용대 화북지대는 충칭에 있는 김원봉 선생의 대본부와 중공 팔로군의 지도를 받는 부대였고, 뿐만 아니라 1940년 1월 10일 타이항산 팔로군 정치부 소재지에서 옌안의 항일군정학교 출신 30여명으로 구성된 화북 조선청년 연합회의 무장대오이기도 하였다. 조선의용대 화북지대는 일찍이 국민당 지구에서 겪지 못한 치열한 전투를 전개했다. 그 대표적인 전투로 1941년 12월 12일 허베이성 후자좡胡家庄 전투와 읍성전투, 그리고 1942년 5월 반소탕전이 있었다.

이 반소탕 작전을 우리는 흔히 타이항산전투라고 부른다. 팔로군 지도부가 일본군에게 포위되자 퇴로를 확보하기 위해 조선의용대 30여 명이 작전을 수행하는 중에 석정 윤세주 열사와 진광화 열사가 희생되

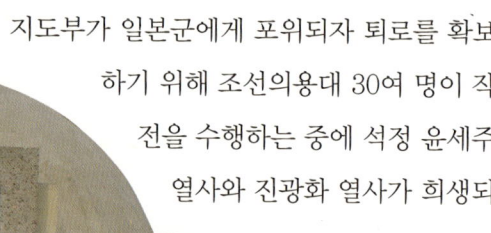

진지루위 열사능원에 있는 진광화 본명:김창화 열사묘

었다는 내용은 앞서 언급한 적 있다. 중국 공산당은 1942년 10월 이 두 분 열사의 장례를 성대하게 치루고, 허베이성 한단시 서현涉縣 스먼촌石門村에 두 분묘를 조성한 후 1950년 10월 마오쩌둥 중국정부는 한단시 진지루위晉冀魯豫 열사능원로 천장하였다. 이때 중국 지도자들은 당시를 회고하며, 석정 윤세주 열사를 조선 민족혁명당의 영혼, 뛰어난 선전선동가 라고 칭송했다.

이러한 한·중간 공동의 항일투쟁 역사에 대해 중국 란저우 장액 사범학원 석건국 교수는 논문을 통해 "중국 인민에게 있어서 조선의용대 화북지대의 장병들은 위대한 국제주의 전사였고, 일제로부터 중국 인민의 해방을 위해 용감히 싸운 외국의 벗이었다."며 "적 후방 항일 근거지에서 조선의용대의 전투 역사는 중·한 두 나라 인민들의 특수한 친선을 맺어놓았다. 이는 두 나라 인민들이 사이좋게 협력한 상징이며 또한 단결과 진보의 표시다."라고 밝혔다.

또한 한국의 서울시립대 역사학과 염인호 교수도 한중간 항일연합투쟁의 의미에 대해 "침략자에 맞서 조선인들이 중국 민족과 공동으로 투쟁한 귀중한 역사적 경험을 축적했다."며 "과거 중국 공산당 중앙과 긴밀히 연대해 항전했던 사실은 21세기 한·중 양국 우호 증진에 일정한 기여를 할 것."이라고 평가했다.

특히 나에게 신선한 충격이었던 것은 타이항산전투가 있었던 그곳 일대의 허베이성 한단시정부는 과거 지역역사와 문화를 학생들에게 소개하는 『한단역사와 문화邯鄲歷史與文化』라는 교과서를 통해 아래와 같은 조선의용대 활동과 관련된 내용을 기술하여 해당 지역학생들에게 역사의 교훈으로 일깨워 주고 있었다.

> 朝鮮義勇軍是1938年10月10日在武漢成立的一支國際抗日武裝。
> 조선의용군은 1938년 10월 10일 우한에서 성립된 하나의 국제항일 무장조직이다.
>
> 1941年轉戰到太行山，進駐涉縣中原村，南莊村一帶，與八路軍並肩作戰。
> 조선의용군은 1941년 타이항산으로 이동, 서현 중위안촌과 난좡촌 일대에 주둔하면서 팔로군과 함께 작전을 수행하였다.
>
> 在1942年5月 反掃蕩作戰中，朝鮮義勇軍和八路軍總部警衛部隊一起，與日軍進行殊死血戰。
> 1942년 5월, 반소탕작전 중에 조선의용군과 팔로군 사령부 경위부대는 일본군과 목숨을 건 결사항전을 전개하였다.
>
> 爲掩護八路軍總部等抗日首腦機關安全轉移，朝鮮義勇軍領導人石正，陳光華等在涉縣莊子嶺壯烈犧牲。
> 팔로군 사령부를 비롯한 주요 지도부의 안전한 이동을 돕기 위한 엄호작전 중에 석정 윤세주, 진광화 등으로 이루어진 조선의용군 지도부는 서현 장즈령 계곡에서 장렬히 희생되었다.
>
> ― 한단역사와 문화 교과서 82페이지 수록 ―

후일 윤봉길의사의 상하이 홍커우공원 의거가 김구·한국독립당의 정치적 자산이 되었듯이, 이 전투는 후자좡 전투와 함께 이른바 연안파가 해방 후 북한으로 입국하여 북한 대중에게 가장 자신 있게 내세울 수 있는 큰 정치적 자산이 되었다. 이와 같은 타이항산전투 관련 사실이 한국 내에 알려진 것은 불과 20년 밖에 되지 않았다. 우리 국민에게 그나마 널리 알려진 계기는 앞서 말했듯이 2005년도 한국교육방송에서 방영한 도올 김용옥 선생의 다큐멘터리를 통해서였다.

이것이 2010년 7월 베이징대학 한국대학원생 학생회가 주관하는 소위 '공간의 역사'를 찾아 타이항산 역사탐방을 하는 밑알이 되었다.

한편, 후자좡 전투와 읍성전투에서 조선의용대 화북지대 대원들이 선전·선무활동 중에 다수가 현장에서 사망하는 사태가 발생하자 조직 자체가 소멸할 수 있다는 위기의식을 느낀 중공 팔로군 정치부 주임 채수번은 1942년 3월, 조선의용대 화북지대를 팔로군 129사단 예하로 편입시킬 것을 지시한다.

이로 인해 조선의용대 화북지대는 팔로군과 그동안 어느 정도 협조와 연대수준의 관계를 유지하면서 충칭에 있는 김원봉 선생의 조선의용대와 형식상 상하 지휘관계에 있었으나 채수번의 편입조치 이후 화북지대는 충칭 대본부와의 관계가 완전히 단절되었다.

이 시점은 16년간_{1938년 10월 10일~1953년 7월 27일}의 조선의용대 활동에서 대단히 중요한 하나의 분기점이 되었다. 즉, 중국국민당=김원봉 선생의 조선의용대가 중국공산당=무정장군의 조선의용군으로 재편되어가는 하나의 큰 분수령이 되었으며, 시시각각 변화하는 국제정세와 함께 전혀 다른 성격의 군사조직으로 바뀌어 나갔다. 필자의 짧은 지식으로 판단하기에는, 이 시점에서 김원봉선생의 조선의용대와 중국공산당 팔로군 산하 무정장군의 조선의용군을 확실히 구분하여 인식해야 한다고 생각한다.

이후 김원봉 선생의 충칭 조선의용대는 1942년 4월 20일 대한민국임시정부 제28차 국무회의의 결의에 따라 동년 5월 광복군 제1지대로 편입되면서 41개월간의 임무를 마치고 역사의 뒤안길로 사라지는 운명을 맞게 되었던 것이다.

1942년 5월 반소탕전_{타이항산전투}전후로 화북 각지에서 조선 청년들이 점차 결집되는 등 역량이 커지고 활동범위가 넓어지자 조직 확대의 필요성을 절감한, 조청(조선청년연합회)은 새롭게 정당과 무장대오의 조직개편을 단행하였다. 동년 7월 10일 화북 조선청년 연합회 2차 회의 결의 결정으로 화북 조선청년연합회는 화북 조선독립동맹으로, 조선의용대 화북지대를 조선의용군 화북지대로 개편하였다. 화북 조선독립동맹은 '일본제국주의의 조선 지배를 전복하고 독립 자유의 조선 민주공화국을 건립함을 목적으로 한다.' 는 강령을 만들고, '각 당 각 파를 망라하여 항일애국은 총 단결하자.' 는 슬로건을 내걸었다. 독립동맹에는 공산주의자나 민족주의자, 학도병 등 화북지역 조선인들이 두루 참여했다

또한 새로 개편된 조선의용군 화북지대는 간부 양성, 무장선전 활동, 적구조직 활동을 목표로 하였다. 특히 간부 양성과 적구조직 활동에 주력하였다. 결과적으로 조선의용군이 대(隊)에서 군(軍)으로 개편된 것은 단순히 명칭 변화만을 의미하는 것은 아니었다. 그것은 이제 조선의용군이 정식으로 군사·정치집단화를 시도한다는 의미와 함께, 최창익 계열이 추구했던 '동북노선' 의 구체화라는 전략적 목표와 중국공

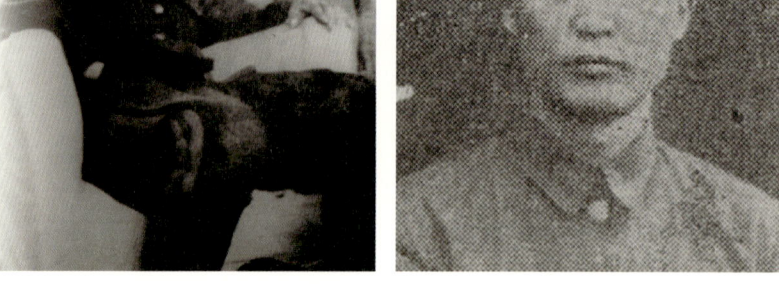

🍊 총사령관 무정 장군과 부사령관 박효삼

산당 지도 아래 해방 후 독립국가 건설에 대한 비전을 모색하게 되었다고 할 수 있다.

조선의용군은 1943년 중후반부터 큰 변화가 일기 시작했다. 3월부터 옌안에서 마오쩌둥 주도로 일기 시작한 소위 정풍운동整風運動이 조선의용군으로 옮겨와 조직 내 반공산주의 및 일본 프락치 척결과 중국공산당 지도노선에 대한 정신무장을 위한 사상 강화 분위기로 전개되자 최창익 계열의 세력은 쇠퇴하고, 무정장군이 중국공산당의 강력한 지지를 업고 조선의용군 화북지대에 대한 장악에 성공하여, 중국공산당에 대한 영향력을 급속히 확대되는 계기가 되었다.

이때 국제적으로는 유럽전선에서 이탈리아의 항복과 일본 및 독일이 연합군 세력에게 밀리기 시작하면서 전세는 급변하기 시작하였다. 1945년 8월 6일 히로시마에 대한 미국의 원자폭탄 투하와 8월 9일 소련군의 만주진입 작전이 개시되자 다급해진 중국공산당 지도부는 1945년 8월 11일 팔로군 총사령관 주더를 통해 '화북일대 대일작전을 전개하고 있는 조선의용군의 총사령관 무정, 부사령관 박효삼·박일우는 즉각 부대를 통솔하고 동북으로 진출하여 동북의 조선인민을 조직하여 조선해방의 임무를 달성하라.'는 명령 제6호를 발동하였다. 이에 조선의용군 화북지대가 조선의용군의 독립적인 전투사령부로 급조되어 명령 제6호를 이행하게 되었다.

이리하여 무정 장군의 조선의용군은 중공 팔로군사령부 명령 제6호에 의거하여 동북지역으로 이동하여 드디어 국·공내전에 참전하였다. 내전전황이 중국 공산당 측으로 유리하게 전개되면서 조선의용군은 1948년 2월부터 북한으로의 입북을 서서히 결행하게 되었다.

조선의용군의 동북아 대장정

1945년 8월 11일 중국공산당의 명령 제6호에 의거, 조선의용군조선독립동맹포함은 최초 두 개 그룹으로 나누어 동북으로 진출하였다. 한 그룹은 옌안에 위치하고 있던 조선독립동맹의 지도부와 조선혁명군정학교 교관과 학생들을 포함한 315명이다. 이들은 9월 하순 옌안을 출발하여 장자커우에 도착했고, 그때 마침 타이항산 조선의용군 일부가 도착한 인원들을 하나로 통합해 임시부대로 편성하여 도보와 기차를 이용해 11월 선양에 도착하였다. 그때 무정장군을 비롯한 박효삼, 박일우도 도착하였다. 동년 8월 말부터 중국 국민당과 공산당이 소위 국·공내전으로 치닫자 중국공산당은 팔로군 명칭을 '중국 인민해방군'으로 변경하고, 군사적인 열세를 만회하기 위해 동북에서 조선의용군을 중심으로 부대를 확대 개편하였다. 즉 조선의용군은 일본제국에 맞서 항일 아방가르드돌격대가 되었다가 국·공내전에서 중국 국민당에 맞서는 중국공산당의 돌격대가 되는 순간이었다. 이때부터 동년 11월 선양에 집결한 조선의용군은 순수 전투부대체제로 개편하여 세 갈래로 나누어 진출하게 되었다. 제1지대는 선양에서 통호지구로, 제3지대는 하얼빈으로, 제5지대와 제7지대는 각각 동만주 옌볜과 지린으로 진출하였다.

조선의용군 제1지대는 1946년 2월 통화에서 국민당첩보원들이 관동군 포로들 선동하여 2·3폭동을 일으키자, 이러한 움직임을 사전에 포착하여 진압하는데 큰 공을 세웠다. 이후 중국공산당의 지시로 리훙광 지대로 부대 명칭을 바꾸고 얼마 후 다시 동북인민해방군 독립 4사단으로 개칭되어, 남만주의 린장_臨江 전투, 쓰핑_四平 전투, 료심 작전 등에 참전하여 큰 전과를 올렸다. 독립 4사단은 다시 중국인민해방군 제166사단으로 재편성되었다.

조선의용군 제3지대는 1945년 11월 이상조_김택명의 하얼빈 보안총대 조선독립대대와 합류하여, 중국인 토비·국민당 잔당·토호·마적 등의 박해로부터 조선인과 중국인을 해방시켜 주었으며, 이후 1948년 동북인민해방군 독립 11사단_조선인 90%로 구성으로 재편되면서, 곧 바로 중국인민해방군 제164사단으로 편성되었다.

조선의용군 제5지대는 옌볜지역에서 토비와 마적 등의 토벌에 참여하여 많은 성과를 거두면서 독립 6사단으로 되었다가 1948년 다시 156사단으로 재편성되었다. 이후 중국공산당 지시로 1950년 3월 중국인민해방군 독립 15사단_사단장 전우으로 편성되었다. 조선의용군 제7지대는 지린지역에서 주로 치안활동을 전개하면서 독립11사단으로 편입되어 후에는 조선인민군 제5사단 10연대로 개편·편입되었다.

이와 같이 조선의용군은 동부지역에서 복잡한 상황 변화에 따라 부대 편성과 재편성을 반복하면서 국공내전 참전과 지역 치안 활동에서 큰 성과를 거두어 중국공산당지도부와 만주 중국인들에게 조선인들의 이미지 제고는 물론 중국내에서 향후 중국 공민으로서 위상을 강화시키는 계기가 되었다. 뿐만 아니라 6·25전쟁에서 북한을 물심양면으로 지원하는 하나의 명분으로 자리잡게 되었다.

이처럼 만주전역에서 중국공산당의 후원 하에 조선의용군이 폭넓게 활동을 할 수 있었던 배경은 바로 1945년 8월 14일 중국 국민당과 소련 간에 맺은 〈중소우호동맹조약〉으로 인해 만주가 국민당정부의 관할권 아래에 있음을 분명히 하였기 때문에 중국 공산당으로서는 섣불리 자기네 정규군을 만주로 투입할 수 없었다.

이에 대한 자구책으로 공식적인 연관은 없으나 실제로 중국공산당의 지도를 받는 만주지역 자체의 자치군이나 의용군이 필요했던 마오쩌둥 공산당 지도부로서는, 만주지역에 거주하는 110만 명의 조선족을 중국공산당 지원무장세력으로 묶어낼 주체로 조선의용군을 주목하여 적극적으로 그 지역에서 활동할 수 있는 명분과 지원을 아끼지 않았던 것이다.

김일성의 애원, 압록강과 두만강을 건너다!

그러나 한반도 정세의 급격한 변화에 따라, 조선의용군은 6 · 25 전쟁 발발 2년 전부터 발발 직전까지 총 5만여 명이 북한으로 귀국하여 조선인민군으로 새롭게 탄생하였다. 이들 집단은 결국 6 · 25 전쟁의 최선봉에서 동족상잔이라는 비극을 초래하는 김일성 돌격대의 첨병으로 전락하는 비운을 맞게 되었다.

중국인민해방군 제166사단 조선의용군 제1지대은 압록-루비콘강을 건너 신의주에서 방호산을 사단장으로 하여 조선인민군 제6사단으로 개편 1949년 7월되어, 경기도 서북방 개성·문산 축선 일대에 주둔하였다. 또한 중국인민해방군 제164사단 조선의용군 제3지대은 두만-루비콘강을 도강하여 조선인민군 제5사단 사단장 김창만으로 개편하여 전방 강원도 축선에 전진 배치되었다. 중국인민해방군 독립15사단은 입북하여 조선인민

6·25 때 압록강을 건너 남침하는 중공군

군 7사단으로 개편되었다가 후에 12사단 전우→최아립 사단장 으로 편성되었다. 이처럼 조선인민군으로 개편된 제5사단·제6사단·제12사단은 모두 5만 명 가까운 조선의용군으로 구성, 전방 최전선에 배치되어 그들에게 가장 불명예스러운 역사의 순간이 기다리고 있었다.

6 · 25전쟁, 그리고 한강을 도하渡河하다!

1950년 6월 25일 새벽 4시를 기해 6·25전쟁이 발발하자 그 중에서 방호산 제6사단은 경기 서북부를 넘어 한강−루비콘강을 최초로 도하한 부대로서 경기·충청·전라도축선 현 서해안고속도축선 을 따라 거침없이 진격해 내려왔다. 이때 6사단은 내 고향 전남 영광에서 일부 부대가 3일간 고향 어르신들 말씀 머물렀다고 한다. 이후 부대는 목포·순천·여수로 우회하여 2번 국도를 경유, 경남 하동에 도착하였다. 6사단은 하동 쇳고개 매복 작전 중에서 채병덕 경남지역 편성군사령관 6·25전쟁 발발시 육군참모총장으로서 적정을 오판하여, 초기 작전 대실패의 주역으로 좌천당한 상태였음 을 현장에서 사살하고, 동시에 미군 300여 명을 포위 섬멸하였다. 이후 이 부대는 곧바로 진주를 걸쳐 마산까지 진격해 들어갔으나 미 보병 제25사단에 막혀 고전을 면치 못하였다. 조선인민군 제5사단_사단장 김창만_은 경북 영덕과 강구에서 국군 제3사단과 격돌하였다. 또한 조선인민군 제12사단은 안동방향으로 진격하였으나 끝내 낙동강 전선의 붕괴와 인천상륙작전으로 강원 산악지역을 통해 북으로 대부분 후퇴했거나, 소수 낙오 병력은 태백산·덕유산·백운산·지리산으로 입산하여 이현상을 중심으로 남부군 빨치산을 형성하였다. 이들 집단은 우리 국군 전투력을 전·후방으로 분산시키는 상황을 야기하며 후방에서 집요하게 교란작전을 전개하였다.

이처럼 조선인민군으로 둔갑한 조선의용군 3개 사단은 6·25전쟁의 최전선에서 소위 김일성의 '사냥개'로 부림을 당하다, 전쟁종료 후 조선의용군 출신 인사_소위 옌안파_ 상당수가 김일성의 1인 독재권력 강화에 장애물로 판단되자 1956년 8월 종파사건를 빌미로 1959년까지, 권력에 대한 김일성의 지칠 줄 모르는 탐욕의 가마솥에서 팔팔 삶아 먹힘을 당하는 토사구팽의 신세가 되었다. 그 후 북한역사에서 조선의용군은 흔적조차 찾을 수 없게 되는, 그야말로 가장 비극적인 최후를 맞아 역사 뒤안길로 사라지게 되었다.

약산 김원봉 선생도 물론 예외는 아니었다. 그는 1942년 5월 이후 광복군 부사령관 겸 제1지대장으로 있다가, 대한민국임시정부 군무부장_국방장관_으로 있으면서 해방을 맞이하였다. 그는 군무부장 자격으로 귀국하였으나, 불행하게도 해방조국에서 수도경찰청_청장 장택상_ 소속 노덕술 수사과장_고등계 형사 출신_에게 체포되어, 청장 장택상과 노덕술 등에게 공개적으로 조롱당하고 뺨을 맞는 등, 온갖 모욕과 수모를 당하고 사흘 꼬박을 비통해 하며 서럽게 울었다고 한다 조선의열단 소속 유석현 선생의 회고 증언내용·. 이후 김원봉 선생은 1948년 4월 19일 김구 · 김규식 선생과 함께 남북연석회의에 참석차 북에 갔다가 그대로 눌러 앉아 남북화합과 통합에 힘쓰다 1958년 11월 김일성에게 반종파분자 및 남조선 프락치로 낙인찍혀 숙청을 당하였다.

지금까지 사회주의계열 조선의용대_조선의용군_의 탄생 전야부터 시작하여 창설, 화북과 동북지역에서 활동, 끝으로 북한 입국과 6 · 25전쟁, 그리고 그 이후까지를 대략 살펴보았다.

조선의용대 동아시아대장정의 발자취는 창설 이후 15년 간 정세 변화에 따라 다섯 지역_화중지역→화남지역→화북지역→동북지역→한반도_에서의 활동과 7번의 변신, 1개 중대_120명_ 규모에서 출발하여 1개 군단에 상응하는 규모로의 확대발전, 두 차례 국제적 규모의 전쟁_중 · 일전쟁/6 · 25전쟁_ 참전, 한 차례의 내전_국공내전_ 참전, 세 차례의 서로 다른 집단_중국국민당/중국공산당/조선인민군_군의 아방가르드, 세 번의 루비콘강_황허/압록 · 두만강/한강_ 도하 등, 동서양 고금을 통해 이러한 발자취를 가진 조직과 집단을 거의 들어보지도 못했다.

단언컨대 소위 조선의용대의 동아시아 대장정은, BC 219년 당시 누구도 감히 예상하지 못했던 피레네산맥을 지나 눈 덮인 알프스산맥을 넘어 이탈리아반도로 진군하여 로마 제국을 대혼란에 빠뜨렸던 북아프리카 카르타고 한니발장군의 부대나, 마오쩌둥을 중심으로 한 홍군의 1만 5천 km 대장정부대_장제스 국민당군대와 싸우면서 11개 성(省)과 8개 산맥, 7개강을 통과함_와 비교해도 전혀 손색이 없다고 생각한다.

지금까지 조선의용대_군_의 일련의 활동을 전체적으로 보면, 조직 내부적인 항일무력투쟁의 노선 방향과 중국국민당과 공산당과의 관계 변화 그리고 국·공내전, 한반도의 미·소간의 대립 등으로 인해 그들의 운명을 스스로 결정하거나 개척했다기보다는 내·외부적 상황구조의 변화에 따라 현실권력에 의해 철저히 이용당하고 유린당하면서, 결국은 숙청과 추방이라는 비극의 결말로 운명지워진, 그야말로 우리 남북 근현대사에서 불청객이 되어버렸다.

우리는 이제라도 이들 조선의용대군의 항일투쟁의 족적과 그 이후에 행해졌던 여러 발자취들에 대해 선과 악이라는 이데올로기적 잣대가 아닌, 있는 그대로의 역사적 실체와 사실에 기초하여 보다 냉철한 판단과 역사적 재평가가 이제는 이루어져야 하지 않을까?! 왜냐하면 보다 나은 미래 통일한반도 역사발전을 위해서…!

조선의용대군 인식과 한반도 통일을 향해

이탈리아 역사학자 베네데토 크로체는 역사에 대해 "인류의 모든 역사는 현내사다."라고 주장했다. 그는 역사란 본질적으로 현재의 관점과 문제들에 비추어 과거를 바라보는 것이며, 역사가의 주요 임무는 기록이 아닌 '해석'과 '평가' 하는 것이라고 주장했다. 또한 영국의 역사학자 E.H 카는 "역사란 과거와 현재와의 끊임없는 대화"이고 살아있는 현재적 관심만이 가버린 사실을 천착穿鑿하도록 충동하기에, 역사는 과거가아니라 현재부터 시작된다고 하였다. 뿐만 아니라 조지 오웰은 그의 작품 『1984』에서 "과거를 지배하는 자가 미래를 지배하고, 현재를 지배하는 자가 과거를 지배한다."고 하는 구절을 통해 과거시간에 대한 권력관계가 현재·미래 시간에 대한 권력관계로까지 이어진다고 하는, 역사와 권력과의 상호관계에 대한 인식을 밝힌 바 있다. 이러한 일련의 역사의 본질에 대한 통찰은 현재 우리 한반도 근·현대사에 대한 해석과 평가, 그리고 인식의 딜레마와 관련해 남·북한 모두가 직면한 상황을 매우 명확히 꿰뚫고 있다고 볼 수 있다.

앞서 살펴보았듯이, 우리는 조선의용대군가 걸어왔던 동아시아 대장정의 15년의 발자취가 동아시아 격동의 역사와 그 운명을 같이 해왔음을 알 수 있었다. 시시각각 소용돌이치는 중국대륙의 정세와 전 세계적 차원에서 진행되고 있던 미·소 중심의 냉전체제라는 복잡다단한 틈바구니에서 조선의용대군가 선택할 수 있는 여지와 공간이 얼마나 있었겠는가!? 그 시대의 사람으로 태어나 그 시대의 소명에 이끌려, 그 시대 자신의 운명을 스스로 결정지을 수 없는 당구공처럼 구조화된 국제정세의 틀 속에서, 그들의 삶이 냉엄한 생존의 현실에 내맡겨져야 했던 그들의 운명과 아우성!

따라서 우리는 이러한 조선의용대군의 발자취를 이분법적이며 편협한 이데올로기적 관점과 좁은 한국사의 틀에서 판단하는 관점에서 과감히 벗어나 이제는 동아시아 지역사, 나아가 세계사의 차원에서 이해할 수 있는 새로운 해석과 인식의 프레임을 구축해야만 한다. 그래야만이 조선의용대군가 걸어왔던 발자취를 제대로 이해하고 평가할 수 있지 않을까!

한편으로 조선의용대군는 1940년대 말 북한으로 귀환 이후 김일성 돌격대가 되어 동족상잔의 비극을 초래했던 한국전쟁에서 자유롭지 못했음을 우리는 잘 알고 있다. 이러한 그들의 구조적인 역사 과오 때문에, 그 동안 조선의용대(군)는 한국과 북한 사회에서 가혹한 심판과 냉대, 그리고 평가를 받아 왔다. 그렇다고 이러한 역사를 계속해서 방치하고 배척만 한다면, 우리 민족의 정체성의 상실이요 민족사의 왜곡이라 본다. 이제 우리는 통일 한국을 준비해야 하는 막중한 시대적 과제를 안고 있다. 남·북한 통일은 단순한 공간적·제도적통합의 의미를 넘어 한반도 민족사의 복원이라는 의미를 담고 있다. 그 첫 출발은 바로 남·북한 공통의 역사인 조선의용대(군)를 비판적으로 우리 역사의 한 부분으로 당당히 포용하는 것이다. 즉 맹목적인 수용과 비난이 아닌, 냉정하고 객관적인 평가를 통해 인정할 것은 인정하고 과오에 대해서는 보다 성숙한 역사인식의 태도로 후세의 경계로 삼으면서, 미래 통일한국으로 나아가는 데 있어 하나의 근·현대의 민족사 복원의 초석으로 삼아야 할 것이다.

끝으로 최근 2014년 1월과 2월 박근혜 대통령은 통일과 관련해 '통일 대박론' 제기와 '통일 준비 위원회' 발족 등 체계적이고 건설적인 통일의 방향을 모색하고자 하는 통일 청사진을 제기하였는데, 이는 긍정적이고 환영할 만한 일이다. 그러나 역대 정권에서 보여준 일련의 '통일정책' 관련 행태들을 보면, '정권 상품화'의 대상으로 간주하여 '보여주기식 퍼포먼스'로 인한 일회성의 쇼맨십으로 귀결되는 상황을 자주 볼 수 있었다. 이제는 이런 요식행위와 사고에서 과감히 벗어나 진정성 있는 통일정책을 체계적으로 수립하고 일관성 있게 밀고 나갈 수 있는 '한반도 통일정책 로드맵' 구축이 작금의 시점에서 매우 절실하다고 본다.

상하이에서 베이징까지
독립투쟁의 여정

최필숙

임 말

    석정 윤세주 열사를 비롯한 항일 독립운동가들의 길을 따라 가는 것도 이번이 네 번째, 처음에는 4박 5일, 5박 6일 그런데 이번은 6박 7일! 늘어나는 일수만큼 남편에 대한 미안함은 커지지만 이번의 탐방에는 남편의 적극적인 후원이 있었고, 꼼꼼하게 날씨를 체크해주고 얼마 간의 돈을 환전해주는 은혜까지 베풀어주었다.

    옛 어른들은 겨울에 먼 길을 떠나는 것을 꺼려했다. 그만큼 힘든 여정이기 때문일 것이다. 나 역시 2006년에 이어 두 번째의 겨울 길이라 약간의 염려가 되었지만, 역사 교사 및 역사에 관심이 높은 교사들이 함께 하는 탐방이라 약간의 긴장감과 편안함을 느끼면서 새벽길을 나섰다. 큰 길까지 짐을 가져다 준 남편의 배웅을 받으며 공항으로 향했다. 공항에서 상하이로 떠나기 전 윤명화 여사께 전화드렸다. 석정의 종손녀 윤명화 여사의 떨리는 목

2010년 10월 31일 상하이시에서 우수역사 건축물로 지정된 샤페이방 15번지

소리에 또다시 나의 목이 잠기고 잘 다녀오겠노라 인사를 드리고 비행기에 올랐다. 상하이 푸둥에 도착한 우리는 기다리고 있던 가이드, 유학생들과 합류하였다.

상하이에서 우한까지

처음 우리가 찾은 곳은 대한민국 임시정부청사였다. 1919년 4월부터 1932년까지 임시정부의 요인들이 망명정부를 이끌던 곳이다. 김구의 집무실을 비롯한 여러 공간들이 잘 보존되어 있어 나라 잃은 설움과 일제를 몰아내고 조국을 되찾겠다는 의지를 불태웠을 그 당시를 떠올렸다. 무장투쟁을 통해 해방을 쟁취하겠다는 이동휘 등의

반대에도 불구하고 각 나라의 외교 공관이 있던 프랑스의 조계지인 이곳에 임시정부를 수립하고 외교 노선을 통한 조국의 해방을 위해 노력하였던 곳이다.

두 번째로 찾은 곳은 샤페이(霞飛)방 15번지이다. 이곳의 2층에서 석정 윤세주·배천택·최석순 등 세 사람이 한인 라디오 방송을 통해 선전 방송을 하던 곳이다. 중국 혁명가들이 많이 거주하였던 곳으로 지금은 번지수가 바뀌어 있다. 석정은 1919년 지린으로 망명하여 약산 김원봉과 함께 '의열단'을 조직하고 1차 의거에 자진 동참하였으나 밀고로 일제의 경찰에 붙잡혀 7년 간의 옥고를 치르고 고향인 밀양에서 신간회 활동, 청년회 활동 및 중외일보를 운영하다 1932년 다시 중국으로 망명하여 남경에서 조선혁명정치군사간부학교를 졸업하고, 교관으로 활동하였다. 그리고 조선 민족혁명당 결성에 큰 역할을 하였으며, 중·일전쟁 이후 중국 국민당 정부의 요청에 의해 1937년 8월 이후 2개월 동안 활동한 곳이다. 석정의 격한 목소리가 들리는 듯하다.

세 번째로 찾은 곳은 윤봉길의 의거가 있었던 홍커우 공원이다. 1923년 국민대표회의가 개최된 이후 많은 독립운동 단체들이 임시정부에서 이탈되어 임시정부의 활동이 미미한 때에 백범 김구는 독립운동에 활력을 주기 위해 한인애국단을 조직하였다. 그 조직원인 이봉창이 일본에서 일왕을 시해하기 위해 폭탄을 던졌으나 불행히도 폭탄이 터지지 않아 실패하였다. 그러나 중국 상하이의 언론은 이를 대대적으로 보도하며 아쉬워하였다. 중국에 대한 본격적인 침략을 계획하고 있던 일본은 이를 빌미로 상하이 신문사를 습격하며 '상하이 사변'을 일으켰다. 상하이를 점령한 일본은 전승을 축하고 일왕의 생일을 축하하는 천장절 행사4월 29일를 홍커우 공원에서 거행하였다. 이 때 윤봉길은 이화림 여사와 위장부부로 행사장에 참석하려 하였으나, 일본어가 능숙하지 않은 이화림이 밖에서 지켜보는 가운데 도시락 폭탄을 투척, 중국주둔 일본군 총사령관 시라카와 요시노리12번 수술하였으나 숨짐와 상하이 일본 거류민 단장 가오바타 사다쓰구를 죽였다. 중국공사 시게미쓰 마모루는 오른 다리 부상, 우에다 중장은 왼쪽 다리를 절단, 노무라 중장은 오른쪽 눈을 실명하였다. 윤봉길은 5월 28일 일본군법회의에서 사형선고를 받았고, 1932년 11월 18일에 오사카로 이송되어 12월 19일 형장의 이슬로 사라졌다.

　이 사건을 계기로 대한민국 임시정부는 일본의 공세때문에 중국 국민당 정부를 따라 이동을 시작하였다. 그리고 그동안 '완바오산 사건만주 지역에서 수로를 두고 중국인과 조선인 간에 발생한 충돌'의 여파로 인한 한·중간의 갈등이 완화되어 한국인에 대한 인식이 달라졌으며, 중국 국민당의 적극적인 후원을 받으며 독립운동을 전개할 수 있었다. 그 역사적 현장을 찾은 우리들은 윤봉길 의거의 현장이라는 표석이 있던 곳이 당시의 현장이 아니라 지금 루쉰의 동상이 있는 곳이라는 풍객님의 설명을 들으며 윤의사의 결의를 가슴에 새겼다. 그곳을 나서 윤봉길의 호를 따 지은 '매헌'으로 이동하여 당시의 기록과 의사의 생애를 살펴보고, 육군공병작업장에서 총살을 통해 25살의 젊은 생을 마감하는 장면을 생생하게 돌아보았다. 이마 한가운데를 관통한 총알 자국의 선명함이 아직도 눈에 선하다. 그의 유해는 1946년 박열·서상한·이강한 등의 노력으로 발굴되어 이봉창·백정기와 함께 효창공원 삼의사에 모셔져 있다. 첫날의 긴 여정은 와이탄 근처에서 야경을 보는 것으로 끝을 맺었다.

다음 날 우리는 김구 선생이 홍커우 공원에서의 폭탄 투척 배후자로 지목되면서 일제를 피해 다녔던 자싱으로 향했다. 자싱은 상하이에서 항저우로 가는 중간 지점에 위치한 교통의 요지이며, 추푸청이라는 중국인이 자신의 집으로 김구를 비롯한 임시정부 요인들을 피신시킨 곳이다. 추푸청은 중국 신해혁명의 원로이자 애국 민주인사였다. 1918년부터 독립운동가 박찬익과 친분을 쌓았으며 홍커우 의거 이후 '상하이 항일구원회' 회장이던 그는 박찬익의 요청으로 김구와 독립운동가들을 자신의 고향인 자싱으로 피신시켰다. 이 때 김구는 주아이바오라는 중국인과 위장 부부로 생활하면서 적의 눈을 피했다. 적의 동태를 살필 수 있고 피신할 수 있는 집의 구조를 살펴보고 김구 선생이 타고 다녔던 배 위에 김수곤 선생님이 올라 그때를 재현하기도 했다. 자싱을 돌아본 우리들은 난징으로 향했다.

난징은 1932년 이후 우리 독립운동가들이 활동하던 주 무대였다. 오후 늦게 도착한 우리는 '조선혁명군사정치간부학교'가 있던 톈닝사로 향했다. 길을 제대로 찾지 못해 가이드인 김정남은 우리들로부터 '아이다'라는 별칭으로 불리며 이리저리 뛰어다녔다. 날은 어두워지고 마음은 답답했지만, 뛰어다니는 그와 유학생 김현수군을 애처롭게 지켜보았다. 드디어 그 곳을 찾을 즈음 날은 이미 어두워

앞이 제대로 보이지 않았다. 그러나 낯선 땅에서 훈련을 하며 조국의 독립을 가슴에 품었던 선열들의 고행을 느껴보라는 뜻으로 받아들이며 휴대폰의 불빛에 의지하여 톈닝사로 향했다. 앞뒤의 사람들을 서로 돌봐주며 무사히 도착한 그곳에는 누군가 피운 향이 남아 있어 아직도 이곳을 찾아주는 사람이 있다는 생각에 가슴 뭉클하였다.

1932년 봄, 약산 김원봉은 난징으로 가 황푸군관학교의 동기생인 등걸이 서기를 맡고 있는 '삼민주의역행사'를 찾아갔다. 이 기구는 장제스 정권의 권력 구심체로서 황푸군관학교 출신들이 핵심을 이루고 있었다. 약산은 조선의 독립·자유를 쟁취하기 위해 청년지사들을 모아 수용하고 필요한 단기훈련으로 나라를 되찾기 위해 소요되는 금전·물질 및 훈련 장소 등을 중국에 의뢰해야 이루어질 가능성이 있다고 생각하였다. 그래서 단기교육 훈련 과정을 통해 중국군 초급 장교 수준의 한국인 정치 간부를 키워 만주 및 관내 지역, 국내 각 지역의 대일 공작에 투입한다는 계획을 갖고 있었다. 이 계획을 보고받은 장제스는 삼민주의역행사에 지원을 지시했고, 그 결과 '조선혁명군사정치간부학교'가 이곳 톈닝사에 설립되었다. 이 학교의 정식 명칭은 '중국국민정부 군사위원회 간부훈련반 제6대'였다. 학교 설립 목표를 '조선의 절대 독립'과 '만주국의 탈환'에 두고 동교 졸업생은 국내와 만주로 파견되어 일만요인 암살, 재만항일 단체와의 제휴, 선만 노동·농민층에 대한 혁명적 준비 공작, 위조지폐 남발을 통한 만주국의 경제 교란, 특무 활동에 의한 물자 획득 등을 전개하는 것이다. 이 훈련반의 제6대에 한인들이 소속되어 교육을 받았다. 교과목은 정치·경제·철학·폭탄사용법·기관총학·

당조직과 선전 전술학까지 다양하였다. 석정은 1932년 이곳으로 와 약산과 합류하고, 시인으로 알려진 이육사와 함께 1기생으로 교육을 받았다. 그 후 이 학교의 교관으로 정치를 비롯한 여러 교과목을 가르쳐 최고의 독립운동가를 길러냈다. 1935년 9월 폐교까지 3기에 걸쳐 125명의 졸업생을 배출하였으며, 이들은 대일전선에서 자신의 몫을 충분히 행하였고 중국인들은 그들은 일당백이라 칭찬하였다. 당시 학생들의 힘찬 목소리를 들은 듯 모두 씩씩하게 밤길을 내려왔다.

다음날 우리는 난징대학살의 기억을 고스란히 간직하고 있는 난징대학살 박물관을 찾았다. 그 당시의 유골을 그대로 보여주는 모습과 12초마다 한 사람씩 죽였다는 물시계를 보며 당시 30만이라는 엄청난 인명을 학살한 역사 현장을 보았다. 한 곳에서 만 명이나 되는 유골이 발견된 만인갱萬人坑을 비롯하여 참혹한 학살 장면, 곳곳에 새겨 놓은 '잊지 말자'는 중국인들의 다짐글을 보며, 우리의 역사를 돌아보는 계기가 되었다. 마지막으로 중국과 일본의 화해를 상징하는 평화의 연못을 보며 진정한 화해인지 위장된 평화인지 잠시 머뭇거렸다. 이곳에서 받은 학생들의 충격은 이루 말할 수 없었다. 특히 교과서에 실려있는 일본군 위안부의 사진을 보며 '석정기념사업회'의 1기생이었던 박영경 학생이 생각났다. 그 학생은 위안부 할머니의 문제 해결을 위해 대학진학을 '법대'로 정하였고, 지금은 열심히 학업중이다.

우리는 발길을 돌려 난징대학을 찾아갔다. 진링대학을 개칭한 이곳은 몽양 여운형과 약산 김원봉이 다녔던 학교이다. 뿐만 아니라 이곳에서 1935년 7월에 의열단 · 한국독립당 · 신한독립당 · 조선혁명당, 재미 대한독립당이 독립운동을 통합하자는 결의를 다지며 '조

**辛亥武昌起義
工程營發難處**

신해무창기의
공정영발난처

: 우창에 있는 신해
혁명 발발지

선민족혁명당'을 창설한 곳이다. 진링대학당이라는 글씨를 보며 중국 관내 최대의 단체로 설립된 조선민족혁명당의 독립의지를 다시 새겨보았다. 이곳에서 수놈 해치가 공을 밟고 있는 모습과 암놈 해치가 새끼를 밟고 있는 모습을 민족문제연구소 박한용 연구실장의 설명을 통해 다시 한번 살펴보았다. 난징대학을 나온 우리들은 열차를 이용하여 한커우로 향했다. 열차 안에서 우리는 중국인들을 아랑곳 하지 않고 이틀 동안 보고 느꼈던 것을 서로 이야기하는 시간을 가졌다. 학생들은 선열들의 독립의지를 가슴으로 느끼며, 난징대학살 현장에서 본 물시계의 똑 똑 떨어지던 물소리를 마음 깊이 새기며 자신이 무엇을 해야 할지 고민하는 모습을 보여주었다.

 다음날 우한으로 향한 우리들은 먼저 후베이성 총공회 자리로 이동하였다. 우한은 중국 후베이성과 화중지방의 정치·경제·문화·교통의 중심지로 양쯔강과 그 지류인 한수이강의 합류점에 위치하여 양쯔강 우측의 우창, 한수이강 이북 좌측의 한커우, 한수이강 이남 좌측의 한양 등 세 지구로 이루어져 예로부터 우한삼진이라 하였고, 중국 중부의 군사·교통의 요지이며, 우한武漢이라 한다. 이 지역에 있는 후베이성 총공회 자리는 중국의 신해혁명이 발발했던 장소로서 쑨원이 중국민국을 수립하는 혁명의 시발지이다. 뿐만 아니라 1938년 설립된 조선의용대원들이 우한을 침략한 일제에 쫓겨 이곳에서 일주일 정도 머문 곳이기도 했다.

 다음으로 이동한 곳은 승리가 15호로, 약산이 거주한 곳이다. 일본 조계지역이었던 이곳을 중심으로 조선의용대원들이 적산가옥에서 나누어 기거하고 있었다. 이 부근에 있었던 일본신사는 조선의용대가 창립된 뒤 기념사진을 찍은 곳이다. 이곳에서 우리도 기념사진을 촬영하였다.

이후 리황피로 우한 YMCA 구지舊地 뒤에 있는 3층 건물을 찾았다. 이곳은 1938년 10월 13일 조선의용대 창립기념공연이 벌어졌던 강당으로〈민족해방가〉,〈자유의 빛〉,〈아리랑〉을 비롯한 가요와〈쇠〉,〈두만강변〉 등 연극을 공연한 곳이다. 지금은 안을 개조하여 주거지로 이용되고 있었는데, 가난한 중국인들의 삶을 보며 우리의 풍요로움에 대한 고마움과 해방된 조국을 우리에게 물려준 선열들에게 다시 한번 고개 숙여 감사를 드렸다.

한단 서현涉县의 석정을 찾아

조선의용대는 우한에 정착한 조선민족혁명당이 지청천 탈퇴 이후 전열을 정비하여 조선민족전선연맹을 결성하고, 1937년 루거우차오 사건을 계기로 중·일전쟁이 발발하자 조선인 군사부대가 필요하다고 역설하여 중국 관내 최초로 조선인 군사조직으로 만들어진 단체였다. 약산을 대장으로 하여 처음에는 주로 선전활동·포로심문 등 비전투적인 일에 참여하였다. 우한 지역이 일본에 의해 점령당할 당시 중

한단시의 여러 모습들

국인들은 다 피난하였으나 조선의용대원들이 우한 방어전에 참여하고 시내 곳곳에 대적 선전활동을 하였는데, 중국의 사상가인 궈모뤄는 이를 두고 조선인들은 진정한 친구라며 그들을 칭찬하였다. 우한이 점령당한 뒤 그들은 구이린으로, 다시 창사로 이동하였다. 가는 도중 일본과의 직접 전투 및 대적 선전활동을 끊임없이 하였다. 1940년 하반기까지 조선의용대의 전과를 보면 적진의 약 50~60m까지 접근하여 심리전을 벌이는가 하면 반전가극을 공연하고 직접 전투에 참가하였고, 책자 5만여 권, 전단 50여만 장, 표어 40여만 장, 적의 통행증 1만여 장을 위조해서 살포하였고, 일본군 포로 122명을 체포, 그 중 75명을 교육한 뒤 의용대에 편입시켰고, 문건 95만자를 번역하였으며, 6만여 명의 대적선전요원을 교육시켰다고 하니 대단한 활약이다. 이 부대는 1940년 충칭에서 여성간부단기훈련반을 개강하는 등 여성대원들의 교육에도 힘을 썼다.

    그러나 이들은 중국 국민당정부군의 소극적 항일전에 커다란 불만을 갖고 있었고, 조선인들이 많은 화북지방으로 이동하여 본격적인 전투를 통해 한국으로 진격할 필요성이 있다고 하여 격론 끝에 북상을 결정하게 되었다. 저세한 내용은 앞에서 언급한 "조선의용대와 대장정" 편을 참조 그리하여 1941년 1월 1일 제1, 3지대가 조선의용대 화북지대를 결성하고 충칭을 출

발하여 타이항산 지역으로 이동하게 되었다. 석정 윤세주는 정치위원으로 이 화북지대를 이끌고 타이항산으로 이동하였고, 그곳에서 장렬히 전사하였다. 이제부터 우리가 갈 곳이 바로 이들이 이동한 경로를 따라 가는 길이다.

조선의용대 본부의 약산은 충칭을 떠나지 못했다. 대원들 가족의 생명을 지켜야 하고 향후 전쟁이 끝난 뒤 연합군의 인정을 받기 위해서는 임시정부와의 연결이 필요하다고 생각한 약산은 총대를 이끌고 한국광복군 제1지대로 편입시킴과 동시에 1942년 12월 5일에 광복군 부사령관에 취임하였고, 1944년 국무위원 겸 군무부장에 선임되어 임시정부 군사방면의 최고 책임자가 되었고 해방 후 1945년 12월에 귀국하였다.

조선의용대 화북지대는 1941년 5월에 타이항산 지역에 도착하였다. 이후 40여 차례의 전투에 참전하였는데, 그 중 1941년 12월 12일에 벌어졌던 후자좡촌 전투에서 손일봉 · 왕현순_이정순_ · 한청도_최철호_ · 박철동 등이 사망하고, 김세광은 어깨에 김학철은 다리에 부상을 입었다. 이번 탐방에서는 이곳을 가지 못했다. 도로공사로 인해 접근이 불가능하여 마음으로만 참배하였다. 그리고 1942년 5월, 일본군의 소탕전에 맞서 반소탕전을 벌이던 도중 석정 윤세주 열사가 전사하게 되었다. 일본군의 소탕전은 중국 전역을 집어삼키기 위한 아주 중요한 전투였으며, 중국 팔로군의 본부를 소탕하지 않고는 중국의 지배가 어렵다고 생각한 일본군의 대대적인 공세였다. 약 30만~40만 명이 동원된 이 소탕전에서 타이항산 지역에 참가한 3천여 명의 일본군은 조선인인 홍사익이 지휘한 부대였다. 뭐라 말할 수 없는 심정이다. 한쪽에서는 독립을 위해 목숨을 내놓고, 다른 한쪽에서는 그들을 소탕하기 위해….

우한에서 다시 열차로 이동한 곳은 바로 한단이다. 밀양시와 자매결연을 맺은 이곳은 인구 970만의 후베이성 남단에 있다. 새로 고속열차가 개통되어 9시간 걸려야 한다는 이곳을 우리는 시속 350킬로로 달리는 고속열차 덕분에 3시간 반만에 도착했다. 도착역이 너무 생소하여 마중 나온 왕춘상 통역에게 물었더니 개통한 지 10일 되었다고 한다. 중국의 변화에 다시 놀랬다.

이곳 한단은 '한단지몽'을 위시해서 중국 고사성어의 약 70% 정도가 만들어진 유서 깊은 곳으로 약 7,300여 년 전인 전기 신석기시대 자산문화를 만든 곳이며, 전국시대 조나라의 수도였고, 진시황제의 고향이기도 하다. 또한 중원의 곡물 창고로 불릴 만큼 밀과 옥수수·면화·땅콩·호두의 생산이 많은 곳이다. 그리고 철광석·석탄·석회석 등이 엄청나게 많은 곳이라 하얀 눈 위에 까만 석탄 가루가 덮여 있던 것은 이때문인가 보다. 한단역에서 다시 두 시간 정도 타이항산 쪽으로 이동하여 간 곳은 서현이다. 2006년 처음 갔던 그 숙소에 다시 묵게 되었다. 매번 그곳에서 묵게 되는데, 그 지역은 우리 지역으로 보면 면단위에 해당하는 곳이라 달리 숙소가 없어 그곳을 이용하게 되었다. 처음으로 따뜻한 물도 제대로 나오지 않은 곳에 묵게 되어 약간의 불편함은 있었지만, 독립투사들을 생각하면 감지덕지였다.

이곳에서 진행될 일정에 대해 가이드와 나의 실랑이가 시작되었다. 늘 있는 일이지만 곁에서 지켜보던 이들은 내가 가이드를 너무 몰아세운다고 걱정하였다. 나는 하나라도 더 보고가야 한다고 하고, 가이드는 절대 불가능하다고 매번 입씨름을 했다. 그러나 언제나 그렇듯 가이드는 우리에게 더 많은 곳을 안내해주기 때문에 우리의 말싸움은 그냥 일상이다. "정남 씨!" 하고 부르면 그는 영락없이 "안 됩니다. 선생님!" 라고 되돌아올 뿐이었다. 내가 무슨 말을 할 지 알지도 못하면서 알고 싶지 않다는 듯 그는 늘 그렇게 대답한다. 7년이나 보아온 터라 나는 아무렇지도 않지만, 최환석님은 꽤나 걱정이 되었나 보다. 오랜 논의 끝에 서현에서의 탐방 코스를 정했다. 쫭즈링 흑룡동 계곡을 먼저 가고 나머지는 조선의용대 화북지대의 이동 경로를 그대로 탐방하기로 하였다. 여태껏 이렇게 탐방한 적은 없었다. 일정에 맞게 구역을 나누어 탐방하였지만, 이번에는 의용대의 발자취를 그대로 따라감으로 인해 학생들은 물론 우리 교사들이 이해하기도 훨씬 나을 것이라 생각하였다.

이른 아침, 세 대의 작은 버스로 나누어 탄 우리는 쫭즈링 흑룡동 계곡으로 향했다. 눈이 많이 내린 후라 아직 얼어 있는 도로를 달리면서 걱정이 앞섰다. 염려했던 대로 저수지의 오르막을 지나며 차가 뒤로 밀리기 시작했다. 더 이상 진전이 어려워진 우리들은 저수지 위에서 쫭즈링 계곡을 향해 첫 번째 제를 준비했다. 새하얀 눈 위에 한국에서 가

🍑 상우촌에 있는 순국열사전적비

겨간 소박한 제물과 석상순 선생님께서 준비하신 과자를 차리고 향과 촛불을 밝히며 우리는 정성을 다해 이곳에서 숨을 거두신 석정을 향해 절을 하였다. 제주를 맡은 이철환_우리는 그를 투철한 과장님으로 불렀다_ 과장님, 그리고 함께 하는 우리 모두의 정성이 하늘에 닿았을 것이라 믿으며 우리는 목이 터져라 '최후의 결전'과 '밀양 아리랑'을 불렀다. 최후의 결전은 차 안에서 3일 동안 반복해서 연습했다. 가사를 제대로 외웠는지 확인하기 위해 학교별로 나와서 부르기도 하고 늘 흥얼대며 불렀다. 우리는 흑룡동 계곡까지 가지 못한 아쉬움을 뒤로 하며 차에 오르지 못하고 내리막길을 걸어서 왔다. 향후 일정이 걱정되었지만, 언제나 그렇듯 우리를 인도해주실 것이라 믿고 달렸다. 물론 우리는 점심식사를 차 안에서 햄버거로 대신하였다.

석정을 비롯한 조선의용대 화북지대는 중국 팔로군과 함께 '반소탕전'을 치르는 과정에서 십자령에서 일본군과 대대적인 전투를 하였다. 일본군의 공세에 밀린 한·중 연합군의 퇴로를 열기 위해 조선의용대 화북지대의 석정을 비롯한 몇몇의 특공대가 앞장섰다. 팔로군의 부참모장인 쥐췐이 스즈링 전투에서 37세의 나이로 전사하고, 화북조선청년연합회 회장과 조선의용대 화북지대의 정치위원으로 활약하던 진광화는 적의 총탄을 맞고 낭떠러지로 떨어져 즉사하였으며, 총을 맞은 석정은 좡즈링 계곡으로 탈출하였으나 물도 없고 치료도 할 수 없는 절박한 상황에서 전사하고 말았다. 허나 퇴로를 확보한 중국 팔로군의 펑더화이·주더 등 중국인민공화국의 중심부였던 이들이 목숨을 건질 수 있었다. 그리하여 중국의 한단시에서 발행한 교과서에는 조선의용군과 관련된 내용이 15페이지 정도의 분량으로 기재되어 있다. 석정은 총에 피격된 후 최채와 하진동을 불러모아 "나는 동지들의 심정을 알지만 세 사람이 함께 있다가는 모두 죽임을 당할 수 있소. 독립을 위해 목숨을 건 우리가 죽음을 두려워하겠냐만 승리의 그 날까지 우리는 자신을 보호할 줄 알아야 하오. 그러므로 우리 셋은 갈라져 있어야 하오." 하며 둘을 떠나도록 권유하였다고 한다. 그리고 홀로 죽음을 맞이하였다.

아픈 가슴으로 우리는 상우촌으로 이동하였다. 이곳은 조선의용대 화북지대가 충칭을 떠나 처음으로 주둔한 곳으로 41년 7월에 조선의용대 화북지대가 정식으로 발족한 곳이다. 홍푸사라는 절이 있던 이곳에 200여 명의 대원들이 기거하며 선전활동을 폈다고 조은경 할아버지는 자신의 기억을 더듬어 우리에게 설명을 해주셨다. 절간 앞에 간이무대를 설치하고 '조선의 딸'이라는 연극을 공연하였다고 한다. 그리고 절간 벽에 한글로 선전문구를 적어두었는데 뒤에 들어온 일본군이 이를 지우지 못해 절을 불태우고 벽을 허물었다고 한다. 이곳에는 '순국열사전적비'가 있으며 마을 뒤에는 무명열사묘가 있다. 처음에는 두 분을 모셨는데 한 분은 딴 곳으로 모셔갔으며, 지금은 한 분만이 모셔져 있고 '의용대무명열사지묘'라는 비석 앞에서 두 번째의 제사를 올렸다. 이름없이 죽어간 수많은 영령들을 위한 마음을 모은 제사였다. 아래 내려다보이는 풍광이 너무 좋아 최고의 묏자리라는 생각이 들어 조금은 위로가 되었고, 해마다 청명절에 마을 사람들이 제사를 올린다고 하니 더욱 감회가 깊었으며 중국인들에 대한 고마운 마음이 우러났다.

다음으로 이동한 곳은 마톈이다. 이곳은 중국 팔로군 총부가 있던 옛 땅이다. 2012년에 새로 개장한 팔로군 기념관은 건너편에 있었으나 가보지 못했다. 구지의 한 켠에는 조선의용대화북지대, 조선화북청년연맹, 조선의용군의 기념관이 있었다. 자료가 너무 빈약하였으나 따로 기념관이 있다는 것에 위로를 얻었다.

 이후 한글 표구로 너무나 유명한 윈터우디촌으로 이동했다. 이곳은 화북지대가 두 번째로 주둔한 곳이다. 마을 입구에는 김무정 장군의 집무실로 사용되었던 집이 있다. 2년 전보다 훨씬 낡아버린 곳이 못내 아쉬웠다. 마을의 남각에 있는 '왜놈의 상관놈들을 쏴죽이고 총을 메고 조선의용군을 찾아오시요', '조선말을 자유대로 사용하도록 요구하자' 등 3면의 글씨는 겨울이라 주변의 옥수수가 없어 더없이 선명하게 보였다. 일본군이 처들어올 때 마지막으로 쓰고 간 글인데 마을 주민들은 뜻도 모르면서 늘 덧칠하여 그것을 보존하였

다고 한다. 나오면서 그 마을의 유치원을 방문하여 학생들은 갖고 있던 과자를 나누어주며 그곳의 아이들과 즐겁게 웃었다. 그곳의 유치원과 결연을 맺어 매년 도와주는 것이 어떨까 하는 의견이 나오기도 하였고, 이는 나중에 다시 의논하기로 하였다.

다음으로 찾은 곳은 스먼촌, 석정과 진광화 열사의 초장지이다. 상룽성 관장님의 설명을 들으며 찾아가니 서현 공무원들이 기다리고 계셨다. 석정을 찾아 올라가는 길목에 팔로군 부참모장 줘첸의 묘소가 있다. 이번에는 그 분에게도 제사를 올리기로 하였다. 함께 싸우다 전사한 그분의 넋을 위로하며 고개 숙인 우리들에게 중국인들은 감사의 뜻을 전해주었다.

한국에서 가져간 무궁화가 양 옆에 줄지은 길을 따라 초장지에 올랐다. 이런 명당이 있을까 싶을 정도로 좋은 자리라 모두들 그나마 위안이 된다는 표정이었다. 이곳은 조선의용대원 장진광이 설계한 것으로, 아시아의 '그랜드 캐니언'이라 불리는 타이항산맥 연화산 자락의 가장 아름다운 곳이다. 오른쪽에는 '민족혁명당의 영혼'으로 불렸던 석정 윤세주 열사, 왼쪽에는 화북조선청년연합회 회장과 조선의용대 화북지대의 정치위원이었던 진광화 열사가 모셔져 있다. 그리고 두 분을 사모한 중국인 관건이 1984년 사망 후, 그의 유언에 따라 두 분 사이 심어져 있는 나무 아래 유해를 안장하였으니 실은 세 분이 모셔져있는 셈이다. 1942년 5월 28일 전투에서 진광화는 즉사하였고, 석정은 6월 3일 좡즈링 흑룡동 계곡에서 전사하였다. 그들의 유해를 전쟁 중인 1942년 10월 10일에 이곳으로 모셔 장례를 치렀다고 하는데, 그 광경이 다시 살아났다. 세종고등학교 이한

길 학생이 스스로 나서 거수경례를 하고 '최후의 결전'을 지휘하는데, 왈칵 눈물이 쏟아졌다. "아 이렇게 또 한 사람의 석정이 탄생하는구나!" 가슴이 뭉클하고, 또다시 희망을 가져도 되겠구나 라는 생각에 펑펑 눈물을 쏟아냈다. 모두들 울먹이며 두 분의 넋을 위로하고 대한민국을 위해 어떤 역할이든 열심히 하고자 하는 다짐을 하였다. 그곳을 떠나 조선의용군 기념관을 둘러보다 달라진 모습에 물었더니 2012년에 새로 단장을 했다고 답했다. 석정의 생가에서 가져간 흙이 없어 궁금해 하니, 평양이 고향인 진광화 열사 생가의 흙과 함께 진열하기 위해 준비 중이라고 하였다. 후자좡촌 전투에 관한 부분이 없어지고 한·중 수교 이후의 내용들이 첨가되어 있었다. 우리는 할아버지께 선물로 장갑과 목도리·내복·조끼를 드렸더니 할아버지께서는 내년에도 꼭 오라며 손을 잡으시며 헤어짐을 아쉬워했다.

떨어지지 않는 발걸음을 재촉하여 중위안촌으로 갔다. 이곳은 조선화북청년연합회가 '조선독립동맹'으로, 조선의용대 화북지대가 '조선의용군 화북지대'로 개칭된 곳이며 세 번째 주둔한 곳이다. 이곳은 중원촌 태항조선혁명군정학교가 있던 자리로 상우촌, 윈터우디촌에 본부가 있을 때부터 보급품을 조달하던 곳이었고, 이 학교는 석정이 세웠으며 교장으로 존경을 받았다고 한다. 이곳 원정사는 아직도 마을 주민들이 애용하는 절로 남아있다.

날이 어두워지면서 마지막으로 간 곳이 난좡촌이다. 이곳은 조선의용군이 해방될 때까지 주둔했던 지역으로 역시 군정학교가 있었으며, 정율성이 교장이었다. 지금은 지역의 유치원으로 이용되고 있으며, 장준하 기념사업회가 기증한 흑판이 있고 1기생인 박

은주 학생이 쓴 낙서가 그대로 남아 있어 감회가 새로웠다. 이 학교는 일제가 패망한 이후 옌안으로 옮겨갔다. 가는 곳마다 학교를 세우고 인재를 키운 우리 조상들의 슬기로움을 본받아 제대로 된 인재를 기르는 교사가 되어야겠다는 다짐을 하였다.

피곤한 몸으로 숙소에 돌아오니 발이 말이 아니었다. 다친 발목으로 출발하였는데 퉁퉁 부어 걷기가 힘들었다. 남편이 이것 때문에 가는 것을 걱정했다고 하자, 누군가 남편에게는 여기 와서 다시 다쳤다고 하는 것이 좋겠다고 하여 빵 터졌다. 타이항산 자락을 돌아본 뒤에 토론회를 갖는 것이 좋겠다는 사전 협의에 따라 그날 저녁, 숙소에 마련된 토론장에 모여 느낀 점과 궁금한 것에 대한 토론이 있었다. 박한용 연구실장의 설명과 뒤이은 학생들과 교사의 토론이 이어졌다. 우리 학생들이 며칠 사이 부쩍 자랐다는 생각이 들었다. 가슴으로 고스란히 안아가는 역사 기행이 되었으며, 교사들은 머리로 알고 있던 지식을 현장의 경험을 통해 가슴 가득 그 감동을 담아 교단에서 생생한 역사를 가르칠 수 있는 기회가 되었음을 의심치 않았다. 이런 경험을 제공해준 (주)세동의 관계자 분들께 다시 한 번 감사의 인사를 드린다.

한단에서의 마지막 날 우리는 진지루위 열사능원을 찾았다. 진晋, 산시성 지冀, 후베이성 루魯, 산둥성 위豫, 후난성 열사능원은 후베이성 최남단에 위치하며, 네 지역 열사들의 공동묘역으로 1950년 10월에 조성되었고, 이곳 남원 동묘 3열 17호에 석정이 모셔져

🍑 진지루위 열사능원의 혁명동상

있다. 지나가며 다른 이들의 묘비를 보다 석정의 묘비를 보면 42세의 젊은 나이에 돌아가셨지만 그의 업적이 얼마나 많은 지를 알 수 있다. 모두들 경건한 마음으로 석정의 유해가 모셔진 이곳에서 제를 올렸다. 처음으로 부인이신 하소악 여사를 위한 술잔도 올리면서 이 땅의 독립열사의 아내들에 대해 생각하였다. 열사들의 뒤에는 묵묵히 그들의 몫까지 해내는 아내들이 있어 독립운동이 가능했다고 생각한다. 며칠 전부터 준비한 제문을 읽는 내 눈에서는 계속해서 눈물이 흘러내렸다. 매번 이곳에 오면 가슴 벅차 눈물을 참을 수가 없다. 우리 교사들이 바른 역사의식을 심어줄 수 있기를, 학생들은 각자의 역할에 충실하기를, (주)세동이 건승하여 이런 행사가 계속될 수 있기를, 이 나라가 반석 위에 굳게 설 수 있기를 바라며 제문을 읽는 동안 학생들의 훌쩍이는 소리가 들려 더욱 목이 멨다. 학생들도 자진해서 잔을 올리고 정성을 다해 절을 올렸다. 계속 돌아보며 그곳을 벗어나 북원의 진광화 열사의 잘 꾸며진 묘를 참배했다. 행여나 한국인들이 오해를 할까 늘 노심초사 설명하시는 상릉성 관장님은 이 묘역의 원래 주인인 범축생의 가족이 이장을 반대해 중국공산당원이었던 진광화 열사를 모시게 되었다고 한다. 오해라기보다는 우리들의 아쉬운 마음을 배려한 일이다. 상릉성 관장과 왕춘상 통역관_한단시 소속 회계공무원_과 또다시 만날 약속을 하며 헤어진 뒤 버스에 올라 베이징으로 향했다. 상릉성 관장님은 자비$_{自費}$로 많은 자료를 찾아내는 노력을 하신다고 하니 고맙기 그지없다.

스자좡과 베이징, 그리고 귀국

베이징으로 250킬로 정도 이동한 우리는 스자좡에 도착했다. 가능하면 중도에 후자좡촌에 들를 계획이었으나 사정상 불가능하여 스자좡에 있는 일본군 포로수용소에 갔다. 스자좡역 바로 옆에 위치한 이곳은 이원대 열사가 타이항산에서 포로로 잡혀 수용되었던 곳이다. 진지루위 지역의 포로들을 한 곳에 모아 감시하던 곳인데 아직까지 그 당시의 망루가 완벽하게 남아 있고 건물도 그대로 있어 당시를 떠올려볼 수 있었다. 다시 버스에 올라 200여 킬로를 달려 베이징에 도착했다. 왕푸징 王府井-김용경씨 안내로 우물을 볼 수 있었음 거리를 한 번 가보

화려한 왕푸징의 야경

지 않으면 안 된다는 말에 우리는 각자가 '먹자 골목'에 가 점심 식사를 해결하며, 불결할 것 같은 음식들은 입에 물고 웃으며 그 골목을 마치 한국 땅인 양 휘젓고 다녔다. 이번만은 전갈꼬치를 먹고야 말겠다는 결심을 하고 갔지만, 전갈의 크기가 장난이 아니어서 또 포기를 하고, 차 안에서 또 후회를 했다. 그놈의 전갈!

　우리는 구舊 일본헌병대 베이징본대 소속 형무소를 찾았다. 가는 길에 동북공정을 담당한 세계사연구소, 근대사연구소를 살짝 훔쳐보았다. 중국의 분리주의에 대한 두려움을 조금은 알듯 했다. 베이징의 형무소는 이원대·이육사가 모진 고문으로 숨진 곳이다. 지하로 내려가는 길이 막혀 가보진 못하지만, 아직도 핏자국이 선명하게 남아 있다니! 행여 지하가 보일까 땅 끝에 보이는 철창 속으로 카메라를 내밀고 셔터를 눌렀지만 암흑만 보인다. 형무소 곳곳을 돌아보며 일제의 만행을 다시 새겨보았다. 유태인을 학살한 현장인 아우슈비츠에는 이런 글귀가 있다. '아우슈비츠보다 더 무서운 것은 인류가 그것을 잊는다는 것이다' 라고 말이다. 우리도 우리의 역사를 잊지 않고 교훈으로 삼아야 한다. 일본을 용서하지 않는다는 것이 아니라 그들의 진정한 뉘우침과 용서를 통해 화해하고, 다시는 인류사에 전쟁이 일어나지 않도록 경계하는 것이 가장 중요하다. 전쟁은 언제나 여성들을 가장 큰 피해자로 만든다. 난징대학살박물관에도 있고 우리 교과서에도 실려 있는 일본군 위안부의 사진처럼 인류 모두를 불행으로 몰고 갔다.

　우리는 (주)세동이 주최한 만찬에 함께 했다. 신채호 선생의 며느님인 이덕남 여사, 정율성 선생의 따님인 정소제 여사, 그리고 밀양 출신으로 중국 베이징 주재 한국문화원 원장 김진곤님을 뵈었다. 한국에서 공수한 김치를 비롯해 불고기 등 한국음식을 접한 우리들은 환호성을 질렀다. 그러나 이덕남 여사의 옆에, 정소제 여사의 앞자리에 앉은 나는 그분들의 말씀을 녹취하랴, 흐르는 눈물을 닦으랴 정신이 없었다. 특히 시아버님의 국적을 찾기 위해 19년 간 고생한 이덕남 님의 사연을 듣느라 연신 훌쩍였다. "석탄, 백탄 다 타는데 내 속은 더 탄다."며 연신 담배를 무시는 여사님께 어떤 위로의 말도 할 수 없었다. 국적을 찾고 보니 총각이라 결혼한 것을 증명하기 위해 다시 그 일을 하려니 90이 되어도 되겠냐며 가슴을 치셨다. 역사교사의 사명을 다시 돌아보았다. 2월 21일 신채호님의 기일에 한국에 오신다니 그 때 만나 더 많은 말씀을 듣기로 하고 아쉬운 이별을 하였다. 여사님은 약산의 여동생인 학봉 여사님을 꼭 만날 수 있기를 소원했다. 학봉 여사님을 모시고 청주에 다녀올까 한다. 2월에 창원에서 다시 뵈온 이여사님은 한복을 곱게 차려 입으시고, 한을 쏟아내셨고 7월에 베이징에서 다시 뵈었을때는 '한오백년'을 가슴치며 불러 함께 한 모든 이들의 눈물을 자아냈다.

다음날 우리는 베이징대학을 방문했다. 출입이 까다로워 겨우 들어가 베이징 유학생들과 간담회를 가졌다. 우리 학생들에게 예쁜 후드 티를 선물하고, 교사들에겐 명함집과 볼펜을 선물로 주었다. 정성 가득한 선물! 고맙고 감사히 잘 받았다. 김용경 님은 우리에게 일일이 편지를 써주며 잊지 않겠다고 하여 우리들을 감동시켰다. "고맙습니다. 우리도 당신을 잊지 않겠습니다." 베이징대에서 『중국의 붉은 별』의 저자인 에드가 스노우의 묘를 참배하였다. 베이징대를 나온 우리들은 바바오산 혁명공묘를 참배하러 떠났다. 전날 학생들에게 관광지를 돌아볼 기회를 전혀 주지 못한 것에 대한 미안함으로 몇몇만 바바오산으로 가고 나머지는 천안문 광장과 자금성을 관람하기로 하였지만, 학생들이 관광지보다는 열사의 묘를 참배하고 싶다는 뜻을 전해와 함께 가게 된 것이다. 너무나 기특하고 예뻤다. 또 다시 내 가슴에 미래에 대한 희망을 갖

정율성

게 해주었다. 모두들 아프지 않고 씩씩하게 동참해준 것도 감사한데 이런 기특한 생각을 하다니! 정말 감사하고 감사했다.

정율성은 1914년 전남 광주에서 출생, 1933년 이후 중국으로 건너와 조선혁명군사정치간부학교 제2기생으로 졸업하고 그 이후 지속적인 항일투쟁을 하신 분이다. 1937년 옌안으로 건너와 1939년에 중국 공산당에 가입하고 조선의용군의 일원으로 남장촌의 군정학교에서 교장을 하였고, 중국인민해방군가와 조선인민해방가를 작곡하였다. 타이항산 무장선전대로 활동하다 해방 후 북한에서 음악학교를 세워 현대음악사를 이어갔으나 옌안파로 몰려 다시 중국으로 돌아갔다. 중국의 문화대혁명 시기에는 창작의 권리를 박탈당하고 '우경'이라는 덫이 씌워졌다. 그는 1976년 12월 7일 베이징에서 62세의 나이로 세상을 떠났다. 그의 묘는 베이징 외곽에 위치한 바바오산 혁명공묘에 있었다. 이곳은 항일 전쟁과 중국 혁명에 혁

혁한 공로를 세운 인물이어야 하며, 중국 국무원의 비준을 받아야만 안장될 수 있는 곳인데, 그가 당당히 안치되어 있다. 그의 비문에는 " '정율성 동지는 자기의 생명을 중국 인민혁명 사업과 일체로 결합한 음악가이다. 인민은 영원하며, 율성 동지의 노래도 영원하다.' 항일전쟁 초기에 율성은 연안에 도착하여 얼마 지나지 않아 옌안송을 창작했다. 이 노래는 날개가 달린 새처럼 옌안으로부터 매 해방구로 중국의 광활한 대지로, 해외의 각지로 신속히 날아갔으며, 중화민족이 생사존망의 역사적 갈림길에 서 있을 때 수많은 사람들은 이 노래를 부르며 혁명의 성지 옌안으로 달려갔다. 얼마 지나지 않아 '팔로군 행진곡'을 창작했는데 이 노래로 인해 팔로군이란 위대한 영웅의 대오에 자기를 대표하는 노래가 있게 되었다. 중국 인민의 자제병들은 바로 이 노래를 부르면서 일본 제국주의 침략자들을 몰아냈고 낡은 중국을 뒤엎었으며 새 중국을 건립했다. 오늘에 와서도 우리의 전사들은 의연히 이 노래를 부르며 변강을 지키고 위대한 사회주의 조국을 보위하고 있다."고 쓰여 있다. 이 노래는 1988년 중국인민해방군 군가로 결정되었다. 그의 부인인 정설송은 저우언라이 전 총리의 양녀이자 비서였으며, 후에 네덜란드 · 폴란드 중국 대사를 역임하였으며, 2010년에 사망하여 2012년에 이곳 바바오산 남편 묘에 합장을 하였다고 정소제 여사가 전날 알려주었다. 마지막 참배라 더욱 애절한 마음을 담았다. 매년 광주에서 정율성 기념음악회가 열리고 따님인 정소제 여사가 오신다니 다시 뵐 수 있는 기회가 있을 것 같다.

 맺음 글

드디어 모든 일정이 끝나고 베이징 공항으로 이동했다. 아쉬운 이별의 순간이 찾아왔다. 동명고 이찬희 학생은 끝내 울음을 터뜨렸고, 모두 아쉬운 마음으로 가이드 정남 씨와 일정 내내 짐꾼을 자처하고 모두를 살갑게 챙겨주던 현수 씨, 용경 씨와도 헤어져야 했다. 풍객님은 베이징대 재학 중인 딸을 만나기 위해 남게 되면서 더욱 아쉬웠다.

모두들 뜨거운 가슴으로 돌아왔다. 우리 교사들은 머리로 알던 지식을 가슴으로 느끼며 발로 뛰는 실천을 제대로 할 다짐을 하였다. 김해 공항에 도착하여 각자의 보금자리로 돌아가는 또 한번의 헤어짐이 있었고, 너무나 고생하신 연구실장님과도 다시 만날 기약을 남긴 채 이별을 하였다. 이번 탐방에서 그의 해박한 지식은 모두에게 놀라운 깨달음을 주어, 세종고 이은정 선생님은 조국의 몸이니 술·담배를 좀 줄여 달라는 간곡한 부탁의 말씀도 잊지 않았다. 그와는 2001년 밀양 출신 박춘금의 송덕비로 인해 처음 만난 이후 존경하던 터라 아쉬운 마음이 더 하였다. 그의 해박한 한문 실력과 한시 구사, 잊지 못할 뱀장수, 광야를 달리는 노래 등 그는 이번 기행의 백미였다. 딸이 있으면 사위 삼고 싶었던 현수 씨! 다정하게 우리 학생들을 챙기고 카메라로 우리에게 추억을 만들어주어 정말 감사하다. 그리고 중국 일정에서 든든한 누나, 오빠 역할을 해주었던 베이징 유학생 하두진 회장님과 최윤서 총무님 두 분의 은혜도 잊을 수 없다. 눈물 많은 윤서 씨! 이제 그만 뚝!

이제는 실천할 때이다. 느낀 것을 잊지 않고 고스란히 담은 삶을 살아야 한다. 학생들은 조국을 위해 자신의 능력을 발휘해야 할 것이며, 무엇을 하던 선열들의 정신을 이어갈 것을 믿는다. 또다시 이런 기회를 통해, 학생들의 변해가는 모습을 통해 대한민국의 미래에 대한 희망을 보았다. 기회를 제공해주신 (사)석정윤세주기념사업회와 (주)세동의 부회장이신 故 윤영식 회장님 사모님, 윤명화 어머님을 비롯한 세 분 자매님! 정말 감사하다. 윤세주 열사를 할아버지라 부르며 고행을 자처하는 투철한 과장님! 이 글을 빌어 사랑과 감사를 전한다. 풍객님! 그 분의 열정을 닮고 싶다. 또한 존경한다. 그 외 함께 하신 모든 선생님, 최환석 님, 이동욱 님, 멀리서 온 노주훤 님, 그리고 너무나 사랑하는 학생 여러분! 1기생에 비해 서커스 공연도 없었고, 관광지 관람도 없었지만 아무런 불평 없이 고행길에 함께 해주어 정말 감사하다. 자! 이제 시작이다. 계속되는 모임을 통해 쑥쑥 커가는 서로를 지켜볼 수 있기를 희망한다. 그리고 사랑하는 남편에게 고마움을 전한다.

　탐방 내내 목이 터져라 불렀던 '최후의 결전'을 끝으로 글을 맺을까 한다. 생사적 운명의 판갈이로 최후의 결전에 나가는 선열들의 지켜주심을 믿는다.

"최후의 결전을 맞으러 가자. 생사적 운명의 판갈이로
나가자 나가자 굳게 뭉치어 원수를 소탕하러 나가자
총칼을 메고 혈전의 길로 다 앞으로 동지들아
독립의 깃발은 우리 앞에 날린다. 앞으로 동지들아"

2부

화중지역
항일유적지
답사기

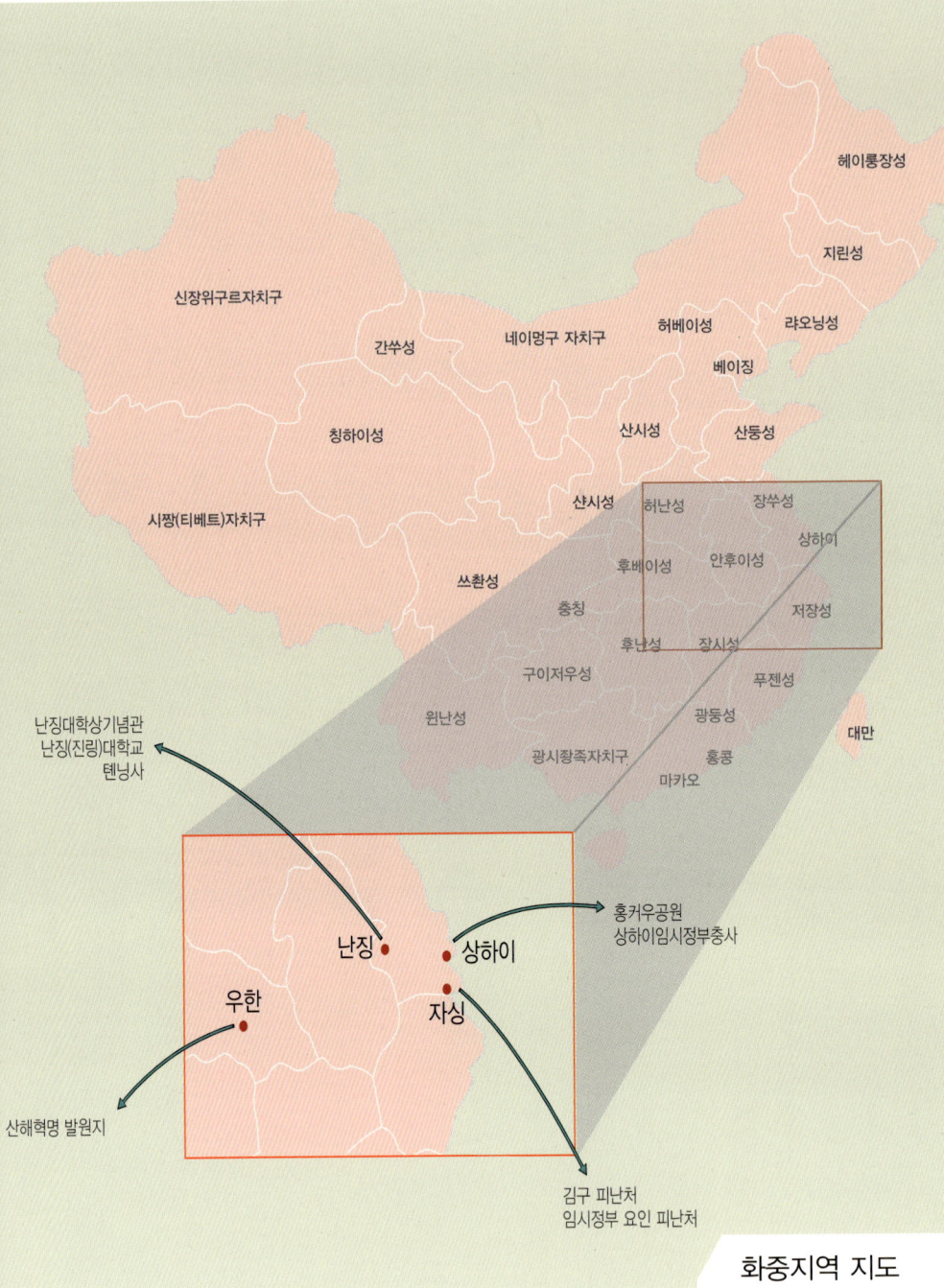

화중지역 지도

자싱 가흥, 嘉興

심우현

김구 피난처와 임시정부 요인 숙소

 중국 제일의 경제도시인 상하이로부터 그리 멀리 떨어져 있지 않은 곳에 자싱이라는 곳이 있다. 이곳은 대한민국 독립운동사와 뗄 수 없는 인연의 흔적이 남아 있는 곳이다. 대한민국 독립운동사에서 너무나 중요한 인물인 김구 선생과 대한민국 임시정부 요인들의 쓰라린 은거 생활의 족적이 이 곳 자싱에 남아 있기 때문이다. 특히 대한민국 독립운동사의 정신적 지주였던 김구 선생의 숨결이 공간과 시간을 뛰어넘어 자싱의 거리 곳곳에 깃들어져 있다. 김구 선생은 이봉창 의거 1932년 1월 8일 와 윤봉길 의거 1932년 4월 29일 이후 일제의 탄압이 날로 심해지자 일본 경찰의 추적을 피해 상하이에서 자싱으로 피신한다. 이후 1935년부터 2년여 동안 김구 선생은 자싱에서 거미줄 같은 운하망을 이용하여 나룻배로 선상 피신 생활을 하면서 난징·하이옌 등 인접 도시와 농촌을 비밀리에 오가며 박찬익·엄항섭 등을 통한 외교와 군사 및 정보수집활동을 추진했을 뿐만 아니라, 중국 국민당의 지원을 받아 뤄양군관학교 특별반 창설에도 주력하였으며 한국 국민당을 조직하는 등 임시정부를 일으켜 독립운동의 새로운 방향을 모색하다가 1936년 2월 자싱을 떠났다고 한다. 김구 선생이 자싱에 머물렀던 시기는 공식적으로 1935년 5월부터 1936년 2월까지 약 2년 정도인 것으로 알려진다. 현재 자싱에는 대한민국 임시정부 요인 및 김구 선생의 피난처를 복원하여 유적지로 지정 관리하고 있다.

상하이에서 자싱까지 기차 종류별로 소요 시간은 다르지만, 약 1~2시간 가량 소요된다. 자싱은 역사가 깊은 강남(江南)의 고성이면서 신흥공업도시이다. 아울러 산업기반이 양호하고 지리적 위치가 좋으며 경제발전 가능성도 높다. 이러한 대외적 이미지보다 우리에게 더 잘 알려진 바로는 대한민국 독립운동사와 관련된 역사적 인연이다. 자싱은 대한민국 임시정부의 이동 시기 김구 선생과 임시정부 요인들이 머물던 지역으로 대한민국 임시정부의 항일독립운동의 역사적 숨결이 깃들어진 장소이기 때문이다. 최근 자싱에서 대한민국 임시정부의 항일독립운동 현장을 복원하고 있는데 이를 통해 현장을 찾는 한국 관람객에게 민족적 자긍심을 제고하고 한국인의 정체성을 고취하는데 좋은 계기를 마련하는 장소가 될 것으로 기대된다.

김구 선생의 피난처와 임시정부 요인 숙소는 모두 저장성 자싱시에 있다. 김구 선생의 피난처는 메이완 거리(매만가, 梅灣街) 76번지에 있고, 이곳에서 약 300m 정도 떨어진 곳에 임시정부 요인 숙소가 자리 잡고 있다. 먼저 메이완 거리에 들어서면 친절하게 '메이완 거리'라고 적혀있는 표지판을 볼 수 있다. 지금은 관광지로 지정되어 각종 상점과 기념품점이 들어서 있지만, 옛 모습을 재현하기 위해 길거리가 잘 정돈되어 있다. 현대적 풍취를 뒤로 한 채 표지판을 따라 조금만 발을 옮기면 중국 남방 특유의 단아한 건축양식으로 지어진 건물에 한글로 '김구 피난처'라고 적혀진 문구가 눈에 쏙 들어온다. 이곳에서 대한민국 독립운동사에 큰 획을 긋고 떠나신 독립투사 김구 선생의 숨결을 느낄 수 있다.

● 김구 선생의 피난처가 있는 메이완 거리

김구 선생의 숨결이 느껴지는
메이완 거리 76번지: 김구 피난처

    1932년 4월 훙커우 공원에서 윤봉길 의사의 '훙커우 공원 의거'로 인해 상하이에서 활동하던 독립투사들에 대한 일제의 탄압이 거세졌다. 윤봉길 의사의 의거 이후 일제는 60만원이라는 거금의 현상금을 내걸고 배후세력으로 유력한 김구 선생을 검거하는데 혈안이 되어 있었다. 당시 3원이면 일반인이 한 달을 족히 살 수 있었다고 하니 60만원이면 엄청난 금액이다. 윤봉길 의사의 의거 직후 김구 선생은 지인이었던 미국인 집에 잠시 몸을 피했는데, 시간이 갈수록 이 집도 안전을 담보할 수 없게 되어 어디론가 몸을 숨길 수밖에 없는 상황이었다. 김구 선생과 임시정부 요인들은 26년이라는 중국 체류기간 중 13여 년$_{1919~1932}$을 상하이에 체류했는데 어쩔 수 없이 상하이를 떠나야만 했다.

    1932년 5월 상하이를 떠난 김구 선생과 임시정부 요인들이 처음 도착한 곳은 자싱이었다. 자싱으로 피신한 건 장제스의 지시에 의해서였다는데, 장제스는 윤봉길 의거를 높이 평가하고 이를 주도한 김구 선생을 보호하도록 명령했다고 한다. 아울러 중국인 추푸청$_{楮輔成, 저장성\ 자싱\ 출신으로\ 당시\ 상하이\ 법과대학\ 총장}$의 도움으로 김구 선생은 자싱에서 장진구$_{長震球}$ 혹은 장진$_{長震}$으로 행세하며 숨어 지냈다. 추푸청은 당시 상하이 항일구원회 회장으로 활동하였으며 박찬익 등의 요청을 받아 자신

과 가족의 위험을 무릅쓰고 주도면밀하게 김구 선생과 임시정부 요인들을 자신의 고향인 자싱으로 피신시켰다. 또한 여러 차례 피신 장소를 옮기며 대한민국 독립투사들의 생명과 안정을 지키기 위해 노력했다. 훗날 대한민국 정부는 독립운동에 헌신적으로 기여한 추푸청 선생에게 1996년 8월 김영삼 대통령 명의로 건국훈장 독립장을 추서하고, 1996년 9월 30일 자싱에서 훈장 전달식을 거행하였다. 이날 자싱에서 진행된 건국훈장 전달식에서 상하이 총영사 경창현이 대한민국 정부를 대신하여 추푸청 선생의 장손 추치위안褚啓元에게 건국훈장을 전하였다.

김구 선생 피난처인 메이완 거리 76번지는 김구 선생이 윤봉길 의거 이후 중국인 추푸청의 도움으로 피신하여 숨어 지냈던 곳이었다. 이곳의 정확한 주소는 저장성 자싱시 메이완 거리 76호이다. 민국시기에 건축된 2층 목조건물로 총 부지는 223.5평방미터, 건축 면적은 226평방미터에 이른다. 이 집은 김구선생이 당시 가깝게 지냈던 중국 국민당 간부이며 장쑤성 성장이었던 추푸청의 수양아들인 천통셩陈桐生의 집이다. 추

김구 선생 피난처 내부

푸청의 도움으로 김구 선생은 저장성 하이옌海鹽 현 남북호의 재청載靑 별장과 인근에 있는 임시정부 요인 은신처에서 기거할 수 있었다.

　김구 선생의 피난처 입구로 들어서면 잘 정돈된 마당이 보이고, 마당을 가로 질러가면 1층에 천통성 일가의 집이 있다. 1층에는 식당, 주방, 접견실과 함께 김구 선생에 대한 업적과 행보들이 전시되어 있다. 1층 전시관을 통해 안쪽으로 들어가면 작은 마당이 나온다. 마당을 등에 지고 2층으로 올라가면 김구 선생이 당시 사용했던 것으로 추정되는 옷장, 책상, 침대 등의 물품이 잘 보존·전시되어 있다.

　겉보기와 다르게 이 집의 내부 구조는 매우 특별하게 설계되어 있다. 이 집에는 007의 제임스 본드를 연상케 하는 호수로 연결된 탈출 비상구를 갖추고 있다. 호수가 사방으로 연결되어 있어서 호수를 통해 쉽게 다른 곳으로 피신할 수 있도록 설계되었다. 당시 김구 선생은 2층 침실을 사용하였는데, 사방의 벽에는 나무로 된 감시창이 있어 주변 정황을 파악하고 수상한 낌새가 발견되면 탈출 비상구를 통해 급히 빠져 나갈 수 있도록 되었다. 원래 침대 바로 밑에 탈출 비상구가 있었으나, 관람객의 편의를 위해 침대의 위치를 옮겨 놓았다고 한다. 당시 김구 선생의 비서 안공근, 엄항섭 등이 이 탈출 비상구를 드나들며 항저우의 임정 상황을 전했다고 한다. 탈출 비상구를 통해 나오면 당시 김구 선생이 탔다고 전해지는 작은 배가 눈에 들어온다. 당시 일본 경찰의 눈을 피해 배를 타고 호수로 나가 있곤 했고, 빨래의 색을 보고 안전과 위험을 감지했다고 하니 당시 김구 선생이 얼마나 하루하루를 긴박하게 생활했는지를 짐작할 수 있는 부분이었다.

　김구 선생 주위에 있는 여러 사람들의 아낌없는 보호에도 불구하고,

일본 경찰이 자싱까지 와서 김구 선생의 흔적을 수소문하고 다니자 김구 선생은 인근의 하이옌과 항저우를 오가며 몸을 숨겼다. 타지 사람인 광둥인으로 행세를 하고 다녔지만, 당시 김구 선생의 서툰 중국말과 '남자 홀몸'이라는 게 몸을 숨기기엔 쉽지 않았을 것이다. 그래서 추푸청은 김구 선생에게 완벽한 신분위장을 위한 방안으로 결혼을 제안했으며, 김구 선생은 하련생 작품인 『선월』이란 소설에 등장하는 중국 여사공 주아이바오_{朱爱宝}와 인연을 맺게 된다. 김구 선생은 『백범일지』에서 당시 생활에 대해 "오늘은 남문 밖 호수가에서 자고, 내일은 북문 밖 운하에서 잤다."고 저술했다. 1936년 난징에서 했으며, 김구 선생은 하련생 작품인 『선월』이란 소설에 등장하는 중국 여사공 주아이바오와 헤어질 때 "5년 가까이 그녀는 나를 광둥인으로 알고 위하였다. 하에 대한 공로가 작지 않은데 내가 뒷날을 기약할 수 있을 줄 알고 돈으로 넉넉히 돕지 못한 것이 유감이다."라고 회고했다.

김구 선생은 자싱에 와 거처하는 동안 대한민국 독립운동 속의 기본적 문제에 대해 한걸음 더 높이 인식하게 되었다. 김구 선생은 자싱에 도착하기 전 수십 년 동안에 매우 간고한 환경 속에서 대한민국 독립운동을 위해 일본 침략자들에게 반항해 왔다.

● 김구 선생이 피난때 탔던 나룻배 모형

자싱에 도착한 후 온건한 생활을 보내고 있어 이전 수십 년 동안에 걸친 항일 독립운동 실천에 대해 더욱 전면적인 회고와 심각한 사고를 하였다. 김구 선생은 항일 독립운동이 한국의 실제적 형편에서 출발하여 한국의 각 항일 당파 및 단체들이 반드시 단결함으로써 적들과 투쟁하고 민중들을 조직하여야 하며 훈련경험이 있는 군대를 건립해야 한다고 인식하게 되었다.

임시정부 요인의 굳은 의지가 깃들어 있는 르후이 차오 일휘교, 日暉橋 17번지: 대한민국 임시정부 요인 숙소

메이완 거리에서 약 300m 정도 떨어진 곳에 임시정부 요인 숙소가 자리잡고 있다. 김구 선생이 윤봉길 의거 이후 자싱으로 피신할 때, 이동녕 등 대한민국 임시정부 요인들이 함께 자싱으로 피신하여 자싱시 르후이차오 17번지에 거주하였다. 당시 상하이에 있던 임시정부의 요인들이 각지로 흩어졌는데 일부가 이곳에 오고 많은 사람들은 항저우로 갔다고 한다.

1932년 5월 대한민국 임시정부 요인인 이동녕, 김의한金毅漢, 박찬익과 그 일가가 추푸청의 도움으로 상하이를 떠나 자싱에 오게 되었다. 그들은 르후이차오 17번지를 세내어 거처로 정했다. 며칠 후 엄항섭이 김구와 안공근을 호송해 상하이로부터 자싱에 도착하였다. 엄항섭과 안공근도 이 집에 거주하면서 비밀리에 김구 선생과 연락하였다. 그후 조선 국내에서 위험을 무릅쓰고 탈출한 김구의 모친 곽락원郭樂園

여사가 두 손자 김인(金仁)과 김신(金信)을 데리고 찾아와 역시 이곳에서 기거하였다. 이들은 남녀노소 한곳에 모여 살았기에 방대한 대가족을 연상시켰다. 현지인들은 줄곧 이들을 광둥에서 온 대가족으로 생각했을 것이다. 알아듣기 어렵지만 말투가 부드러운 광둥어가 한국어와 비슷했기 때문일 것이다.

　김구 선생이 은신하여 있던 메이완 거리 76번지에서 도보로 몇 분만 걸으면 앞으로 높은 담에 둘러싸인 커다란 2층 건물이 나타난다.

　청나라 말기에 축조된 건물 앞에는 정원과 높은 담이 있었다. 담에는 검은 널문이 있었다. 녹슨 쇠고리가 달린 문에는 르후이차오 17번지라는 작은 주소표가 붙어 있었고, 문 곁에는 '대한민국 임시정부 요인 숙소'라는 기념석판이 있다. 자싱시 정부에서 2001년에 만든 기념석판이었다.

임시정부 요인 숙소 입구

● 김구 선생 피난처에서 바라본 고즈넉한 호수

　　문을 열고 들어가 보면 중간에 좁은 공지를 둘러싸고 3면에 빼곡히 들어앉은 2층 낡은 건물들이 보인다.

　　1층에 임시정부 청사가 있었고, 2층에는 임시정부 요인들이었던 이동녕, 이시영, 조완구, 박찬익, 엄창섭, 민필호, 김의한 등의 가족들이 살았다고 한다. 내부에는 당시 정황을 보여주는 각종 사진과 숙소, 부엌 등이 잘 복원되어 있다. 내부는 1995년 자싱시가 자체적으로 보수공사를 하여 임시정부와 관련된 사진 자료 등을 전시하고 있다.

　　르후이차오 17번지는 말하자면 임시정부 요인들의 피난처이다. 당시 임시정부 요인에는 김구 선생의 가족인 어머니와 아들이 포함되어 있다. 이들도 이곳에서 2년 간 생활하였고, 이후에 이곳은 다른 사람들이 사용하였다. 김구 선생은 안전을 위해 르후이차오에 거주하지 않고 부근의 메이완 거리에 거주했다고 한다. 김구 선생이 자싱에 도착한 후 이곳은 임시정부의 비밀 거점으로도 사용되었다. 몇몇 임시정부 요인들만이 김구 선생이 부근에 피신하고 있다는 사실을 알고 있었다. 김구 선생 역시 이들을 통해 기타 독립 운동가들과의 연계를 확보할 수 있었다. 김구 선생이 자싱으로 피신할 때 상하이에 있던 대부분 임시정부 요인들은 사처로 흩어졌고 일부는 저장성 항저우로 이동하였다.

자싱에 피신한 김구 선생과 임시정부 요인들은 이 시기 동안 임시정부 재정비에 성공하였다. 1935년 11월 임시정부 의정원 비상회의가 드디어 자싱의 난후(남호, 南湖)에서 소집되었다. 이동녕, 조완구, 김구, 조성환, 이시영, 송병조, 차리석을 비롯한 16명 의정원이 모인 자리에서 1936년 10월 대한민국 임시의정원의 16명 의원은 자싱 난후 유람선에서 회의를 개최하고 김구 선생은 국무위원에 당선되어 임시정부 사상 제13차 정부를 구성하게 되었다. 이 회의를 통해 임시정부 내 김구 선생의 실질적인 지도자적 지위가 확보되었고, 수차례 마비·분산 지경에 빠졌던 대한민국 임시정부는 다시금 응집되어 활동을 적극적으로 전개하고 국내외에 상당한 영향을 미쳐 대한민국 독립운동에서 중요한 역량으로 성장할 수 있게 되었다. 자싱에서 머물렀던 2년간 대한민국 독립운동은 그 역량을 강화함으로써 가장 힘든 상황에서 일어나 다시금 번창하게 된 중요한 시기라고 할 수 있다. 아울러 여기에서 대한민국 임시정부의 주요 지도자 및 요인들을 보호할 수 있게 되어 대한민국 독립운동사에서 중요한 축으로 자리매김하였다. 김구 선생 및 대한민국 임시정부 요인 피난처는 바로 중국과 한국이 단결하여 일본에 대항하는 발판을 굳건히 한 대한민국 독립운동의 산실이라 할 수 있다.

상하이 임시정부

이건웅

글을 쓰기에 앞서 영화 〈신해혁명辛亥革命〉2011을 먼저 봤다. 역사탐방 동안 우창에 있는 신해혁명 발원지와 난징의 쑨원릉을 다녀왔기 때문이고, 100년 전 중국을 중국인은 어떤 시선으로 보고 있는지 엿보고 싶었다. 신해혁명 100주년을 기념해 중국에서 야심차게 제작한 영화 〈신해혁명〉은 그저 중국의 시각에서만 본 역사극이다. 2011년 내내 중국에서는 항일 관련 영화와 드라마가 줄곧 방영되었는데 이 영화도 그런 수많은 홍보영화 중 하나였다. 아니 왕정이 무너지고 공화정을 세운 쑨원의 헌신적인 희생정신과 중국에 대한 무한한 사랑을 큰 테마로 한 교육영화였다. 영화는 한계가 있어 일제강점기 시대의 항일독립운동과 관련된 다큐멘터리를 보기 시작했다. 〈도올이 본 한국독립운동사 10부작〉EBS, 2005을 10시간에 걸쳐 한자리에 못 박고 앉아서 봤다. 코끝이 찡하고 하염없이 흐르는 눈물을 조용히 훔쳐내면서 숨 죽여 봤다. 〈13억 대륙을 흔들다, 음악가 정율성〉KBS, 2012과 〈한국 최초 7인의 의사, 독립투사가 되다〉KBS, 2010도 챙겨 봤다. 〈안중근, 유해를 찾아라!〉2010도 가슴 찡하게 봤다.

다큐를 보고난 후 관련 서적과 논문을 찾고 인터넷 서핑을 시작했다. 관련 자료를 리서치하고 스크랩하는데 며칠이 걸렸다. 관련된 자료를 정리하고 읽는데 또 며칠이 걸렸다. 역사탐방 5박 6일 후 영상물을 보고, 관련 자료를 수집·분류하고 읽고, 수 천 장의 사진을 분류하면서

상하이 임시정부 청사 뒷골목

한국독립운동사에 대한 불편한 진실이 한 꺼풀씩 드러나기 시작했다.

이전에는 전혀 몰랐던 그러나 엄연한 우리의 역사 중 한 단면을 애써 외면하고 살아왔던 내 자신이 부끄러웠다. 첫날 자싱을 시작으로 상하이, 난징, 우한, 우창, 한단 그리고 베이징에 이르기까지 역사탐방의 시작이 있듯이 끝도 찾아왔다.

상하이는 세계적인 국제도시인 동시에 중국경제의 상징이다. 2012년 현재 인구는 약 1,674만 명에 달하며 서울면적 6,341㎢/605㎢ 의 약 10배에 이르는 메트로폴리탄이다. 민족은 한족, 후이족, 만족 등이 있고 12구와 9현으로 나누어진다. 2012년 1월, 동방조보東方早報에서 발표한

2011년 상하이시 상주인구의 1인당 국내총생산$_{GDP}$은 8만 2,560 위안$_{1만 2,784 달러}$으로 중국 최고이다.

하지만 1840년 아편전쟁 전까지만 해도 상하이는 조그만 어촌마을에 불과했다. 아편전쟁에 패한 청 왕조는 굴욕적인 난징조약을 통해 홍콩을 할양하고 상하이를 비롯해 샤먼$_{하문, 夏門}$, 닝보$_{영파, 寧波}$, 푸저우$_{복주, 福州}$, 광저우$_{광주, 廣州}$까지 동부 여러 항구를 개항하게 된다. 개항 직전까지 인구 20만 남짓이던 어촌마을이 1930년대에 이르러서는 500만 인구의 아시아 최대의 도시로 변모한다. 말하자면 상하이라는 이름 그 자체처럼 바다 위로 떠오른 것이다. 당연히 사람이 모이고 돈이 모이기 시작했다. 앞 다투어 몰려든 서구열강은 1854년 상하이에 조계정부를 수립하게 되고, 이후 남쪽의 중국인 거주지역과 북쪽의 외국 조계지역으로 영국, 프랑스, 미국, 일본이 앞 다투어 나누어 가졌다. 이러한 조계지역의 설정은 자국민 보호와 자유무역을 명목 삼았으나 사실상 상하이는 반식민지 상태에 놓이게 된 것이다.

사실 상하이는 개항 이전인 청대 초기에 이미 해운과 하운, 중국의 남북을 잇는 연결고리 역할을 하는 중요한 항구로 주목을 받고 있었다.

강남지역의 물류는 육로가 아닌 운하를 중심으로 한 수로였다. 상하이는 중국의 젖줄 양쯔강과 바다가 만나는 지점에 위치하고 있고, 양쯔강의 지류인 황푸강_{황포강, 黃浦江}과 우쑹강_{오송강, 吳淞江}이 시내 한복판을 흐르고 있다. 이처럼 상하이는 양쯔강과 황푸강을 따라 내륙의 수많은 지역과 상호 연결된다. 양쯔강을 따라 우한·충칭을 거쳐 서부 내륙의 깊숙한 곳까지 연결되며 황푸강·우쑹강을 따라 양쯔강 삼각주 일대의 여러 지역들과 연결되는, 이른바 물류의 중심지로서 상하이의 입지는 탁월했다. 여기에 동쪽의 바다는 다시 황해, 중국해 나아가 태평양과 연결되는 서환항선_{西環航線}의 요충지를 구성하고 있다. 이렇게 항구·항운의 조건이 탁월한 상하이를 서구열강이 탐을 낸 것은 어찌 보면 당연한 일이다.

상하이는 근대식 도시시설을 빠르게 갖추기 시작했다. 1865년에 도시가스 공장이 건립되면서 가스공급이 시작되었고, 1882년에는 중국 최초의 발전소가 건립되어 전력이 공급되었다. 1883년에는 상수도가 개통되었다.

아이러니하게 상하이는 조계지가 들어선 후 근대도시로 빠르게 탈

🌑 상하이 푸둥지구

바꿈했으며 중국 영토 내에 있는 특수한 국제사회로 변모했다. 조계지는 내륙으로 통하는 운하와 양쯔강을 옆에 끼고 있는 지리적 이점을 적극 활용했으며, 이를 통한 자유로운 경제활동을 보장받을 수 있었다. 또한 점차 육상의 교통수단이 발달하게 되자 이를 따라 크고 화려한 도로를 구획하게 되었다. 조계지의 가장 큰 도로인 난징로_{남경로, 南京路}와 푸저우로_{복주로, 福州路}가 건설되고 상하이 전체가 시야에 들어오기 시작했다. 이에 따라 조계를 할당받은 여러 나라들은 각자 여러 가지 방법을 동원하여 앞 다투어 조계를 확장하게 된다.

그러나 상하이에 조계지를 둔 영국, 미국, 프랑스, 일본 중 어느 나라도 상하이를 독점할 수는 없었다. 그런 만큼 법적인 구속이나 제약이 강하지 않았고, 누구나 비자 없이 바로 들어올 수 있었다. 우리나라의 임시정부가 상하이에 근거를 둔 이유도 이와 같은 맥락에서 비롯된 것이다. 상하이에는 일확천금을 꿈꾸며 몰려든 사람도 있었고 조국의 독립을 위해 모여든 독립운동가도 있었다. 마약과 무기밀수, 밀매, 매춘 등이 대규모로 이루어지고, 조직적 탈세로 부자가 된 사람도 나오게 되었다. 당연히 범죄가 끊이지 않았고 조직폭력이 기승을 부렸다.

물질적 풍요와 자유는 도시에 활력을 불어 넣었고 기회가 있으며 화려한 낭만과 꿈이 있는 도시로 자리 잡으면서 '동양의 파리'라는 애칭으로 불렸다. 와이탄 일대의 서구식 고층건물, 난징로 일대의 건축물, 와이바이두차오_{外白渡橋} 등은 당시 상하이의 분위기를 상징적으로 보여준다.

하지만 1937년 중·일전쟁이 일어나자 상하이는 모든 것이 정지해 버린다. 상하이가 언제까지나 번영만 한 것은 아니었다. 서방국가들은 점차 상하이를 떠나게 되었고, 일본의 상하이 점령으로 도시의 많은 건물과 공장들이 파괴되었다. 1945년 일본이 항복할 때 이미 상하이는 인플레이션의 확대, 기형적인 경제 구도, 미래의 발전 방향의 부재 등 심각한 문제점을 드러내면서 쇠락해 갔다. 특히 1949년 신중국이 성립된 후 상하이는 중앙정부로부터 철저히 배제되었다. 공산당은 상하이의 화려함, 부르주아적 성격, 퇴폐적인 자본주의 문화, 혹은 반식민지적 잔재를 척결할 유산으로 봤다. 1978년 중국의 개혁개방 이전까지 상하이는 그렇게 한 세대 동안 성장이 멈추어버렸다. 이후 1990년 4월 '푸둥 개발 계획' 발표 이후 중국의 개혁개방 중심지로 새생명을 얻기까지 험난한 여정을 거쳐야만 했다.

상하이 대한민국 임시정부

상하이 임시정부의 역사는 백년 전으로 거슬러 올라간다. 1919년 3·1운동 후 민족 지도자 29명은 임시정부 수립 논의를 본격화했으며, 같은 해 4월 13일 상하이 프랑스 조계에서 임시정부를 출범했다. 3·1 운동을 계기로 상하이에 대한민국 임시정부가 수립되었는데, 이는 한민족 스스로 민주공화제 정부를 세웠다는 점에서 큰 의의가 있다. 상하이 대한민국 임시정부는 1926년 7월부터 1932년 4월까지 이곳을 임시정부 청사로 사용했으며 당시 공식적인 명칭은 '대외고려사무소'였다.

당시 대한민국의 독립 운동에 뜻을 둔 사람은 상하이의 대한민국 임시정부를 찾았지만 대부분 실망을 하고 발길을 돌렸다고 한다. 김산도 그 중 한 명이었다. 님 웨일즈~Nym Wales~의 『아리랑의 노래』~1941년~에는 열여섯이 채 안 된 어린 김산~본명 장지락~이 상해의 대한민국 임시정부를 찾아가는 장면이 나온다.

"1920년 겨울 어느 날, 기선 봉천호가 싯누런 황포강~黃浦江~을 서서히 거슬러 올라감에 따라 거대한 상해~上海~가 도전이라도 하듯이 강 안으로부터 그 윤곽을 나타냈다. 하지만 나도 거의 만 16세가 되었으므로 두렵지는 않았다. 마부는 1달러를 달라고 했지만 마차삯을 깎아서 '대한민국 임시정부 사무소'까지 80센트에 가기로 하였다."

김산은 사회주의 계열의 독립운동가로 신흥무관학교에서 군사학을 배우고 황푸군관학교 교사로 활동하면서 적극적으로 항일투쟁을 한 혁명가이다. 하지만 안타깝게도 1938년 샨간닝볜취보안처~陝甘寧邊區保安處~에 의해 반역자, 일본 스파이, 트로츠키주의자로 몰리면서 사형당하고 말았다.

김산처럼 상하이 임시정부를 찾고도 발길을 돌린 데에는 여러 이유가 있을 것이다. 우선 자금 부족이 가장 큰 이유였고, 임시정부의 결속도 문제였다. 장준하 선생의 전집에 따르면, "임시정부에는 사람도 돈도 들어오지 아니하여 대통령 이승만이 물러나고 박은식이 대신 대통령이 되었으나, 대통령제를 국무령제로 고쳐만 놓고 나가고, 제1대 국무령으로 뽑힌 이상룡은 서간도로부터 상하이로 취임하러 왔으나 각원을 고르다가 지원자가 없어 도로 서간도로 물러

가고, 다음에 홍면희가 선거되어 진강으로부터 상하이에 와서 취임하였으나 역시 내각 조직에 실패하였다. 이리하여 임시 정부는 한참동안 무정부 상태에 빠져서 의정원에서 큰 문제가 되었다.……"라고 기술하고 있다.

또한 『백범일지』에는 상하이 임시정부를 찾는 사람 뿐만 아니라 독립운동을 하고자 하는 사람 자체가 줄어들었다고 기술하고 있는데 그 이유는 다음과 같다. "첫째로는 임시정부의 군무차장 김희선, 독립신문 사장 이광수, 의정부 부의장 정인과 같은 무리는 왜에 항복하고 본국으로 들어갔고, 둘째로는 국내 각 도·각 군·각 면에 조직하였던 연통제가 발각되어 많은 동지가 왜에 잡혔고, 셋째로는 생활난으로 각각 흩어져 밥벌이를 하게 된 때문이었다." 라고 한다. 일제의 탄압과 부족한 자금은 상하이 임시정부 뿐만 아니라 독립운동가에게 항상 큰 짐이었다.

● 상하이 임시정부 청사 내부

상하이 대한민국 임시정부청사

　상하이에 있는 대한민국 임시정부청사는 두 번 방문했다. 2008년 한국콘텐츠진흥원 후원으로 처음 방문했었다. 그 당시 방문의 주요 목적은 '역사탐방'이 아닌 '문화탐방'이었다. 2010년 상하이엑스포와 와이탄, 푸둥지구 및 역사박물관 등 문화 중심지를 주로 살펴보았다. 그렇지만 바쁜 일정 속에도 상하이 임시정부 청사와 홍커우공원이 있는 윤봉길기념관에는 들렀다. 하지만 별다른 배움은 없었다. 중·고등학교 때 동작동에 있는 현충사나 아산 독립기념관에 갔을 때 느낌과 조금도 다르지 않았다. 나이는 훌쩍 40이 다 되었지만 역사의식은 그때나 지금이나 제자리 걸음만 한 셈이다.

　상하이에 있는 대한민국 임시정부청사는 상하이시 마땅루馬當路 306농 4호에 자리 잡고 있다. 1989년 중국 측의 도시개발계획으로 훼손될 위기에 처했다는 소식이 국내에 전해지면서 여론이 들끓었다. 1992년 정식으로 국교 수립한 이듬해인 1993년 대한민국 정부와 국민의 요청에 1993년 4월 13일 1차 복원을 했다. 처음에는 임시정부 요인들이 사용했던 4호 청사가 복원됐고, 이후 정부의 지원과 상하이시와의 협의를 통해 2001년 12월 4호 청사 옆의 3호와 5호도 전면 보수하고 전시 시설을 확장하여 역사에 길이 남을 유적지로 단장했다

　상하이 임시정부 청사를 관람하기 위해서는 표를 구입해야 하고, 표를 구입하면 1층과 2층으로 된 전시실을 관람할 수 있다. 내부에는 주요 인사들의 사진과 태극기 등의 유물이 있고, 백범 김구의 집무실·각 부처의 집무실 등이 있다. 관람이 끝나면 화장실이 있는 옆 건물에

서 역사 관련 비디오를 관람할 수 있다. 내부에는 한족 안내원이 있는데, 사실 안내원이라기보다는 감시원에 가깝다. 사진 촬영을 집요하게 막고 끊임없이 감시하고 무엇이든 저지하고 가로막는 일을 주로 한다. 상하이 임시정부 청사를 유지하기 위한 비용은 항상 마이너스인데 부족한 운영자금은 국내 대기업에서 후원한다고 한다. 하지만 후원 조건에 청사에서 일하는 사람은 반드시 조선족이나 외국인이 아닌 한족을 채용해야 한다고 한다. 중국 정부도 우리 국민의 애국 항일독립탐방 릴레이에 많은 신경을 쓰고 있다는 것을 알 수 있는 대목이다.

사실 상하이 임시정부 이외에도 많은 임시정부가 중국에 있었다. 우리 국토 안에서 한성 정부 · 대한민국 정부 · 신한민국 정부 등이 있었고, 나라 밖에서 대한국민회의 · 간도군정부 등 모두 6~7개의 정부가 수립된 것으로 알려지고 있다.

최근 상하이 임시정부를 중심으로 독립운동 테마군을 형성한다고 한다. 상하이-항저우-자싱-전장을 잇는 테마군 형성을 통해 연계효과에 기대감을 갖고 있다. 중국을 방문하는 주요 관문인 상하이는 물론 항저우 임정 청사, 물의 도시인 자싱의 난후南湖 변에 위치한 김구 선생 피난처와의 연계관광도 가능하다고 본다.

전장鎭江시 당 서기를 지낸 첸용보錢永波 전장시 역사문화연구회 명예회장은 "전장시민들이 항일 투쟁과정에서 한국인들과 쌓은 정은 평소에 느끼는 정보다 훨씬 깊게 남아 있다."면서 "이를 바탕으로 앞으로 경제교류를 비롯한 다양한 분야에서 협력을 확대해 나갈 수 있을 것"이라고 설명했다. 또한 이강국 상하이총영사관 부총영사는 "한국과 중국이 공동의 항일 역사를 보존하는데 노력해야 한다."며 "앞으로 독립기념관 등 관련기관과 협조해 독립 유적지 발굴과 사료 조사는 물론 한국인들의 사적지 방문이 늘어나도록 노력해 나갈 것"이라고 말했다. 한중 양국의 협력 아래에서 우리의 독립운동사에 중요한 유적지들이 잘 보존되고 또 우리 국민들이 자주 찾아 역사의 귀한 교훈으로 삼았으면 하는 바람을 갖는다.

홍커우공원 홍구공원, 虹口公園

김미소

―그곳에서 청년 윤봉길을 만나다

　홍커우공원은 매헌梅軒 윤봉길 의사가 1932년 4월 29일 일왕의 생일 및 상하이 사변 승리 축하 기념행사 때 폭탄을 던진 곳이다.
　일본은 1932년 자작극인 일본 승려 살해사건을 이유로 상하이 사변을 일으켰다. 전쟁은 시라카와白川義則 대장의 지휘 하에 일본의 승리로 끝났다. 일본군은 이를 기념하기 위해 일반 군중도 참석할 수 있는 축하행사를 열었다. 윤봉길 의사는 이 기념식이야말로 본인이 기다려온 절호의 기회라고 여기고, 기념식장에서 거사를 하기로 결심했다. 1932년 4월 26일 한인 애국단에 입단하여 백범白凡 김구金九 선생을 비롯한 이동녕李東寧, 이시영李始榮, 조소앙趙素昻 등 지도자들과 협의하여 거사를 구상했다. 한인애국단 입단 당시 그가 양 손에 폭탄을 들고 선서문을 붙인 채 태극기 앞에서 찍은 사진은 윤봉길 의사의 비장함을 드러내고 있다. 윤봉길 의사는 선서문에서 조국의 독립과 자유를 위해 몸 바칠 것을 맹세하고 있다.
　거사 당일 윤봉길 의사가 지녔던 폭탄은 저격용 물통 모양 폭탄 1개, 자결용 도시락 모양 폭탄 1개였다. 이는 기념식에 참석하는 사람들이 흔히 지참한 도시락 및 물통으로 폭탄을 위장하기 안성맞춤이었다. 치밀한 계획을 세우고 기념식에 참석한 윤봉길 의사는 식이 한창 진행 중일 때 식장을 향해 수류탄을 투척했다. 이 폭발로 시라카와 일본

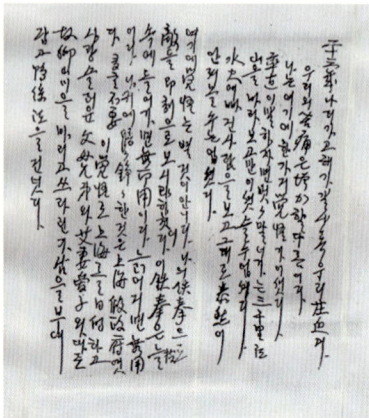

🔵 윤봉길 의사와 서신

케미쓰重光葵 등이 중상을 입었다. 식장은 아수라장으로 변했고, 윤봉길 의사는 거사 직후 현장에서 잡혀 일본 군법회의에서 사형을 선고받았다. 1932년 11월 20일 일본으로 옮겨져 오사카 위수형무소에 수감됐다. 같은 해 12월 19일 24세의 젊은 나이에 순국했다.

윤봉길 의사의 거사는 우리 독립운동사의 분수령이라 할 만큼 큰 의미가 있다. 거사는 조선인의 항일 정신과 독립 의지를 세계만방에 알린 계기가 됐다. 중국의 지도자 장제스蔣介石는 이를 "중국의 백만 대군이 이루지 못한 위대한 일을 한국인 한 사람이 해낸 것이다." 라고 극찬했다. 장제스는 윤봉길 의사의 의거로 임시정부 활동을 높이 평가하기 시작했다. 그는 이후 다방면에서 임시정부 활동에 많은 도움을 주었다. 장제스는 해방 전 카이로 회담의 세 정상으로 참여, 조선의 독립을 인정하는 공헌을 한다. 또한 후에 '장렬천추壯烈千秋: 죽어서도 그 장렬함이 천추에 살아있다'라는 친필 붓글씨를 윤봉길 의사 유족들에게 전달했다. 이를 보면 윤봉길 의사는 장제스에게 큰 감명을 준 인물임이 틀림없다. 윤봉길 의사의 의로운 희생으로 대한민국 임시정부 활동은 활기를 띠기 시작했고, 한국과 중국의 항일 협력도 더욱 강화될 수 있었던 것이다.

나는 이러한 역사적 사실이 기록으로 보존되어 있는 훙커우 공원에서 청년 윤봉길을 만났다. 훙커우 공원은 중국의 대문호 루쉰(魯迅)을 기념하기 위해 1988년 루쉰 공원으로 개명됐다. 이 공원 중심에는 루쉰의 묘와 루쉰 기념관이 자리하고 있다. 먼저 루쉰 공원의 중심에 있는 루쉰 묘에 찾아갔다. 묘 앞에 루쉰의 좌상이 세워져 있다. 묘지 앞에 놓인 몇 송이 신선한 꽃이 문학가 루쉰을 존경하며 찾는 중국 사람들이 끊이지 않고 있음을 내게 알렸다. 루쉰 공원에서 중국 사람들이 주로 찾는 곳이 루쉰의 묘라면, 한국 사람들이 주로 찾는 곳은 윤봉길 의사의 의거 현장과 윤봉길 기념관 매헌(梅軒)이 있는 곳이다. 이곳에 입장하기 위해서는 입장료를 따로 내야 한다. 루쉰 공원 전체가 아닌 윤봉길 기념관만 입장료를 지불하도록 한 것은 한국인 관광객을 겨냥한 것으로밖에 생각할 수 없었다. 한국인이 조상님을 기념하는 곳을 관람하기 위해 입장료를 낸다는 사실이 마음 아팠다. 부디 이 입장료가 시설을 잘 보존하는 데 쓰이기를 바랄 뿐이었다.

2003년 12월 4일 개관 당시 윤봉길 의사 기념관의 명칭은 매정(梅亭)이었으나, 이는 '매화 정자'라는 뜻으로 윤봉길 의사와 연관성이 없기 때문에 한국 정부는 상하이 정부에 명칭 변경을 요구했다. 한국 정부의 거듭된 요청 끝에 2009년 윤봉길 의사 기념관 매정은 윤봉길 의사의 호를 딴 '매헌'으로 명칭을 변경하게 되었다. 하지만 변경된 명칭 '매헌'도 한국 정부의 요구를 완전히 받아들인 결과는 아니다. 우리나라는 윤봉길 의사 기념관의 명칭을 매헌 윤봉길을 기념하는 정자라는 의미에서 '매헌정梅軒亭'으로 해줄 것을 요청했으나 상하이시는 '헌軒'이 이미 집이라는 의미를 갖고 있다며 받아들이지 않았던 것이다. 3·1 운동 이후 독립운동의 거점이 중국으로 옮겨지면서 항일운동이 중국 만주에서 주로 진행되었기 때문에 부득이 중국에서 독립 운동가들의 발자취를 찾아다닐 수밖에 없고, 독립 운동가의 기념관 명칭도 원하는 대로 할 수 없는 것이다. 이런 사실이 또 한 번 마음을 무겁게 했다.

입장료를 내고 윤봉길 의사 기념관을 들어서면 두 개의 표지석이 보인다. 큰 돌 위에는 윤봉길 의사의 업적에 대한 간략한 소개가 있다. 그 앞의 작은 돌에는 '윤봉길 의거 현장'이라고 쓰여 있다. 이곳에서 우리는 윤봉길 의사의 의거를 다시 한번 되새기고 묵념하는 시간을 가졌다. 조금 더 안쪽으로 가면 '매헌'이라는 현판이 걸려 있는 2층짜리 정자를 발견하게 된다. 1층에는 윤봉길 의사의 성장 과정과 농촌계몽활동, 독립운동 활동 등이 사진으로 전시되어 있다. 또 홍커우 공원 폭탄 투척 당시의 상황을 촬영한 영상이 상영되고 있었다.

윤봉길 의사 기념관에 있는 도시락 폭탄 모형

흑백의 영상 속에서 체포되어 연행되는 윤봉길 의사의 모습을 발견하니 비통했다. 윤봉길 의사는 자결용으로 준비한 도시락 폭탄을 사용하지 못하고 일제에 체포됐다. 그 얼마나 원통했을까! 중국인 여성 가이드는 우리 일행에게 한국어로 전시물에 대해 설명했다. 가이드는 2층에 함께 올라가 설명을 하다가, 우리 일행이 일반 관광객과는 달리  많은 조사와 공부를 하고 찾아온 것을 알고는 본인의 설명이 필요 없다면서 내려갔다. 이렇듯 이번 역사탐방은 우리 역사에 대해 가이드보다 더 잘 알고 있는 선배님들이 함께 했기에 더욱 뜻 깊었다. 2층에서는 윤봉길 의사의 영정과 어머니에게 남긴 글, 농민독본의 글 등을 볼 수 있었다. 청년 윤봉길 의사의 영정을 보는데 '순국한 나이 24세, 영원히 애틋한 청년의 모습으로 길이 기억되는구나!' 라는 생각이 들었다. 윤봉길 의사가 남긴 글들이 전시되어 있어 그의 생각을 엿볼 수 있었다. 그중에서 '장부출가생불환丈夫出家生不還: 사내대장부는 집을 떠나 뜻을 이루기 전에는 살아서 돌아오지 않는다' 이라는 글귀가 인상 깊었다. 이 글은 윤봉길 의사가 농촌계몽활동만으로 독립을 이루는 것에 한계를 느끼고 무장투쟁을 위해 중국으로 떠나면서 남긴 것이다. 윤봉길 의사는 중국에 건너오기 전 1926년부터 농민계몽·독서회운동 등 농촌사회운동에 몸담았다. 농민계몽을 위해 『농민독본農民讀本』이라는 교재를 집필하여 학교에 다니지 못하는 농촌의 불우한 청소년을 야학에서 가르쳤다. 또한 1929년 농촌의 발전을 위해 '부흥원復興院'이란 단체를 설립하여, 농가 부업과 토산품 이용을 장려하며 학예회와 토론회를 여는 등 농촌 부흥운동을 본격적으로 추진했다. 이밖에 '날마다 나아간다'는 뜻의 '월진회月進會'라는 농민단체를 조직하여 농촌계몽활동을 활발히 했다.

그러다가 1929년 광주에서 광주고보 학생들의 일제 탄압에 대한 항거를 시작으로 전국적으로 학생운동의 열기가 퍼져나갔다. 윤봉길 의사는 학생들의 일제 탄압과 제국주의에 항거하는 모습에 감명을 받고 조국을 위해 목숨을 바쳐 큰 일을 해야겠다고 결심했다. 이에 '장부출가불생환'이라는 내용의 편지 한 장을 남기고 만주로 떠난 것이다. 이때가 1930년 3월 6일이었다. 윤봉길 의사는 이 정보를 입수한 일본 경찰에게 미행을 당해 결국 체포되었고, 45일간의 옥고를 치렀다. 출옥 후 만주로 망명한 윤봉길 의사는 뜻을 같이 하는 김태식金泰植, 한일진韓一眞 등과 함께 조국 독립에 대한 굳은 의지를 다졌다.

1931년 윤봉길 의사는 조직적인 독립운동을 하고 있던 대한민국 임시정부에 몸담아 독립운동을 하기로 결심하고 상하이로 향한다. 윤봉길 의사가 상하이를 향해 가면서 내던진 출사표에서 그의 결의를 엿볼 수 있다.

〈윤봉길 의사의 친필 출사표〉

23세, 날이 가고 해가 갈수록 우리 압박과 우리의 고통은 증가할 따름이다.
나는 여기에 한 가지 각오가 있었다.
솔직히 말하자면 뻣뻣이 말라 가는 삼천리 강산을 바라보고만 있을 수가 없었다.
수화水火에 빠진 사람을 보고 그대로 태연히 앉아 볼 수는 없었다.
여기에 각오는 별것이 아니다.

나의 철권$_{鐵拳}$으로 적$_{敵}$을 즉각으로 부수려 한 것이다.
이 철권은 관 속에 들어가면 무소용$_{無所用}$이다.
늙어지면 무용이다.
내 귀에 쟁쟁한 것은 상하이 임시정부였다.
다언불요$_{多言不要}$ 이 각오로 상하이를 목적하고 사랑스러운 부모형제와
애처애자와 따뜻한 고향산천을 버리고, 쓰라린 가슴을 부여잡고
압록강을 건넜다.

이렇게 출사표를 던진 윤봉길 의사는 상하이 대한민국 임시정부의 지도자인 김구 선생을 찾아가 조국 독립에 대한 굳은 결의를 밝히고 이를 위해 몸과 마음을 바칠 것을 맹세하였다. 김구 선생은 '백범일지'에서 윤봉길과 첫 만남을 아래와 같이 회고했다.

> 그즈음에 윤봉길이 나를 찾아왔다. 윤 군은 동포 박진이가 경영하는 말총으로 모자와 기타 일용품을 만드는 공장에서 일하다가 최근에는 훙커우 소채장에서 야채 장사를 하던 사람이다. 윤봉길은 자기가 애초에 상하이에 온 것이 무슨 큰일을 하려 함이었고, 소채를 지고 훙커우 방면으로 돌아다닌 것도 뭔가 기회를 기다렸던 것인데, 이제는 중·일전쟁도 끝이 났으니 아무리 보아도 죽을 자리 구하기가 어렵다고 한탄한 뒤에 내게 "도쿄사건(편집자 주: 이봉창 의거)과 같은 계획이 있거든 저를 써주십시오." 하는 게 아닌가. 나는 그에게 나라를 위하여 목숨을 바치려는 큰 뜻이 있는 것을 보고 기꺼이 이렇게 대답하였다. "내가 마침 그대와 같은 인물을 구하던 중이니 안심하시오." 내 말을 듣더니 윤 군은 "하겠습니다. 이제부터는 마음이 편안합니다. 준비해주십시오." 하고 쾌히 승낙했다.

목숨을 바칠 각오를 내비치고도 이제는 마음이 편안하다는 그의 말은 대장부의 호연지기$_{浩然之氣}$를 엿볼 수 있는 대목이다. '의$_{義}$'를 위하여 두려움을 몰아내고 어떠한 유혹 앞에서도 굴하지 않는 참된 용기를

🔵 김구 선생과 윤봉길 의사

가진 인물이 호연지기까지 갖춘 대장부, 바로 윤봉길 의사라고 할 수 있다.
홍커우 공원 의거를 앞두고 김구 선생과 찍은 사진에서도 얼굴에 한 점 두려움이 없는 윤봉길 의사를 볼 수 있다. 오히려 그는 사진 속에서 살짝 미소짓고 있는 것 같다. 그 미소는 본인이 원하는 대로 뜻 깊게 죽을 자리가 생겨서 안심이 되었기 때문이 아닐까? 거사 당일 아침, 윤봉길 의사는 김구 선생을 찾아가 이제 본인에게 시계는 1시간 반밖에 소용이 없기 때문이라며 새로 산 시계와 김구 선생의 시계를 바꾸자고 한다. 상하이 임시정부 청사 근처에 윤봉길 의사와 김구 선생이 시계를 맞바꾼 장소가 있다. 지금은 화려한 백화점으로 변해 있어 격세지감을 느끼게 하지만 이곳에서 거사를 앞두고 비장했을 두 분의 모습과 당시 상황을 떠올려 보았다. 김구 선생은 시계를 맞바꾸며 목 메인 소리로 "후일 지하에서 만납시다." 라고 인사했다. 윤봉길 의사의 유품이면서 김구 선생의 유품이기도 한 이 회중시계는 거사에 임한 두 분의 애국·독립정신을 헤아릴 만한 유물로서 상징적 가치가 크며, 백범 김구 기념관에 전시되어 있다.
이밖에 2층에 전시되어 있는 두 아들에게 쓴 유서와 '사람은 왜 사느냐'로 시작하는 시가 많은 것을 생각하게 하였다.

너희도 만일 피가 있고 뼈가 있다면 반드시 조선을 위해 용감한 투사가 되어라. 태극의 깃발을 높이 드날리고 나의 빈 무덤 앞에 찾아와 한 잔의 술을 부어놓아라. 그리고 너희들은 아비 없음을 슬퍼하지 말아라.
　사랑하는 어머니가 있으니. 어머니의 교양으로 성공한 사람은 동서양 역사상 보건대 동양으로 문학가 맹자가 있고 서양으로 불란서 혁명가 나폴레옹이 있고 미국에 발명가 에디슨이 있다. 바라건대 너희 어머니는 그의 어머니가 되고 너희들은 그 사람이 되어라.

갓난아기 때 중국으로 떠나와 아직도 어머니의 포대기에 싸여 있을 아들에게 남긴 유언은 아비처럼 조국을 위해 싸우는 투사가 되라는 것이었다. 그리고 동포에게 마지막으로 남긴 말씀 또한 윤봉길 의사의 신념을 잘 보여주고 있다.

〈동포에게〉
고향에 계신 부모 형제 동포여!
더 살고 싶은 것이 인정입니다.
그러나 죽음을 택해야 할 오직 한 번의 가장 좋은 기회를 포착했습니다.
백 년을 살기보다 조국의 영광을 지키는 이 기회를 택했습니다.
안녕히, 안녕히들 계십시오.

구차한 목숨을 이어가기보다는 짧지만 조국을 위한 영광스러운 죽음을 당당히 택하겠다는 윤봉길 의사, 그의 기개와 용기에 저절로 고개가 숙여진다. 윤봉길 의사는 당시 24세였으나, 그의 생각과 철학은 나이에 걸맞지 않게 성숙하고 깊이가 있었다. 문득 국가가 위기 상황에 처했기에 윤봉길 의사와 같은 독립운동가가 나는 것일까, 아니면 독립운동가들은 본래 타고난 위인들인 것일까? 하는 의문이 들었다.

🌑 윤봉길 의사 기념관 모습

사람은 왜 사느냐
이상(理想)을 이루기 위하여 산다
보라! 풀은 꽃을 피우고
나무는 열매를 맺는다
나도 이상의 꽃을 피우고
열매 맺기를 다짐하였다
우리의 청년시대에는
부모의 사랑보다
형제의 사랑보다
처자의 사랑보다도
더 한층 강의(剛毅)한 사랑이 있는 것을 깨달았다
나라와 겨레에 바치는 뜨거운 사랑이다
나의 우로(雨露)와 나의 강산과 나의 부모를 버리고라도
그 강의한 사랑을 따르기로 결심하여
이 길을 택하였다

 - 매헌 윤봉길 -

일제 식민지 시대에 독립운동이 아닌 친일 행각을 벌인 사람들, 독립운동을 하다가 변절하는 사람들이 비일비재했다는 점에서 후자 쪽이 타당하다는 생각이 든다. 같은 국가 위기 상황에서 국가를 위해 한 몸 희생하는 분들과, 개인의 안위를 위해 국가 위기를 외면하고 오히려 침략자에 방조했던 친일파 사이의 극명한 대비가 독립운동가들이 범인凡人이 아님을 보여준다.

마지막으로 윤봉길 의사가 1930년 10월 18일 중국 칭다오에서 보낸 서신에 쓴 시를 읊어보면서 그의 조국에 대한 뜨거운 사랑을 느껴본다. 윤봉길 의사는 분명히 지행합일의 행동하는 지식인이셨다. 우리 시대의 지식인들은 청년 윤봉길을 보면서 어떻게 살아야 할지 고민해야 할 것이다.

텐닝사

최윤서

2013년 1월 4일 나는 선열들의 발자취를 따라 이른 새벽 집을 나섰다. 베이징의 차가운 겨울 바람은 내 볼을 스치며 잘 다녀오라고 인사한다. 집을 나선 그 순간부터 나는 1900년대 당시 독립운동을 하기 위해 집을 나섰던 청년들과 동행하기 위해 우리의 역사적 현장으로 시간여행을 시작했다. 아주 고요한 새벽, 모두가 잠든 시간, 그들은 독립이라는 희망을 품고, 굳은 의지와 신념으로 자신과의 끊임없는 싸움을 하기 위한 길을 선택했는지도 모르겠다. 오로지 빼앗긴 나라에 대한 분노, 자신의 목숨을 내놓고라도 적을 소탕하기 위해 의혈활동의 길을 선택했는지도 모른다. 아무리 매서운 눈바람이 불어온다 해도, 굳게 다짐하고, 또 다짐하며 집을 나섰는지도 모르겠다. 오늘의 나는 당시 그들과 비교할 수 없을 만큼 두툼한 옷들을 입었고, 목도리 장갑으로 추위를 막기 위해 감싸고 또 감쌌다. 지금은 그때와 시대가 다르다고 애써 변명하지만, 내 마음은 참 무거웠다. 나는 이번 탐방도 그 동안 다녀왔던 어느 탐방과 같이 가벼운 발걸음으로 출발할 수 있을 줄 알았다. 시작은 아주 가벼운 발걸음으로 그러나 돌아오는 발걸음은 무거웠던 그 여느 때와 같이 말이다. 그러나 이번 탐방의 내 발걸음은 시작부터 아주 무거웠다. 왜 그럴까? 왜 무거웠을까? 끊임없이 내 자신에게 물음을 던져보았다. 이번 탐방은 내게 있어 '석정의 길', '선열, 그들의 길'을 걷는 동시에 '나의 길'을 찾기 위한 발걸음이었기 때문이다. '나의 길' 나는 왜 이 길을 선택했을까? 나는 왜 선열들의 발자취를 따라 걷고자 하는 것일까? 내게 있어 그들의 발자취는 무엇을 의미할까? 나는 물음에 대한 답을 찾기 위해 이번 답사의 의미를 '나의 길' 이라고 의미를 두었다. 지금의 나의 발걸음은 단순히 그들의 발자취를 따라 걷고 있는 한 호기심 많은 내가 아닌, 내 자신이 걷고 있는 "그 길" 에 대한 의미를 찾고자 하는 목마른 갈증이 가득한 발걸음이기도 하다. 그렇기 때문에 나는 이번 여정의 시작을 아주 무겁고 차분한 발걸음으로 시작했다.

첫걸음 - 배움에 대한 소외

2010년 6월, 베이징대학교 2학년 학부 과정을 마칠 무렵, 나는 아주 우연한 계기로 베이징대학교 한국유학생 연구생회가 주최하고, 석정 윤세주 열사 기념 사업회에서 후원하는 제1기 베이징대학교 한·중 대학원생 항일유적지 역사탐방 소식을 접하게 되었다.

"한국인으로서 우리 역사의 발자취와 정신을 배우는 것은 매우 중요한 일이다. 우리가 현재 유학하며 몸담고 있는 중국, 과거 일제 침략에 대항하며 항일무장투쟁을 전개했던 전적지가 곳곳에 남아 있다. 이에 우리 한국인 유학생들은 선열들의 고귀한 발자취를 따라 중국 화북지역을 중심으로 조선의용군과 팔로군이 연합하여 항일무장투쟁을 전개했던 타이항산 및 관련지를 답사하여 그들의 희생정신을 다시 한 번 기리고 그 속에 묻어나는 애국심과 민족애를 되살려 오늘에 계승·

발전시키고자 한다."

　역사탐방의 목적과 의의는 당시 한국사를 공부하고 있는 내게 또 다른 각도로 한국사를 바라볼 수 있는 새로운 방향을 제시하고 있었다. '조선의용군과 항일무장투쟁'이라는 생소한 문구에 내 두 시선이 머물렀다. 한국에서 고등학교까지 정규교육과정을 받은 나는 '조선의용군'이라는 단어를 접해본 적이 있었는가? 부끄럽게도 아무런 인상이 남아 있지 않았다. 스스로에게 한국사 공부에 대한 소홀함과 무지함을 탓하며, 호기심 많은 나는 자료를 찾고 또 찾아보기 시작했다. 자료를 찾아보는 과정에서 사회주의 계열의 역사적 사실이 있음을 확인하였고, 그동안 우리는 김구 선생님의 대한민국 임시정부 위주의 민족주의 계열 역사만을 배워왔음을 알 수 있었다. 당시 사회주의 계열의 역사적 사실이 있었다는 것 자체가 나에겐 충격적으로 다가왔고, 역사적 사실을 알지 못한 무지함에서 오는 부끄러움보다, 그 동안 접해보지 못한 역사적 사실을 알아볼 수 있다는 기대감이 더 앞서있었다. 그래서 내 발걸음은 독립운동가 그들과의 동행이 아닌, 사람들이 존재한다고 하는 사회주의 계열의 역사적 발자취를 따라가 보고자 하는 호기심 가득 찬, 결코 무겁지 않은 발걸음이었다.

　생소한 역사적 사실, 그리고 당시 존재했던 인물들의 이름들, 이 모든 내용들이 낯설었고, 마음에 와 닿지 않았다. 그러나 나는 이 모든 것들이 생소한 역사적 사실일지라도 눈으로 보고, 귀로 듣고 조금씩 알아가면 된다는 생각만 들었다. 객관적으로 역사를 알아갈 수 있는 또 다른 배움의 기회로 생각했고, 스스로에게 이야기하였다. "나는 지금까지 살아오면서 '사회주의'라는 단어에 반감이 있었던 것도 아니었고, 오히려 우리사회에서 지나치게 강조되고 있는 '민주주의' 라는 단어에 너무나도 익숙해져 있어서 한 번이라도 사회주의 계열의 역사가 있을 것 이라는 생각을 해본 적이 없었다."

나는 한국사에 대한 의심 가득한 마음으로 질문을 던졌다. 왜 우리는 김구 선생님의 대한민국 임시정부 위주의 역사만을 배워왔을까? 분단이라는 역사적 아픔이 우리에게 배움에 대한 소외감을 주는 것인가? 이러한 소외감은 분단된 역사적 현실을 더욱 더 강조하는 것은 아닐까? 이념의 문제가 대립되면 대립될수록 우리는 한민족통일이 아닌 서로 다른 이념을 지닌 분단된 국가로 살아야 하는 것은 아닐까?… 이렇게 나의 첫 번째 역사탐방은 궁금증과 의문만이 가득한, 그리고 민족주의 계열 역사만을 배워온 내게 사회주의 계열이라는 역사를 알아갈 수 있는 첫걸음이 되었다.

❷012년, 그리고 종종 걸음

2012년은 2010년 여름 내가 느꼈던 배움에 대한 소외감을 풀기 위해 자료를 찾아보고, 지인과 소통하며 지식을 쌓는 동시에 독립운동가 선열들의 발자취를 조금 더 가까이 따라가고자 노력했던 한 해였다. 2012년 1월 5일~10일 제12회 풍객과 함께 하는 역사기행을 통해 상하이 대한민국 임시정부청사, 홍커우 공원 - 자싱 김구 선생 피난처 - 난징 조선혁명군사정치간부학교, 난징대학, 난징대학살박물관 - 우한 조선의용대 창립지, 공연장, 후베이성 총공회 - 서현 상우촌, 원터우디촌, 스먼촌, 중위안촌, 난좡촌 - 한단 진지루위 열사능원 을 돌아보며, 나는 진지루위 열사능원에서 눈물을 흘렸다. 알 수 없는 감정이, 표현할 수 없는 감정이 나의 마음을 아프게 했고, 매헌 윤봉길 의사 서한을 다시 떠올려 보며, 소리 없이 눈물을 흘렸다.

"사람은 왜 사느냐 이상을 이루기 위하여 산다. 보라 풀은 꽃을 피우고 나무는 열매를 맺는다. 나도 이상의 꽃을 피우고 열매 맺기를 다짐 하였다. 우리 청년시대에는 부모의 사랑보다 형제의 사랑보다 처자의 사랑보다도 더 한층 강의한 사랑이 있는 것을 깨달았다. 나라와 겨레에 바치는 뜨거운 사랑이다. 나의 우로雨露와 나의 강산과 나의 부모를 버리고라도 그 강의한 사랑을 따르기로 결심하여 이 길을 택하였다."

독립운동가 선열들의 발자취를 따라가는 것은 분명 의미가 있다. 발자취를 따라 간다는 것은 선열들의 넋을 기리며, 그 뜻을 기억하고자 노력하는 것이기 때문일 것이다. 우리가 한 걸음 한 걸음, 발걸음을 멈출 수 없는 이유는 역사의 존재를 알리고 몸소 경험하려 하기 때문인 것 같다. 당시 시대적 상황과 기억, 현재 시대적 상황으로 연결되는 시점에서 우리는 어쩌면 접하지 못했던 역사적 사실을 알아가고, 그 흔적들을 찾아가면서 기록으로 남기고 추억하는 것으로 새로운 이 시대의 역사를 만들고 있는지도 모르겠다. 한 사람 한 사람이 모여 한 걸음 한 걸음 선열들의 발자취를 따라 가면서 나의 강산과 나의 부모를 버리고라도 그 강인한 사랑을 따르기로 결심했던 윤봉길 의사처럼 우리 시대의 애국운동을 하고 있는 것이라고 종종걸음으로 알리고 다녔는지도 모르겠다. 그리고 나는 그렇게 2012년 3월 25일 종종 걸음을 시작했다. 풍객 선생님 후원으로 베이징대 · 칭화대 · 중국런민대 학생들이 일일 역사기행을 준비하였다. 베이징에 산재해 있는 항일운동 유적지를 알아보기 위해 길을 나섰다. 이육사·이원대 열사가 고문받다 돌아가신 왕푸징 일본사령부, 중국 제3대 음악가 정율성 선생님께서 잠들어계신 바바오산 혁명열사능원으로 떠난다.

당시 내가 할 수 있는 것은 산재해 있는 역사적 사실을 알아가고자 하는 욕망과 그 사실을 알리고자 하는 열정이었다. 그게 전부였다. 그 후, 2012년 5월19~20일 제3기 베이징대학교 한·중 대학원생 항일유적지 역사탐방 사전답사와 2012년 6월 29일~7월 1일 제3기 베이징대학교 한·중 대학원생 항일유적지 역사탐방을 베이징대학교 한국유학생 연구생회 일원으로 준비하게 되었고, 나는 여전히 종종걸음으로 선열들의 발걸음을 따라가고 있었다.

2012년 종종걸음이 내게 남겨준 교훈이 있었다. 나는 무엇 때문에 사는가? 나 또한 이상을 이루기 위해 살아간다. 그러나 타국생활을 하고 있는 내게 이상을 이루기 위해 더 중요한 것이 있음을 깨달았다. 그것은 강물이 흐르듯 현재 또한 흐르고 있는 역사 현장 속에서, 우리는 한 사람의 종종걸음이 아닌 차분한 걸음으로 올바른 역사를 알아가기 위해 노력하고 많은 이와 함께 공유하고 소통해야 한다는 것이며, 나의 시의한 사랑이 되어야 할 것임을 말이다.

톈닝사 천녕사: 天寧寺

일 년만에 다시 찾은 조선혁명군사정치간부학교 톈닝사. 우리가 찾아간 이곳은 1930년대 조선혁명군사정치간부학교 터로 쓰였던 장소이며, 제3기 교육생을 배출한 곳이다. '톈닝사'는 난징 시내에서 동쪽으로 약 60리 떨어진 교외에 위치하고 있었다.

여기서 잠시 조선혁명군사정치간부학교를 살펴본다. 조선혁명군사정치간부학교는 1932년부터 1935년까지 중국 난징에 설립·운영 되었던 독립운동 간부양성학교이다. 조선혁명군사정치간부학교는 군사학교라는 의미보다 의혈 투쟁을 하기 위해 단원들의 정신무장을 하는 곳이었다고 한다. 정치·군사·실습과목을 학습하였고, 이곳 졸업생들은 1930년대 항일투쟁전략의 일환이었다고 한다.

조선혁명군사정치간부학교는 총 3기까지 운영되었다. 제1기는 1932년 10월 20일부터 1933년 4월 20일까지 총 26명의 학생이 난징 교외 지역인 탕산 동쪽에 위치한 산소우善壽암에서 교육을 받았다. 제2기는 1933년 9월 16일부터 1934년 4월 20일까지 총 35명의 학생이 장쑤성 장닝江寧현 장닝진에 위치한 증소사에서 교육을 받았다. 마지막으로 제3기는 1935년 4월 1일부터 1935년 9월 30일까지 총 36명이 장쑤성 장닝현 상팡上坊진에 위치한 톈닝사에서 교육을 받았다. 조선혁

명군사정치간부학교는 설립 초기부터 중국 국민당 정부 장제스의 관심과 지원으로 철저한 보안대책을 마련하였다고 한다.

그렇기 때문에 조선혁명군사정치간부학교라는 이름대신 '중국국민당 군사위원회 간부 훈련반 제6대'라는 이름을 붙여 마치 국민당이 운영하는 시설인 것처럼 위장하기도 했다. 그러나 조선혁명군사정치간부학교는 철저한 보안에도 불구하고 일제 정보망에 조금씩 포착되면서, 기수별로 학교 위치와 조직 및 담당교관을 다르게 할 수 밖에 없었다고 한다. 평화시대의 안전한 장소가 아닌, 전쟁 상황으로 외국 땅에서 운영할 수밖에 없는 까닭에 정세 변화에 따라 교육 장소가 달라진 것은 어쩔 수 없는 일이었을 것이다.

조선혁명군사정치간부학교의 대표적 인물은 김원봉이다. 그는 당시 학교 교장이자 정치과목 교관으로 제1기 학생들에게는 철학을 가르쳤다. 제2기 학생들에게는 조선 정세를 가르쳤으며, 제3기 학생들에게는 조선혁명에 관한 훈화를 하였다. 당시 김원봉의 고향 친구이며, 의열단 시절부터 함께 길을 걸어온 이가 있다. 그는 조선의용대 정치 부장이자 최고의 이론가 윤세주이다. 윤세주 또한 정치과목 교관으로 학생들에게 철학, 중국혁명사, 조선운동사, 칸트철학 등을 가르쳤다. 김원봉과 윤세주는 교관임무를 제외하고도 졸업한 학생들에게 특별 공작임무를 부여하는 역할을 하였다고 한다.

조선혁명군사정치간부학교는 제1기 졸업생으로 시인이자 독립운동가인 이육사, 제2기 졸업생으로 음악가이자 독립운동가인 정율성을 배출하였다. 학교 설립은 1930년대 중국 국민당 정부와 의열단 간에 형성된 국제적 연대를 배경으로 하고 있다. 중국에서 활동하는 한국독립운동 진영 내에서 독자적인 활동 공간을 확충하고, 권위 구축 기여에 큰 역할을 했다. 조선혁명군사정치간부학교 운영 결과 축적된 인적 기반은 민족혁명당 결성으로 대변되는 중국 내 한국독립운동 재편성 과정에서 김원봉과 의열단의 입지를 강화시켜준 계기가 되었다고 한다.

사실 나는 아무리 남쪽 지역이라고 해도 겨울이라 눈이 조금은 쌓여있을 것이라 기대 하였지만, 내 눈앞에 보이는 풍경은 떨어진 낙엽과 가지만 앙상하게 남아있는 나무들이었다. 그 어느 겨울산과는 다르게 아주 처량해 보였다. 겨울은 겨울인지 볼에 스치는 바람은 여전히 차갑기만 했다. 우리는 산길을 따라 오르고 또 올랐다. 마을 뒷동산에 오르는 것처럼 '텐닝사'가 위치한 이 산 또한 그리 가파른 경사는 아니었지만, 오르는 길이 주변보다 비교적 움푹하게 파여 있어 생각만큼 쉽게 올라지지 않았다. 좌우의 흙을 짚어가며, 길가에 떨어진 단풍잎을 밟아가며, 앞길을 막고 있는 나뭇가지를 피해가며 올랐다.

나는 그저 조선혁명군사정치간부학교가 있었던 터인 '텐닝사'를 탐방하기 위해 이 길을 올랐다. 그러나 1930년대 조선혁명군사정치간부학교 학생들에게 이 길은 학교로 연결되어 있는 통로였을 것이고, 어느 누구에게도 노출되어서는 안 될 아주 중요한 길이었을 것이다. 조선인의 의열 활동이 거세지면 거세질수록, 일본 또한 첩보·정보활동이 치열하게 이루어졌기 때문이다. 이는 1930년 당시 기수별로 장소를 옮겨 다니며 교육활동을 하고, 학교를 운영하였다는 점을 통해 알 수 있었다. 조선혁명군사정치간부학교 학생들은 나라 잃은 설움 속에서, 독립을 위해 그 어떤 맹렬한 훈련과 활동도 받아들일 것을 다짐하며 이 길을 오르고 또 올라 학교로 갔을 것이다. 아니

톈닝사에 오르는 길에
잡초만 무성하다

어쩌면 그들은 묵묵히 타박타박 그곳으로 가야만 했을 것이다. 어느 누구의 강요도 아닌 자신이 선택한 길을 말이다.

당시 독립을 위해 할 수 있는 일은 여러 가지가 있었겠지만, 그 어느 것도 쉬운 일은 없었을 것이다. 그들은 오직 자신의 인생에 있어 자신이 할 수 있는 아주 중요한 길을 선택했을 것이다. 그 길은 자신의 목숨을 내놓고 적을 죽이기 위한 의열활동의 길이며, 굳은 의지와 신념으로 자신과의 끊임없는 싸움을 하기 위한 의롭고도 어려운 선택의 길이었을 것이다. 만약 당시 조선혁명군사정치간부학교가 평화시대의 안전한 장소로서, 지금 내가 걷고 있는 이 길이 난징유학 생활 중 방학을 맞아 각자의 고향을 향해 가족을 찾아 떠나는 길이었다면, 혹은 돌아오는 길이었다면 얼마나 좋았을까? 얼마나 기쁘고 행복했을까? 그랬다면 그들의 발걸음은 아주 가벼웠을 것이다.

오르막길을 지나 곧 평탄한 길이 나왔다. 주변의 나무들은 아주 곧게 위로 뻗어 자라고 있었다. 마치 조선혁명군사정치간부학교 학생들

● 희미해진 톈닝사 글씨

의 독립을 향한 의지와 투지를 보여주듯이 말이다.

발걸음을 조금 더 재촉하여 '톈닝사' 입구에 도착했을 때, 우린 한 때 대문을 지탱하고 있었을지도 모르는 돌덩어리를 발견했다. 돌덩어리 두 개는 약 1.5m 사이의 간격을 두고, 땅 속에 그 본 모습을 감추고 살짝 얼굴만 내밀고 있는 듯했다. 각 각의 돌덩이 바깥 쪽 좌측과 우측으로 수십 년은 되어 보이는 나무가 한 그루씩이 있었다. 나무의 이름은 알 수 없었다. 아래 쪽 잔가지는 모두 떨어져 나가고, 곧게 뻗어 올라가 있는 모습이 나이든 나무임을 이야기해주고 있을 뿐이다. 그 나무는 내가 안았을 때 마치 내가 아주 작은 매미 한 마리가 된 것처럼, 그 둘레가 아주 넓은 나무였다. 나이든 이 나무들은 분명 모든 것을 기억하고, 나이테 속에 지나온 세월을 고스란히 담고 있을 것이다. 1930년대 조선혁명군사정치간부학교 학생들의 삶을, 맹렬하게 훈련하는 그들의 모습을, 하루하루 고된 훈련 속에서도 자신과 끊임없이 싸워야 했을 그들의 꿋꿋한 의지와 투지를 말이다. 나이 든 나무는 때론 그들에게 따뜻한 엄마의 손길이 되기도 하고, 때론 그들에게 대화할 수 있는 친구가 되어주기도 했을 것이다. 그리고 이 나이든 나무는 스치는 인연이라 할지라도 그들과 함께 성장한 삶의 기억을 모두 간직하고 있을 것이다. 또한 그 옛날 조선혁명군사정치간부학교 학생들과 함께 묵묵히 조선의 독립을 염원하고 있었을 것이다.

 나이든 나무와 돌덩어리 두 개를 지나 바로 앞에 있는 계단을 오르면, ㄷ 자를 오른쪽으로 90도 돌린 모양으로 건물이 있었다. 그 중 바로 정면에 보이는 건물 오른편에 있는 입구 위에 '톈닝사'라고 쓰여 있었다. 우리는 그 옛날 조선혁명군사정치간부학교의 모습은 볼 수 없었다. 단지 우리는 이곳이 1930년 당시의 조선혁명군사정치간부학교의 터라는 사실을 인식하고, 그들이 학습하고 훈련하던 곳임을 상상해 볼 뿐이다. 그렇다고 지금의 '톈닝사'를 폐찰이라고 확언할 수가 없었다. 현재는 그 동네 사람들이 '톈닝사'라 쓰여진 건물에 부처를 모셔놓고 정성스럽게 향불을 피우고 있으며, 바로 옆 왼쪽 건물에는 다양한 신을 모셔놓고 향불을 피우며, 민간신앙생활을 하고 있는 듯 보였기 때문이다.

 지금은 고인이 되셨지만, 당시 의열단 단원이셨던 김승곤 할아버지의 증언을 통해 '톈닝사' 생활을 조금 더 자세히 상상하며 볼 수 있었다. 우선 의열단에 입단하려면 제일 먼저 주의해야 할 점이 본인의 성명, 진짜 성명을 말해선 안 되며, 학생 모두는 가명을 하나씩 가져야만 했다고 한다. 그리고 학생들은 서로 고향 이야기를 절대 해서는 안 된다고 한다. 그렇기 때문에 사람들 개개인의 성명이 매번 다르고, 또 서로의 고향이 어디인지 알 수 없었다고 한다. 약산 김원봉의 이름에서도 알 수 있듯이 김약산, 최림, 진국빈, 이충, 김세량,

왕세덕 등 다양한 가명을 사용했다. 당시 조선혁명군사정치간부학교 학생들은 함께 숙식을 하며, 무장투사가 되기 위한 고강도 훈련을 받았다고 한다. 또한 조선총독부 검사국 공안자료에 의하면 학생들은 새벽 5시 30분에 하루 활동을 시작하여 저녁 9시까지 통신, 선전, 폭동, 연락, 암살, 집합, 폭탄제조 및 투척, 피신, 변장, 철도 폭파 등 각종 비밀 공작법을 배웠다고 했다. 또한 오전에 학과 2시간, 실기 2시간, 오후 학과 2시간, 실기 2시간 수업을 하며, 사상교육은 물론 실질적 군사훈련까지 병행했다고 했다.

그들의 주된 목적은 일본과 만주 요인 암살, 중요기관 파괴, 장래의 혁명조직 준비공작, 반일단체와 협력 일본제국 타도, 위조지폐 남발을 통한 만주국 경제교란이었다고 했다.

조선총독부 검사국 공안자료와 조금은 차이가 있는 故 김승곤 할아버지 증언에 따르면 제일 먼저 학생들은 야외연습을 했다고 한다. 그것이 바로 전장 연습이다. 전장 연습을 많이 하는 이유는 전장 경험이 있어야 전장을 잘하기 때문이다. 그렇게 3개월이 지나고 나면, 학생들은 아침식사 후 강당에 가서 잠시 정치 토론을 하고, 오후에는 날이 어두울 때까지 야외연습을 했다고 했다. 그들에게 이러한 생활은 말로 표현할 수 없을 정도로 고단한 생활이었을 것이 분명하다. 육군사관학교에서 4년 배울 과정을 이곳 조선혁명군사정치간부학교에서는 6개월 동안 다 가르치고 있었으니 말이다. 조선혁명군사정치간부학교에서의 생활은 무장투쟁을 통해 일제로부터 독립을 쟁취하기 위한 무장투사를 양성하는 아주 고강도의 훈련학교였던 것이다. 그러나 당시 학생들은 철저한 애국심으로 하나가 되어 고된 훈련에도 성실히 임했으며, 불평하는 사람 한 명 없었다고 한다.

　나는 내가 당시 의열단 단원이 되어 있음을 상상해본다. 본인의 이름을 사용할 수 없고, 고향 이야기를 해서도 안 되며, 오직 훈련에만 집중해야 하는 그 곳으로 떠나본다. 일제를 타도하기 위해서라면 의열단에게 있어 개인의 희생은 아주 값진 것이라 되새기며, 고된 훈련을 감당하는 모습을 떠올려본다. 일제 지배 아래 있는 모든 시간들은 흘러가도 흐르지 않은 만 못한 비통함으로 가득 찬 시간이었을 것이다. 마음으로는 일제의 잔학한 탄압을 막고, 독립을 향하여 앞장설 수 있다면 열 목숨 다 희생해도 아깝지 않다 여겼을 것이다. 나는 질문해본다. 그곳에서 그들이 그토록 꿈꾸고 희망하는 조선의 모습은 어떠하였을까? 고

🍋 폐허가 된 텐닝사

향에 남아 자식 걱정에 하루하루가 편안할 날이 없는 부모님과 형제를 그리는 날이면 어김없이 흐르는 눈물을 감출 수가 없었을 것이다. 봄, 여름, 가을, 겨울 계절의 바뀜에 따라 그들의 심리 변화는 어느 누구에게도 말할 수 없는 고통으로 한쪽 가슴 깊은 곳에 남겨져 있었을 것이다. 독립이라는 한 가지 목표만을 위해 무장투쟁교육을 받고 있는 그들에게 그리움을 논한다는 것은 어찌 보면 사치에 불과한 일이었

을지도 모르겠지만, 그들도 사람이었을 것이다. 그리움을 느끼고, 자연의 소리에 귀 기울이고, 변화에 반응 할 수 있는 우리와 같은 사람이었을 것이다.

어떤 이는 새벽녘 풀잎에 맺힌 이슬과 함께 하루를 시작하며, 어떤 이는 학습과 훈련에 너무 집중한 나머지 자연의 흐름을 보지 못했을지도 모른다. 봄이 되면 등걸에서 초록색 새싹이 돋고, 각각의 꽃 봉우리에선 너나 할 것 없이 자신의 아름다운 꽃을 피어내고, 상큼한 풀 내음과 달콤한 꽃내음이 숲 속을 가득 채웠을 것이다.

어떤 이는 이를 보며 아무리 혹독한 추위라도 이를 이겨내고, 따뜻한 봄날 새싹을 피워내는 자연의 섭리처럼 당시의 그 어떤 고된 학습과 훈련에도 견뎌낼 수 있는 희망을 보았을 것이다. 그리고 머지않아 모든 이가 나라 잃은 서러움에서 벗어나 독립을 쟁취할 수 있는 날이 다가올 것이라 믿어 의심치 않았을 것이다. 또 어떤 이는 고향 땅 그곳에 아지랑이가 피어오르고, 소가 밭을 갈며, 한해 농사를 준비하느라 분주할 가족들을 생각하며, 함께하지 못한다는 안타까움과 그리움 속에서 하루하루 마음을 다독였는지도 모르겠다.

언제, 어디서, 어떻게 생사가 결정될지 모르는 의열투쟁의 길에 서있는 그들에게는 만감이 교차하였을 것이다. 그리고 무엇보다 살을 파고드는 듯 한 겨울 추위는 조선혁명군사정치간부학교 학생 모두에게 피부보다 먼저 가슴으로 느끼고 있었을 것이다. 그 추위는 피부에 닿는 추위와 달리, 옷으로 감싸고 또 감싸고, 방에 들어가 앉아 있어도 가시지 않는 추위였을 것이다.

그들은 항일 투쟁, 독립을 위한 정신무장을 하고 있지만 그들의 몸도 마음도 가족을 향한 포근한 고향의 그리움으로 가슴속의 추위가 속삭이는 말이었을 것이다.

나는 그들과 함께 읊어본다. 그들의 혼이 담겼을 시 한편을 읊어본다. 독립 운동가이자 시인인 이육사의 '절정'을 힘내어 읊어본다.

매운 계절의 채찍에 갈겨, 마침내 북방으로 휩쓸려오다.
하늘도 그만 지쳐 끝난 고원, 서릿발 칼날진 그 위에 서다.
어데다 무릎을 꿇어야 하나, 한 발 재겨 디딜 곳 조차 없다.
이러매 눈감아 생각해 볼밖에, 겨울은 강철로 된 무지갠가 보다.

톈닝사 외부와 내부 모습.
최근까지 향을 피운 흔적이 있다

2013 석정의 길

'나의 길 – 나의 발걸음', 첫걸음은 가벼운 발걸음, 배움에 대한 갈망으로 사람들이 존재한다고 믿고 있는 산재해 있는 역사적 장소를 따라 길을 나섰다. 그리고 종종걸음으로 역사적 사실을 알아가고자 하는 욕망과 그 사실을 알리고자 하는 열정이었다. 2013년 1월 4일~10일 '석정의 길' 인- 상하이 _{대한민국 임시정부청사, 홍커우 공원} - 자싱_{김구 선생 피난처} - 난징_{조선혁명군사정치간부학교, 난징대학교, 난징대학살박물관} - 우한_{조선의용대 창립지, 공연장, 허베이성 총공회} - 서현_{쾅즈링 계곡, 상우촌, 마톈, 윈터우디촌, 스먼촌, 중위안촌, 난좡촌} - 한단_{진지루이 열사능원} - 스자좡_{일본군 포로수용소} - 베이징_{구 일본헌병대 베이징본대 형무소, 바바오산 혁명열사능원}을 통해 나는 다시 한 번 선열들의 발자취를 따라 걷고 또 걸었다. 아주 무겁고 차분한 발걸음으로 말이다. 그리고 조용히 나 자신에게 물어봤다. '나의 길'을 찾았는지를… 나는 왜 선열들의 발자취를 따라 걷고자 하는 것이며, 내게 있어 그들의 발자취는 무엇을 의미하는지를… 그리고 나는 답한다. '나의 길'의 의미를 찾았다고 답한다. 그리고 나는 사고思考한다.

과거에 이미 해석된 역사를 다시 의심해 보는 일에서 출발하는 것이 지금 우리가 역사를 학습하는 과정이다. 그러나 사회주의 계열의 역사는 과거에 이미 해석이 어떻게 되었든 간에 다시 의심해 볼 여지가 없었다. 분단된 역사의 아픔이라고 하기엔 너무나 미화된 표현이 아닌가 싶다. 지금 우리에게 알려지지 않은 역사를, 접할 수 없었던 역사를 알아가는 일이 더 우선시 되어야 하지 않을까… 묻고, 또 묻는다. 어떤 학자는 역사는 쉬지 않고 변한다고 한다. 그러나 한 번 내려진 역사학의 해석을 우리는 그대로 믿고 있는 경우가 적지 않다. 동일한 역사적 사실을 두고 같은 시대의 학자들 사이에서도 해석을 달리하는 경우가 있을 수 있고, 시대를 달리하는 경우 또한 발생하기 때문이다. 그러나 우리가 가장 중요하게 여겨야 할 점은, 하나의 사실을 두고 서로 다른 해석이 많으면 많을수록 그 역사의 중요성이 높은 것이 아닐까 하는 것이다. 아무리 우리가 분단된 역사의 아픔을 갖고 살아간다 하지만, 그 역사를 드러내지 않는 이유는 분명 존재한다고 생각한다. 그리고 역사적 해석 또한 달리 되고 있다면, 그 사실은 역사적으로 아주 중요함을 의미하고 있다고 생각한다. 바라보는 사람의 입장에 따라 같은 사실이라도 평가를 다르게 내릴 수 있는 것이 역사이다. 그러나 슬프게도 우리는 존재했던 사실 그 자체를 제대로 알기도 전에 이미 상당 부분은 왜곡되게 학습하였거나 아예 배울 기회조차 없었다는 것이다.

나는 아주 무겁고 차분한 발걸음을 한 걸음 한 걸음 옮기면서 스스로에게 답한다. '나의 길'은 역사적 사실을 학습하고, 다양한 각도에서 역사적 사실을 바라보며, 많은 이들과 공유하고 소통할 수 있도록 노력해야 한다. 나는 소망한다. 나의 길 끝에는 한 사람 한 사람의 노력이 모여 우리 후대에는 우리와 같이 배울 기회조차 없는 현실에 당면하지 않고, 사실 그대로의 역사를 접할 수 있는 세상이 오길 바란다. 그리고 분단된 현실 속에서 서로 다른 이념적 대립으로 꽁꽁 묶인 38선을 한 가닥 한 가닥 풀어갈 수 있는 날이 오길 바라며 묵묵히 '나의 길'을 걸어가는 것이다.

으로

　우리 모두는 지금 각자의 위치로 돌아와 자신의 삶에 충실히 살아가고 있을 것이다. 그러나 나는 이 글을 쓰는 이 순간에도 역사탐방의 여운에서 벗어나질 못하고 있다. 지금 나의 마음은 아주 천천히 한 걸음 한 걸음 그들의 발자취를 따라 여전히 걸어가고 있다. 나는 현재 사람으로 그들과 다른 시간 속에 존재한다. 그렇기 때문에 그들의 삶을 모두 이해하고 느낄 수 없겠지만, 그들의 눈빛과 표정을 떠올리며 독립을 향한 간절함을 가슴속 깊이 새기고 또 새겨본다. 역사탐방 기간 동안 간접적으로나마 경험했던 그들의 발자취 속에서 슬픔의 눈물과 분노의 눈물, 그리고 반성의 눈물을 뚝뚝 떨어뜨린다. 독립 운동가이자 시인인 이육사가 당시의 마음을 시로 표현하였듯이, 지금 나는 하얀 도화지 한 장을 용기 있게 꺼내 들어 그림을 그려본다. 그러나 어느 순간 내가 그리고 있는 도화지의 바탕색은 순백색의 하얀색이 아니다. 아주 검고, 아주 붉고, 회색 빛 잿더미가 가득한 색으로 물들어 있었다. 마치 비통하고, 한 맺힌 우리 민족의 지난 날을 고스란히 보여주듯이 말이다. 난 그곳에 한줄기의 희망이라도 그려 놓고자 밝은 색을 칠하고 또 칠하지만, 아무리 밝은 색을 칠하고 덧칠한들 이미 검게 물든 도화지는 더욱더 어둡고 어둡게 그 어두움이 진하게 물들어가기만 한다. 지난 날 우리 민족의 뼈아픈 고통의 역사는 아무리 지우려 해도 지울 수 없는, 그저 가슴 아픈 기억인가보다. 치유할 수 없는 아픔이기에 더욱더 애통한 눈물이 뚝뚝 떨어진다. 나는 손등으로 눈

물을 닦으며 과감히 새로운 순백색 하얀 도화지를 꺼내본다. 지난 날 역사의 애통함을 가슴에 묻고, 우리가 꼭 기억해야 할 역사를, 잊혀가고 있는 역사를 하나 둘씩 그려나간다. 지금 내게는 그 옛날 독립운동가와 같이 칼과 총을 들고, 폭탄을 투척하며, 조선 독립을 위해 싸울 수 있는 용기는 없다. 있다고 말한다면 그건 거짓말일 것이다. 그러나 지금 내게는 그들과는 또 다른 의지와 투지가 있다. 강물이 흐르듯 현재 또한 흐르고 있는 역사 현장 속에서 지금 내가 할 수 있는 일은 역사를 학습하고, 올바른 역사를 알아가기 위해 노력하며, 많은 이와 함께 공유하고 소통하는 것이다. 그리고 우리는 반드시 기억해야 한다. 태극기 휘날릴 날을 위해, 혼을 바쳐 사투하던 선열들이 꿈꾸었을 조선의 모습을… 그리고 우리는 명심해야 한다. 청산되지 못한 과거로 인해 우리가 꿈꾸고 있는 대한민국의 모습은 안녕한지를… 그리고 나는 '최후의 결전'을 목청 터져라 불러보며, 이 글을 마무리 하려고 한다.

"최후의 결전을 맞으러 가자. 생사적 운명의 판갈이로 / 나가자 나가자 굳게 뭉치어 원수를 소탕하러 나가자 / 총칼을 메고 혈전의 길로 / 다 앞으로 동지들아 독립의 깃발은 우리 앞에 날린다. 다 앞으로 동지들아"

난징대학살기념관

홍은정

　난징대학살기념관은 난징 장둥먼가(江東門街) 418호에 있다. 이곳은 일본군이 중국인들을 대상으로 대학살을 감행하고 시체를 매장한 만인갱(萬人坑)이 있던 자리다. 기념관은 1985년 8월 15일 개관되었으며, 1994~1995년, 2005~2007년 두 차례에 걸쳐 확장·보수되었다. 기념관의 총 면적은 7만 4천 평방미터이며 건축물 면적만 2만 5천 평방미터에 이른다. 2007년 12월 13일 난징대학살 70주년 기념을 맞아 확대 개관하였으며 대학살 유적과 박물관이 결합된 형태로 이루어져있다. 전국애국주의 교육기지이자, 전국문물보호단위로 지정되어 있다.

역사의 현장…난징대학살기념관에 가다!

중국 난징이라 하면 사람들은 무엇을 떠올릴까? 찬란했던 중국의 고도(古都)인 난징을 떠올리는 이도 있을 것이고, 난징의 무더운 여름 날씨를 잊지 못하는 사람도 있을 것이다. 어떤 이들은 중국식 민주의 실험장인 난징을 떠올릴 것이다. 한편으로는 가장 먼저 난징대학살을 기억하는 사람이 적지 않을 것이다. 이는 불과 수십 년 전에 일어났던 비참했던 역사를 또렷이 기억하고 있는 난징의 이미지 때문이다.

이미 전쟁이 지나친 지 시간이 제법 지난 곳이지만 아직도 그 과거를 잊지 않고 기억하는 도시 난징. 중국 현대사에 있어서 난징이 갖는 의미는 대단히 크다. 그리고 그 기억의 중심엔 난징대학살 기념관이 자리하고 있다.

독립운동을 테마로 한 이번 역사탐방의 세 번째 목적지는 장쑤성의 성도인 난징이다. 첫째 날은 자싱의 김구 선생 피난처를 둘러보았고, 둘째 날은 상하이의 임시정부 청사와 훙커우공원(윤봉길 열사)을 둘러본 탐방단은 우리 독립운동의 역사에서 잠시나마 중국의 역사로 눈을 돌려보기로 하였다.

따라서 셋째 날 우리는 난징지역에서 빼놓을 수 없는 역사기록의 현장인 난징대학살 기념관을 둘러보기 위해 길을 나섰다. 중국 난징은 전쟁이 남긴 흔적들을 어떻게 기록하고 기억하고 있을까?

● 난징대학살기념관 입구

아시아의 홀로코스트…난징대학살

　우리는 알게 모르게 난징대학살에 대한 이야기를 직간접적으로 접했다. 고등학교 시절 교과서에 잠시 언급된 적이 있을 터이고, 난징대학살을 주제로 한 책이나 영화·다큐 등도 흔치 않게 접할 수 있다. 최근에도 난징대학살에 대한 논의가 언론지상을 통해 이따금 소개되기도 한다. 또 필자처럼 중국에서 유학하거나 생활을 해 본 사람이라면 중국인들이 난징대학살 이야기에 목청을 높이는 광경을 한 번쯤은 경험해 보았을 것이다.
　중·일전쟁을 배경으로 일어난 난징대학살은 난징을 점령한 일본군이 6주간 중국인을 학살한 사건을 말한다. 중국 만주에서 전세를 이어가던 일본군은 산둥성 지난을 거쳐 마침내 난징으로 진입하게 된다. 이곳에서 약 30만 명에 달하는 중국인이 무차별 살해당했다.

전후 극동 군사재판에 제출된 자료에 따르면, 2개의 자선단체가 난징에서 매장한 유기 시체만도 15만 5337구_{그중 어린이가 859구, 부녀자가 2,127구}였고, 그밖에 양쯔강에도 대량의 시체가 버려졌다. 당시 일본군은 기총에 의한 무차별 사격과 생매장, 또 휘발유를 뿌려서 불태워 죽이는 등 여러 잔학한 방법으로 중국인을 살해했다. 또한 부녀자에 대한 강간과 약탈·방화 등을 자행했다. 당시 피해는 중국인에게만 미친 것이 아니었다. 난징에 있던 미국·영국·독일 등의 외교관 저택에도, 또한 중국인 피난민을 구조하였다는 이유로 미국인이 경영하는 병원·학교·교회 등도 약탈당했다.

1937년 12월 13일 일본군이 난징에 진입하면서 시작된 난징대학살은 1938년 봄에야 종결됐다. 1945년 일본이 패망하면서 난징대학살에 대한 재판, 즉 난징전범재판이 열렸다. 당시 재판에서 천 명이 넘는 중국인들이 이에 대한 증언을 했다. 재판이 계속되면서 일본군이 감추었던 증거들이 속속 공개되었다. 전쟁이 끝난 이후에도 난징대학살은 생존 중국인 뿐 아니라 난징에 거주했던 외국인이 쓴 일기, 언론보도 등을 통해서 새로운 사실이 밝혀지고 있다.

오늘날 중국에서는 중·일전쟁 가운데 일어난 이 참혹한 사건을 난징대살_{南京大屠殺}이라 부른다. 혹자는 이를 아시아의 홀로코스트라고 부르기도 한다.

난징대학살 현장 복원

⑲ 37년 12월 난징, 그 참혹했던 6주 간의 기억 속으로…

　탐방단이 난징대학살 기념관을 찾은 것은 2012년 1월 7일 토요일 한적한 오후였다. 주말임에도 불구하고, 기념관을 찾은 중국인들이 제법 되었다. 기념관 입장은 무료였다. 이는 중국 정부가 난징대학살을 잊지 않고 더 많은 사람들로 하여금 이를 기억하게 위함이 아닐까 생각했다. 1937년 12월 난징에 벌어진 참혹했던 6주 간의 기억은 과연 어떤 모습으로 남아 있을까? 여러 궁금증과 함께 긴장감을 안고 기념관으로 향했다.

　난징대학살 기념관 입구에 들어서니 광장에 설치된 조각상들이 한 눈에 들어온다. 기념관 내부로 들어가기 전에 당시 난징대학살이 어떠했는지를 조각상을 통해 미리 보여주는 듯했다.

　죽은 아이를 안고 오열하는 한 여인을 표현한 큰 조각상이 가장 먼저 눈에 들어왔다. 그 옆에는 엄마가 죽은 줄 모르고 여전히 젖을 물고 있는 어린 아이를 묘사한 조각상도 있었다. 전쟁의 의미가 무엇인지도 모를 나이의 어린 여자 아이가 어깻죽지에 총상을 입은 모습의 조각상은 안타깝기 그지없었다. 또한 죽은 이를 등에 업은 채 어디론가 이동하는 성인 남자의 모습을 포착한 조각상에서는 왠지 모를 비장함이 느껴진다. 학살 당시 처참하게 희생당한 이들과 남겨진 이들을 조형물의 형식을 빌려 표현하고 있는 것이다. 난징대학살 당시 희생된 시체들은 양쯔강에 버려졌다고 하는데, 조각상을 물 위에 설치해 난징대학살의 희생을 더욱 절묘하게 묘사했다.

　조각상을 둘러본 후 기념관 내부로 발길을 돌렸다. 기념관 내부 입구 한 쪽엔 희생자 30만 명 우난자_{遇難者 300,000}를 알리는 숫자가 관람객이 쉽게 볼 수 있도록 크게 새겨져 있다. 난징대학살을 통해 희생된 이들이 30만 명임을 알게 해주는 표시물이다. 30만이라는 숫자는 기념관 입구뿐 아니라 기념관 내부의 곳곳에 새겨져 있다. 기념관을 찾는 이들에게 난징대학살의 희생자 30만 명을 잊지 말라고 당부하는 듯했다. 실제로 많은 이들이 난징대학살하면 30만이라는 숫자를 자연스럽게 떠올린다. 2차 세계대전 당시 난징대학살 외에도 수많은 민간인 사상이 있었는데, 중국인들이나 심지어 우리와 같은 외국인들도 왜 난징대학살을 유독 잊지 않고 기억하는 것일까? 영국은 드레스덴 공습에서 하룻밤에 22만 5천명, 미국의 도쿄공습_{8~12만 추산}과 2차례의 원폭 투하로 전쟁과 직접적인 관계가 없는 수많은 사람들이 목숨을 잃었다. 하지만 6주 동안 30만 명에 이르는 사망자를 기록한 난징대학살이 우리에게 더욱 강렬한 이미지를 주는 것, 그리고 아직까지도 난징대학살에 대한 논의가 계속되는 이유는 단순한 숫자상의 문제는 아닌 듯하다. 무엇보다 난징대학살의 진행 과정이 매우 잔혹했다는 점, 또 이를

둘러싼 증거들이 속속 드러남에도 불구하고 일본의 태도와 대응은 매우 소극적이었다는 점은 2차 세계대전 당시의 수많은 민간인 사상자를 앗아간 다른 사건과 확실히 구별되는 점이다. 이러한 복잡한 전후 사정 속에서 30만이라는 숫자가 더욱 상징적으로 다가오는 것이고, 난징대학살이 더욱 많은 이들로 하여금 기억되는 것은 아닐까 추측한다.

기념관 안으로 들어가자 수많은 사진과 사료, 문물, 조형물, 영상자료 등이 차례로 눈에 들어왔다. 생각했던 것보다 훨씬 많은 사진과 자료에 놀랐다. 한편으로는 역사적 사료가 얼마나 중요한지 깨닫게 되는 순간이었다. 일본 측이 난징대학살을 축소하거나 은폐하려고 해도 이렇게 많은 역사적 자료와 증거들 속에서는 속수무책일 듯 싶다.

사료 진열실을 둘러보는 동안 일본군이 난징에서 저질렀던 만행을 직접 눈으로 마주하면서 마치 대학살이 이루어진 현장에 직접 있는 듯한 착각이 들었다. 특히 나의 이목을 끈 자료는 100인 참수사건을 다룬 사진과 신문기사이다. 100인 참수 사건이란 당시 일본군이 중국인을 상대로 100명의 목베기 시합을 벌인 사건을 말한다. 무카이 도시야키와 노다 다케시의 두 일본 군인은 누가 먼저 중국인 100명의 목을 벨 수 있는가 시합을 벌였다고 한다. 당시 사건의 전모는 일본의 한 신문을 통해 '무카이 106, 노다 105 · 목표를 이미 넘어선 중국인 100명 목베기 시합을 계속하고 있는 두 병사'란 제목으로 세상에 알려졌다. 결국 이 두 명의 일본군은 1948년 기사의 증거로 인해 난징 양화대에서 중국 측에 의해 총살당했다고 기록하고 있다.

여성인 필자에게 난징대학살 기념관에서 가장 충격으로 다가온 자료들은 일본군들에게 집단윤간이나 강간을 당한 후 발가벗겨진 채로 버려진 중국인 여성들의 모습들이었다. 이들은 일본군에겐 한낱 노리개에 지나지 않는 듯했다. 또 전쟁이 왜 일어났는지 영문도 모른 채 죽어간 어린아이들과 부모를 잃고 공포와 외로움에 벌벌 떨고 있는 아이들의 모습도 잊을 수 없는 장면들이다. 전쟁은 비단 남성만의 싸움으로 끝나는 것이 아니라 약한 여성과 아이들을 향해서도 무참히 진행되는 것이었다. 기념관의 사료를 보다 보면 전쟁을 통해 나타나는 폭력성을 평범한 일상의 언어로 표현하기는 힘들 것 같다.

당시 전쟁의 난리 속에서 난징의 중국인을 돕고자 한 외국인들에 관한 자료도 매우 인상 깊었다. 대표적으로 독일인이었던 욘 라베는 당시 난징에 있던 다른 외국인들과 힘을 합쳐 '국제위원회'를 조직하고 자신의 자택과 대사관 부지를 중심으로 '난징 안전지대'를 설치해 중국인들을 보호하고자 노력하였다. 하지만 이런 노력도 사후 약방문에 불과했다. 난징대학살의 진행과정에 소수의 중국인에게는 도움이 되었겠지만 무서운 속도로 진행되는 전쟁을 막기에는 역부족이었다. 하지만 전쟁 속에서도 평화를 갈구하는 이들의 노력의 가치는 되짚어 볼 필요가 있다.

사진과 사료 외에도 기념관 곳곳에 설치된 문물, 조형물 그리고 영상자료 등도 난징대학살의 기억을 안고 있는 빼놓을 수 없는 소중한 자료들이다. 특히 난징대학살 사건을 통해 어렵게 생명을 건진 사람들의 증언과 외국인사 인터뷰 등이 영상화되어 관람객들에게 당시의 상황을 현실감 있게 전달해주고 있다.

사료 진열실을 둘러본 후에 향한 곳은 유골 진열실이었다. 외형이 관처럼 생긴 진열실에는 실제 1985년 만인갱萬人坑에서 찾아낸 사상자들의 유골이 땅에 묻힌 채로 전시되어 있다. 1985년 이후에도 만인갱에서는 208구의 유해가 추가로 발견되었다고 한다.

중국 사람들은 기념관의 수많은 자료를 보고 어떤 생각을 하며 어떤 감정을 갖게 될까? 한국 사람들이 독립기념관에서 일제가 저질렀던 만행을 보고 느끼는 가슴 미어질 듯한 감정…. 국적을 떠나서 전쟁이 수반하는 잔혹함을 머리가 아닌 가슴으로 느낄 수 있는 것도 이곳을 찾는 사람들이 공통으로 느끼는 공포일 것이다. 사료 진열실을 둘러보며 일제가 저질렀던 만행과 그 앞에서 희생된 중국인들에 관한 자료를 보는 동안 함께 탐방하는 일행들 모두는 숨을 죽였다.

유골 진열실을 나온 후에 제전에서 간단히 참배를 한 후 출구 쪽으로 향했다. 출구로 나가기 전에 이곳을 찾은 관람객들은 '평화의 탑'과 마주하게 된다. 한 여성이 아이를 안고 다른 한 손 위에 평화의 상징인 비둘기가 앉아있는 형태의 석상이다. 석상 표면에는 한자로 和平_{화평: 평화의 의미}이 크게 새겨져 있다.

난징대학살 기념관을 둘러 본 이들은 이 땅에 더 이상 전쟁이 있어서는 안 된다는 생각을 하며, 동시에 자연스럽게 평화라는 단어를 떠올린다. 난징대학살 당시 중국인들이 그토록 갈구했고, 또 현재를 살아가는 우리가 목말라하는 것은 거창한 문구가 아닌, 실천으로서의 '평화' 라는 두 글자였을 것이다. 미국 뉴욕의 자유의 여신상이 모든 이들에게 자유를 갈구하는 상징물로 비춰진다면, 중국 난징대학살 기념관의 평화의 탑은 인류에게 무엇보다 필요한 것은 바로 '평화'를 알리는 상징물이다.

중국인들의 평화와 용서에 대한 열망을 평화의 동상에 담았다.

난징대학살이 남긴 과제들…

중국계 미국인인 아이리스 장은 1997년 『난징대학살』이라는 책을 저술했다. 이 책에서는 1937년 12월 중·일전쟁 당시 난징에서 일본군이 벌였던 6주 간의 끔찍한 학살과 강간 등의 잔혹상을 고발한다. 저자가 이 책을 통해 궁극적으로 알리고자 한 것은 난징대학살에 관한 6주간의 단순한 기록만은 아니었다. 역사기록의 차원을 넘어, 일본이 난징에서 저질렀던 범죄에 대해 충분히 사과하지 않았음을 알리고자 한 것이다. 아이리스 장은 책의 서문에서 다음과 같이 밝혔다.

"내가 가장 바라는 것은, 이 책이 다른 많은 역사가와 작가를 자극해 난징 생존자들의 이야기를 다시 조사하도록 만드는 것이다. 그래서 매년 그 수가 줄어들어 언젠가 영원히 사라져버릴, 과거를 기억하는 생존자들의 이야기가 영원히 역사에 남게 되는 것이다. 내가 더욱 간절히 바라는 것은, 이 책이 일본의 양심을 자극해 일본이 자신들의 책임을 받아들이는 것이다."

아이리스 장의 이야기에서 우리는 중국과 일본 사이의 난징대학살은 아직 해결되지 않은 현재진행형의, 청산해야 할 역사적 과제임을 알 수 있다. 중국 정부는 매년 12월 13일에 난징대학살에서 희생당한 이들을 위한 추모식을 열고 있으며 생존자 증언 같은 자료 수집을 계속하고 있다. 반면 난징대학살을 바라보는 일본의 시각과 노력은 중국과 많은 차이가 난다. 난징대학살은 사실이 아니며 중국인이 꾸며낸 이야기일 뿐이라고 주장하는 일본인 인사가 있는가 하면, 난징대학살에 전시된 사진이 위증되었다고 주장하며 난징대학살이라는 사건을 전면적으로 부정하는 인사도 있다. 반면, 일부 양심적 지식인들은 1937년 12월에 난징에서 있었던 일본군의 만행을 고발하고 역사적 사죄가 필요하다고 말하고 있다. 하지만, 일본 정부와 사회는 전반적으로 난징대학살이 있었음을 인정하더라도 이것을 역사 청산의 과제로 본다거나 정부의 공식사과 문제로 보지는 않는다. 일본의 교과서에서는 난징대학살이 언급되지 않았거나, 언급되어 있더라도 '난징대학살'이 아닌 '난징사건'이라고 축소 표현되고 있다. 또한 난징대학살로 인해 희생된 사람들이 30만 명이라는 중국 정부의 공식 집계에 대해서도 이를 인정하지 않고 다양한 반론들이 제기되는 실정이다. 이처럼 난징대학살을 둘러싸고 서로 다른 입장과 태도 속에서 중국과 일본 사이의 진위 공방은 오늘날까지도 계속되고 있다. 전쟁은 끝났지만 그 역사의 기록은 여전히 미완의 해결책으로 후대가 안고 갈 역사적 과제가 된 셈이다.

    난징대학살 기념관 내 한쪽 벽에 '전사불망, 후사지사前事不忘, 後事之師'라는 문구가 새겨져 있다. 지난 일을 잊지 않으면 뒷일의 교훈이 된다는 뜻이다. 역사는 왜 기억해야 하고 그것은 어떤 의미를 가지는가? 그래서 현재를 살아가는 우리가 무엇을 해야 하는가? 기념관을 다녀간 이들에게 이러한 질문을 던지고 있는 것이다. 역사의 기억이 무엇을 의미하는지 곱씹어 볼 수 있었던 난징에서의 하루는 쉽게 잊지 못할 날이 되었다.

3부

화북지역 항일유적지 답사기

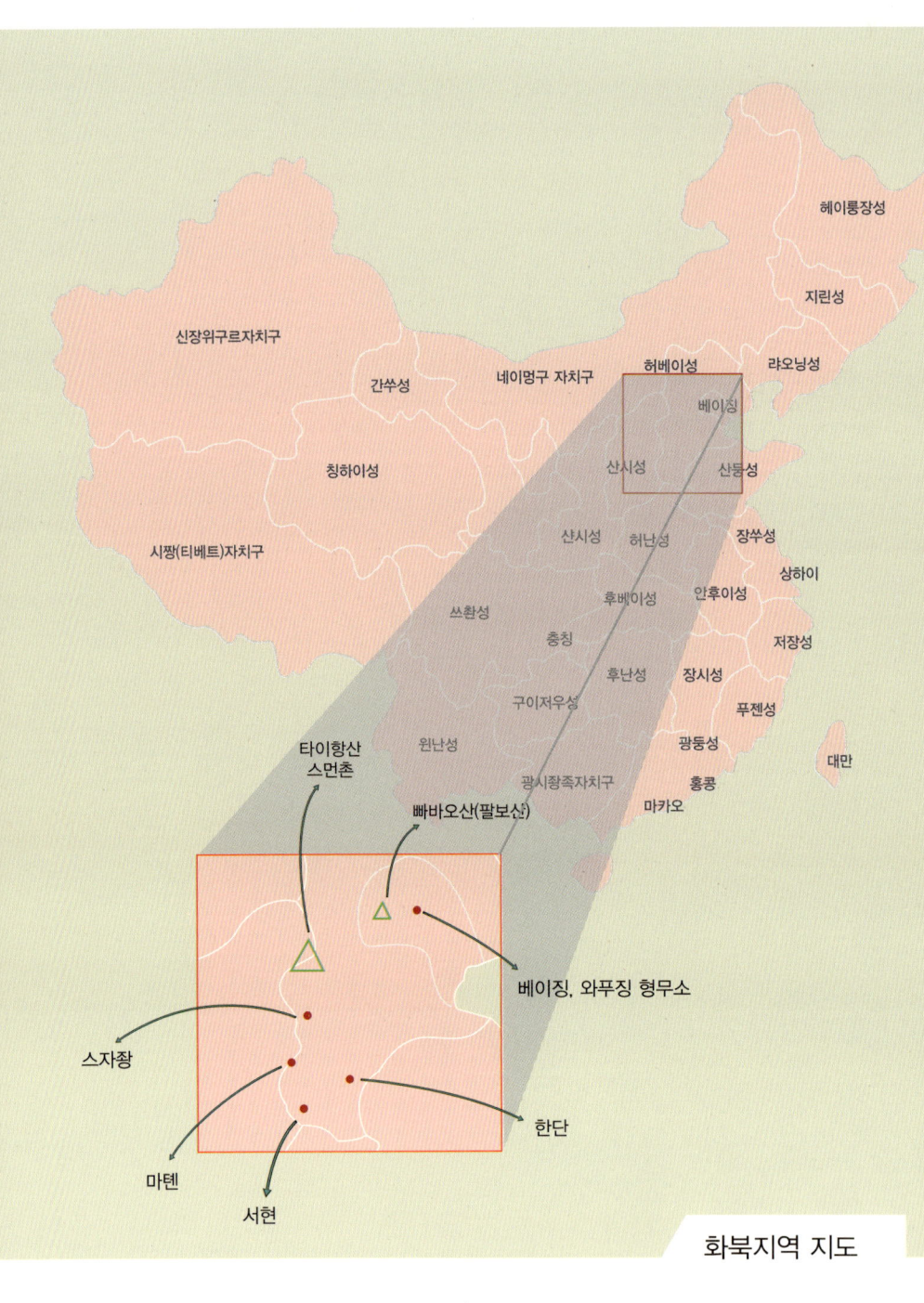

화북지역 지도

첫째날: 후자좡에서 황베이핑촌

김진선

    2010년 5월 어느 날 학교 도서관 앞에서 베이징대학 한국유학생 대학원 학생회에서 '역사탐방'을 간다는 얘기를 들었다. 구구절절 옳은 말이었다. 하지만 마음이 움직이지는 않았다. 역사탐방이 상당히 중요한 역사적 의미가 있는 일인 것 같았지만 그 후 기억의 저편으로 잊어버렸다. 그런데 꼭 2년 후인 2012년 5월 나는 학생회 회장으로서 열심히 두 번째 역사탐방을 준비했다. 조선의용대와 관련된 책과 자료를 찾아보고 탐방지역을 사전 답사하면서 아는 것은 늘어났지만 체계적으로 잘 정리되지도 않았고 가슴에서 진심으로 느껴지지도 않았다. 실제로 역사탐방을 다녀오고 또 관련 연구자, 전문가 등과 이야기를 나누면서 조금씩 내 스스로에게 질문했던 여러 의문들에 대한 답을 찾을 수 있었고 그러면서 내 마음속에서 역사의식이 싹트기 시작했다. 아직도 많은 의문들이 있다. 이번 역사탐방을 통해 답을 얻은 것도 있고 또 다른 의문이 생겨나기도 했다. 지금부터 그것에 관한 이야기를 하려고 한다.

    작년에 가족이 베이징으로 오기 전까지 나의 유학생활은 우다오커우_五道口_ 주변을 벗어나지 않았다. 우다오커우는 주변에 칭화대학_清華大學_, 위앤문화대학_語言文化大學_, 베이징대학_北京大學_ 등이 있어서 유학생들이 많이 거주하고 있고, 대형마트와 쇼핑센터 그리고 다양한 먹거리가 있어서 외국인들이 많이 모이는 곳이다. 그래도 단연 한국인이 제일 많다. 그

중에서도 우다오커우 전철역 옆에 있는 동위안빌딩東源大廈은 아주 유명한 만남의 장소이다. 6층 밖에 안 되는 건물이지만 지하에 클럽을 비롯해 1층에 KFC와 뚜레쥬르가 있고 각 층마다 포장마차, 사랑방, 탄탄대로 등 한국 음식점이 들어서 있다. 이들 음식점들은 한국인 뿐만 아니라 외국인과 중국인들도 자주 찾는 소문난 맛집이다. 그래서 우다오커우에서 만날 약속을 할 때면 특별히 장소가 정해져 있지 않는 한 동위안빌딩에서 보자고 한다. 나 역시 유학생활 동안 그 앞에서 많은 지인들과 만나고 헤어졌다.

첫 번째 역사탐방은 기차로 이동했기 때문에 베이징 역에서 만났지만 두 번째, 세 번째 모두 동위안빌딩 앞에 모여서 대형버스로 이동했다. 이번 역사탐방 역시 새벽에 그 곳에서 출발하기로 했다. 베이징대학 한국유학생 대학원 학생회가 주관하는 '한·중대학원생 항일유적지 역사탐방'은 올해로 네 번째다. 나는 제4대 학생회 회장으로 두 번째 역사탐방을 준비했었고, 이번에는 도우미 자격으로 역사탐방에 참가했다. 네 번째 역사탐방이기 때문에 예전보다는 준비하기 수월하지 않을까 생각했다. 하지만 그건 나의 착각이었다. 나는 도우미로서 옆에서 거들었을 뿐이지만 학생회 임원들은 마치 처음부터 새로 준비하는 것처럼 모든 부분에서 많은 시간과 노력을 들였다. 몇 번 해봤으니 기존에 했던 것을 바탕으로 적당히 하면 되겠지 하기는커녕 오히려 지난 역사탐방에서 나타났던 문제나 부족했던 부분들을 보완하고 보다 더 이상적인 역사탐방이 될 수 있도록 불철주야 매진했다. 그 결과 이번 역사탐방은 이전보다 하루 더 늘려 3박 4일로 정하고, 이전에 다녔던 대부분의 지역을 둘러보기로 했다.

7월 1일 새벽 짐을 챙겨 우다오커우로 향했다. 나는 제사상과 제사에 쓰일 음식을 준비하기로 했다. 고맙게도 아내가 늦은 밤까지 나물을 직접 볶고 생밤을 깎아 주었다. 혹시나 더운 날씨에 음식이 상할까 염려되어 가능하면 출발하기 전에 만들어야 한다며 재료만 먼저 준비해놓고 밤이 늦어서야 음식을 만들었다. 아내의 정성이 헛되지 않게 집을 나서기 직전에 미리 얼려두었던 생수와 함께 캐리어에 넣었다. 다행히 마지막 날까지 음식이 상하지 않았고 스먼촌石門村에서의 마지막 제사까지 무사히 지낼 수 있었다.

날짜에 관한 얘기를 좀 보태자면, 역사탐방은 날짜를 정하는 게 첫 번째 난관이라 할 수 있다. 6월 말에서 7월 초라고 대략적인 기간을 정하고는 있다. 하지만 이 시기가 학기말 시험과 졸업 시즌이고, 여름방학이 시작되어 일찍 귀국하는 유학생이 있다 보니 언제, 무슨 요일을 택하느냐는 매번 고민이었다. 이번 역사탐방에서도 예외는 아니었다. 그런데 제6대 학생회의 출범이 늦어지면서 선택이 폭이 별로 없었다. 그리고 한편으론 역사탐방의 의미를 생각했을 때 진정한 참가자라면 날짜가 큰 문제가 되지 않을 것이라는 믿음도 있었다. 선택의 폭이 좁아서인지 비교적 빨리 날짜를 정할 수 있었다.

첫 번째 역사탐방을 제외하고는 7월 1일이 마지막 날이었다. 이제까지 역사탐방 마지막 일정은 한단시邯鄲市에 있는 진지루위晋冀魯豫 열사능원에 모셔진 조선의용대 석정 윤세주 열사와 진광화 열사를 참배하는 것이었다. 이 열사능원은 중국 공산당에 의해 성립된 중화인민공화국이 최초로 조성한 국립묘지이다. 그만큼 중국 정부와 공산당에게 의미가 큰 곳이다. 7월 1일은 다름 아닌 중국 공산당이 성립된 날이다. 역사탐방의 주요 탐방 대상이 1940년 전후 화북지역을 중심으로 활동했던 중국 공산당 팔로군(八路軍)과 항일독립전쟁을 전개했던 조선의용대(조선의용군)이다. 그러므로 한·중 대학원생 항일유적지 역사탐방에서 중국 공산당과 관계 깊은 날짜를 고려하는 것은 어쩌면 당연한 일이다. 공교롭게도 이번에는 마지막 날이 아니라 탐방을 시작하는 날이 되었다.

역사탐방 이야기를 본격적으로 시작하기 전에 전해야 할 중요한 사항이 하나 있다. 바로 참가자들에 대한 것이다. 이번 역사탐방에는 그동안 역사탐방이 원활하게 진행될 수 있도록 지속적으로 후원해주고 있는 (사)석정 윤세주열사 기념사업회에서 이철환 과장님이 직접 오셨다. 기념사업회에서 직접 진행하는 역사기행을 통해 베이징에서 만난 적은 있지만 우리 역사탐방에 함께 하는 건 처음이다. 그동안 역사탐방에 관한 내용은 간접적으로 전할 수밖에 없었지만 이번에는 현장에서 직접 보고 느낄 수 있게 되었다. 탐방을 준비하는 입장에서는 잘 하고 있나 보러온 것처럼 조금은 부담스러울 수도 있다. 하지만 이철환 과장님이 자기 소개에서 단순히 역사적 지식만 가지고 기념사업회 일을 하는 것이 아니라 가슴으로 일을 한다는 말을 듣고는 그런 생각은 사라졌다. 왜냐하면 역사탐방을 준비하면서 학생회 임원들 역시 역사에 대해 모두 다 잘 알고 있는 것은 아니었다. 오히려 탐방을 준비하면서 하나씩 알고 배워간다고 해야 맞을 것이다. 하지만 열정이 가득했고 뜨거운 가슴으로 역사탐방을 준비했다. 그러니 가슴으로 느끼고 소통하면 되기 때문이다.

또 한 분, 이번 역사탐방 참가자 중 가장 먼 미국에서 오신 의열단 약산장학회 김태영 회장님. 약산 김원봉 선생의 조카이다. 약산이 1948

년 백범 김구 선생 등과 평양으로 갔다가 월북하면서 가족들은 대부분 억울한 죽음을 당했다. 김태영 회장님은 젊은 시절 도저히 한국에서 살 수가 없어서 미국으로 건너갔다. 당시 김태영 회장님은 비자발급이 안 되었는데, 대통령에게 직접 편지를 보내서 결국 비자를 받고 미국으로 갈 수 있었다고 한다. 이번 역사탐방에 재정적인 후원 뿐만 아니라 직접 참가한다는 소식에 임원들이 살짝 긴장도 했지만 그보다 유족이 함께 역사탐방을 간다는 사실에 흥분되고 기대가 컸다. 역사탐방 3일째 조선의용대가 화북지역으로 이동하고 나서 처음 주둔했던 상우촌上武村 홍푸사弘福寺 뒤 야산에 있는 무명열사의 묘에서 제를 지냈다. 김태영 회장님이 대표로 술을 올리고 절을 했다. 이철환 과장님이 묘 앞에 선 김태영 회장님을 보면서 "약산 김원봉 대장을 얼마나 기다렸겠습니까?"라고 말했다. 당시 조선의용대 대장 약산은 충칭重慶에 있었고, 주력 부대는 북상해서 화북지역에서 무장투쟁을 벌이고 있었다. 약산은 계속 충칭에 머물다가 해방 후 한국으로 들어갔기 때문에 화북지역에서 전사한 의용대 대원들을 다시 볼 수 없었다. 탐방 일행들이 제를 지내고 내려가자 나는 담배에 불을 붙여 올리고 절을 했다. 개인적으로 몇 차례 상우촌을 다녔지만 무명열사 묘에는 이번이 처음이었다. 홍푸사에서 걸어서 몇 분 거리밖에 되지 않는데, 이제야 찾아와서 죄송하고 미안한 마음이 들었다.

 6시 출발 예정 시간이 되었지만 버스는 움직이지 않았다. 참가자 중 한 사람이 오고 있는 중이란다. 결국 20여분이 지나고 나서야 출발 할 수 있었다. 20~30분 늦어진 것이 무슨 큰일이냐 싶겠지만 한편으론 첫 단추가 잘못 끼워지고 있나 하는 생각이 들기도 했다. 버스가 베이징시내를 벗어나 고속도로를 달릴 무렵 학생회 임원들이 새벽에 나오 느라 거른 아침을 챙겨주었다. 김밥을 넉넉하게 준비해서 여유가 있었 고 맛도 괜찮았다. 지각했던 그 분은 맛있다며 2인분을 먹었다. 개인적 으로 이번 탐방에서 유일한 아침 식사였다. 탐방 기간 내내 늦게 잠을 자다보니 아침에 여유 있게 씻고 호텔 아침식사를 먹고 할 틈이 없었 다. 첫 목적지 스자좡石家莊까지는 4시간 정도 걸리는데, 새벽에 나오느 라 피곤할 만도 한데 참가자들 중에 자는 사람이 거의 없었다.

스자좡에서 샹룽성向榮生 관장과 왕춘샹王春香 씨가 합류하여 위안스 현元氏縣 후자좡촌胡家莊村으로 향했다. 샹 관장님은 한단시 역사연구소 연 구위원이자 정치협상위원을 맡고 있고 서현涉縣 스먼촌에 있는 조선의 용군 열사기념관 관장이다. 모든 탐방지역을 함께 다니면서 자세한 설 명을 해주셨다. 지금은 조선의용대에 관한 책을 준비하고 있다. 샹 관 장님은 역사탐방과 같은 형식은 현지를 직접 답사한다는 점에서 매우 좋지만 시간이 많지 않아서 미처 자세히 살피지 못하는 부분이 많다고 안타까워했다. 그래서 조선의용대의 활동과 의의, 그리고 현재 남아있 는 유적지에 대한 소개 등 종합적인 내용을 담은 책을 준비 중이라고 했다. 내년 베이징대학 역사탐방 이전에는 꼭 출판하겠다고 약속했다. 조선의용대 역사 유적을 직접 발굴 조사하고 연구하는 분이기에 어떤 책이 나올지 사뭇 기대가 된다. 샹 관장님은 역사탐방을 통해서 알게 됐는데 알면 알수록 참 멋진 분이라는 생각이 든다. 조선의용대軍의 항 일독립운동에 관한 자료 수집과 연구 뿐만 아니라 타이항산 지역의 유 적지를 발굴·조사하고 보존하고 있다. 샹 관장님과는 오래 알고 지 낸 사이는 아니지만 몇 차례 만나면서 이야기를 나누었는데 공통 관심사가 있어서 그런지 이제는 마음이 통하는 가까운 사이가 되었다. 왕춘상 씨는 공식적으로는 상 관장님 통역을 맡고 있지만 한단시와 서현에서의 탐방 일정을 정하는 것부터 현지에서 필요한 것들을 챙겨주시는 역사탐방 가이드이다. 상 관장님 외에 또 다른 일행이 합류했는데 옌지시延吉市의 인터넷 지린신문 김청수 부장님과 옌볜대학延邊大學에서 조선문학을 전공하는 대학원생들이었다. 김청수 부장님은 지난 해 역사탐방에 참가했었는데 조선의용대의 항일독립운동에 대해 관심이 많았다. 우리 민족의 항일독립운동사에서 이렇게 중요한 부분을 모르고 있었다며 부끄럽다고 하면서 앞으로 많은 사람들에게 알리기 위해서 노력하겠다고 했는데, 역사탐방을 마치고 바로 역사탐방과 조선의용대에 관한 기사를 쓰셨다. 그리고 꼭 1년 만에 역사탐방에서 다시 만났는데 이번에는 다큐멘터리 제작팀을 꾸려 오신 것 같았다. 가는 곳 마다 촬영하고 녹취했는데 조선의용대 관련 프로그램을 준비 중이었다.

이번 역사탐방에 함께 할 사람들이 모두 모였다. 이제 본격적으로 일제 강점기 먼 이국땅에서 치열하게 항일독립운동을 전개했던 조선의용대 열사들의 역사를 만나러 출발했다.

항일문학비

첫 번째 행선지는 스자좡에서 차로 한 시간 반 정도 떨어진 후자좡 마을이다. 후자좡으로 가는 길에 작은 마을을 지나는데, 좁은 마을길에 음력 4일과 9일에 장이 선다. 원래 넓지 않은 길인데다가 길 양쪽으로 사람들이 물건을 파느라 벌여놓은 좌판 때문에 대형버스가 지나가기가 쉽지 않았다. 지난 해에는 버스 앞에 대형 트럭이 그 좁은 길을 막고 떡하니 주유를 하는 바람에 십여 분 이상을 기다려야 했다. 덕분에 버스에서 내려 시장 구경을 할 수 있었다. 버스 안에 앉아서 봤을 때는 그냥 중국 시골이네 하는 느낌이었다면 내려서 파는 물건들 구경도 하고 마을 분들과 얘기를 나누다 보니 사용하는 말만 다를 뿐 예전에 우리나라 시골 장터와 별반 다르지 않았었다.

  이 마을을 지나 구불구불한 산길을 따라 다시 이십여 분을 달려 후자좡촌 입구에 도착했다. 마을 입구에 밭을 깎아 만든 작은 공터에 김학철 선생과 김사량 선생의 항일문학비가 세워져 있다. 문학비 뒤편으로 병풍처럼 산이 둘러싸고 있고 산세에 따라 작은 촌락이 들어서 있다. 항일문학비는 2005년 8월 5일 6·25전쟁 60주년을 맞아 '잃어버린 민족문학사를 찾아가는 작가모임'에서 중국 허베이성$_{河北省}$ 작가협회·중국옌볜작가협회와 공동으로 기획해 세워졌다. 8월 5일 제막식을 가졌는데, 인터넷 기사를 통해 그 날의 분위기를 알 수 있었다. 400여 명의 마을 주민들이 열렬히 환영하며 빨간 옷을 입고 노래와 춤을 추었고, 마치 마을 잔치가 벌어진 것처럼 흥분되고 떠들썩했다. 중국의 한 작은 마을에 항일독립운동을 했던 한국인의 기념비를 세우는데, 그들은 왜 그렇게 흥분을 감추지 못하고 감격했을까?

  항일문학비의 주인공인 김학철 선생과 김사량 선생은 모두 조선의용대 일원이었다. 김학철선생$_{1916-2001}$은 원산에서 태어나 1932년에 "빼앗긴 조국을 되찾겠다."는 결심으로 중국으로 건너갔다. 1937년 황푸군관학교$_{黃埔軍校}$에 입학해 정식 군사훈련을 받았으며 후자좡 전투에서 다리 관통상을 입고 일본군에 체포되어 일본으로 압송된다. 나가사키형무소에서 3년 6개월 옥살이를 하는데 총상 후유증으로 다리를 절단했다. 이후 문화대혁명 시기 10년 간 옥살이를 하다가 복권되어 문학 창작에 전념했다.『격정시대』·『20세기신화』·『최후의 분대장』등 많은 소설과 수필을 쓰셨다. 김학철 선생은 조선의용대 대원으로 직접 항일투쟁을 했고 해방 후에는 북한과 중국에서 고초를 겪었다. 하지만 그 와중에서 문학 창작을 통해 조선의용대의 항일독립운동 활동을 글로 남겼다. 김사량 선생_{1914~1950}은 평양의 부농 출신으로 1930년 광주학생항일운동에 호응하는 시위에 참여했다가 퇴학 처분을 받고 일본으로 건너갔다. 1936년 동경제국대학 독문과에 입학했고, 1939년 10월에 발표한 소설『빛 속으로』가 일본 최고 권위의 문학상 아쿠다가와상 후보_{1940년 상반기}에 올라 주목을 받았다. 1945년 2월 '조선 출신 학도병위문단'의 일원으로 중국에 파견된 틈을 타, 베이징에서 탈출해 항일 조선인 부대가 활동 중인 타이항산으로 망명했다. 그 망명 여정을 읊은 소설이 '당나귀를 타고 만리를 가다'는 뜻의『노마만리』다. 6·25전쟁 때 종군기자로 마산까지 내려왔지만, 북상하는 국군과 미군에 쫓겨 원주 부근에서 행방불명됐다는 얘기가 전해진다. 중국으로 망명을 결심했을 때, 그의 아들

후자좡보위전항일열사기념비

의 나이는 다섯 살이었다. 당시 많은 지식인들이 일제에 굴복해 나약한 식민지 지식인의 삶을 선택할 때 이를 거부하고 항일독립투쟁에 참여한 진정한 지식인이자 실천적 저항 작가였다.

항일문학비는 좌우로 두 개가 세워져 있는데 비문은 한자로 쓰여 있다. 비문의 오른쪽 아래에 '쇠귀'라는 글자가 새겨져있다. 비문을 쓴 사람의 호(號)나 이름이겠거니 생각하면서도 참 독특해 보여서 호기심을 끌었다. 비문을 쓴 사람은 경남 밀양 출신의 신영복 교수였다. 1968년 통일혁명당 간첩단 사건에 연루되어 군법회의 1·2심에서 사형선고 받았지만 대법원에서 파기 환송되어 고법에서 무기징역으로 확정되었다. 무기징역으로 20년 동안 옥살이를 하다가 1988년 가석방되었다. 서울대 경제학과를 졸업한 후 숙대 강사를 거쳐 육사 교관을 하다가 구속되어 일반적으로는 상상하기 힘든 긴 세월 감옥을 살게 된 신영복 교수의 경우는 분단시대의 진보적 지식인이 당하는 수난을 단적으로 상징하는 것이기도 하다. 감옥에서 밖으로 내보낸 편지들을 밖의 가족과 친지들이 책으로 엮은 『감옥으로부터의 사색』은 여러 계층의 사람들에게 큰 감동을 주면서 베스트셀러가 되기도 했다. 신영복 교수는 감옥에 있으면서 가장 힘들었던 것은 글을 쓸 수 없었던 것이라고 했다. 이런 분이 비문을 쓰셨다니 새삼 비문이 다시 떠올려진다.

항일문학비 사이에는 후자좡 전투로 희생된 조선의용대 대원과 팔로군을 기리는 기념비가 작게 만들어져 있다. 기념비에는 한글과 중국어로 글이 새겨있다.

1941년 12월 12일 새벽
일본군의 기습 포위 공격
어둑한 골짜기 자욱한 총소리
그날, 조선의용군 네 전사
그들을 구하려던 팔로군 열두 청년
이곳에서 전사하였거니
이 보리밭 머리에
타이항산의 돌을 깎아 비를 세우노라.

　　버스가 후자좡 입구에 도착했을 때 가장 먼저 눈에 들어온 것은 작년 역사탐방을 왔을 때 없었던 커다란 기념비였다. 기념비에는 빨간색으로 '호가장보위전항일열사기념비'라고 새겨져 있었다. 기념비 뒤에는 후자좡 전투에 대한 대략적인 설명이 적혀있다. 2012년 8월 위안스현 인민정부가 세운 것인데 작년 역사탐방을 다녀간 후에 바로 세운 듯 했다. 항일문학비에 이어 후자좡 전투 기념비 등을 세우는 것을 보면 현 정부가 많은 관심을 가지고 있다는 것을 느낄 수 있다. 그리고 당시 조선의용대의 활동이 우리에게 뿐만 아니라 중국인들에게도 아주 중요한 역사적 의미가 되고 있음을 알 수 있었다. 현재 이곳은 위안스현이 '애국주의교육기지'로 지정해 놓았다.
　　하나 '옥에 티'라면 기념비 뒷부분에 한글과 중국어로 후자좡 전투를 설명하고 있는데 한글로 적혀 있는 부분에 잘못 새겨진 글자들이 더러 있다는 것이다. 그런데 이런 상황은 이 기념비 뿐만 아니라 항일문학비도 마찬가지다. 특히, 지난해 왔을 때 '김학철 항일문학비' 뒷 부분에 후자좡 전투 날짜가 '1947년 18월 18일'이라고 새겨져 있어서 충격이었다.

다행히 이번에 확인해 보니 '1941년 12월 12일'로 날짜가 바로잡혀 있었다. 원래 그랬던 것처럼 아주 깨끗하게 잘 고쳐져 있었다. 글자나 숫자가 조금 잘못됐다고 해서 그들을 기념하는 의미가 퇴색되진 않겠지만 시간이 지나면 기념비 자체가 하나의 역사 기억의 일부가 될 것인데 조금 더 세심한 주의가 필요한 것 같다.

항일문학비와 항일열사기념비 앞에서 상롱성 관장님과 김영민 선생님 설명을 듣고 단체사진을 찍었다. 이번 역사탐방에서는 매번 올 때마다 구하지 못해 아쉬웠던 오성홍기五星紅旗와 태극기를 펼치고 사진을 찍었다.

후자좡은 수隨나라 때 형성되었다고 하는데 당시 후胡씨 성을 가진 관리가 전란을 피해 이곳으로 왔고, 그 후 관리의 가족을 중심으로 마을이 형성됐다. 현재 마을에는 200여 세대가 살고 있는데 성이 모두 후씨이다. 우리나라의 시골과 마찬가지로 젊은이들은 도시로 나가고 마을에는 노인과 아이들 뿐이다.

마을 뒤쪽에는 후자좡소학교가 있는데 소학교를 지나면 마을 뒤쪽에 뒷산으로 나있는 오솔길이 있다. 그 길로 조선의용대가 철수해 룽빠채龍八寨라는 곳으로 피신했다. 후자좡 집들의 지붕은 대부분 시멘트로 평평하게 만들었다.

옥수수나 곡식을 말리기 위해서 그런 것 같았다. 그리고 도올 김용옥 선생이 독립운동사 다큐멘터리에서 언급했던 것처럼 조선의용대가 머물렀던 집 주변에 연자방아가 있었다. 크기와 모양이 조금씩 다르기는 하지만 조선의용대가 주둔했거나 생활근거지로 삼았던 곳에는 꼭 연자방아가 있다. 역사탐방을 다니는 모든 곳에 연자방아가 있다. 심지어 타이항산_太行山 지역을 담당했던 팔로군 129사단 옛 터에도 있다. 그리고 개인적으로 인상 깊었던 것은 화장실이었다. 돌담을 빙 둘러쌓아 돼지우리를 만들고 한 쪽에다가 어른 허리 높이 정도 높게 담을 쌓아서 화장실로 사용하고 있었다. 이런 구조는 나의 고향인 제주도의 전통적인 화장실과 매우 닮았다. 어린 시절을 시골에서 보냈는데 우리 집 화장실이 바로 그랬다. 지금은 민속촌에나 가서야 볼 수 있지만 말이다. 중국 시골에서 그런 화장실을 보니 신기하기도 하고 반갑기도 했다.

버스가 마을 안으로 들어와서 멈추자 우리는 곧 조선의용대가 거주했던 집으로 향했다. 집안으로 들어서자 먼저 '조선의용군 전적지 옛 터' 라는 벽에 걸려있는 안내판이 눈에 들어왔다.

🟢 타이항산 곳곳에 있는 연자방아는 항일투쟁운동의 또 다른 잔상이다.

이 안내판은 상롱성 관장님이 지난해 4월 타이항산 주변 조선의용대 유적지 마다 설치한 것이다. 가옥 구조는 집 네 개가 사각형으로 둘러싼 형태였다. 가운데는 40여 명이 들어설 수 있는 정도의 마당이다. 마당 한 쪽에는 철 솥으로 입구를 막아놓은 구덩이가 있었다. 깊이가 3미터 정도 됐는데 이 구덩이는 일본군이 오면 음식이나 물건을 숨기는 용도로 사용했고, 그리고 위험한 순간에 구덩이 안쪽에 있는 통로를 이용해 집 뒤쪽으로 탈출 했다고 한다. 구덩이 폭이 좁아서 그곳으로 사람이 탈출 할 수 있겠느냐는 질문에 현재 그 집을 관리하고 계시는 할아버지가 직접 구덩이로 들어가서 확인시켜 주었다. 집 마당에 탐방 일행들이 빙 둘러서 당시 긴박했던 전투에 대해서 상 관장님의 설명을 들었다.

김세광이 이끌었던 조선의용대 화북지대 제2대 대원 29명은 1941년 11월 12일부터 29일까지 선전에 필요한 물품 준비하며 선전 지역에 대한 사전 조사를 진행하고 구체적인 선전 계획과 준비를 했다. 이후 본격적으로 유격지역에서 무장선전활동武裝宣傳活動에 착수했다. 의용대 대원들은 산시성山西省 통위진桐峪镇을 출발해 위안스현으로 이동했다. 12월 2일에는 위안스현 한 지점에서 좌담회를 하고 같은 날 베이잉北榮에서 400여 명이 참가해 군중집회를 전개했다. 4일에는 왕자좡王家莊 등에서 촌급村級 간부와 좌담회를 개최하였고 6일에는 수촌蘇村에서 군중집회, 10일에는 수좡蘇莊에서 군중회의를 하고, 우좡武莊에서 적의 석보루石堡壘 200미터에 접근하여 대적 함화喊話를 하기도 하였다. 마을에 들어서면 조선의용대 전사들은 각각 자신의 역량을 발휘했다. 일부 대원들은 마을 사람들을 모아 놓고 연설도 하고 노래도 가르쳐주면서 군중집회를 가졌다. 이때 다른 대원들은 일제를 반대하는 구호를 바람벽에 써놓거나 삐라를 사람들에게 나누어주었다. 위험한 것은 대적 함화였다. 그들은 유창한 일본어로 제국주의와 군국주의 만행을 폭로하면서 전쟁을 멈출 것을 권고하였다. 함화는 대체로 밤에 진행하기 때문에 적들은 상황을 파악하지 못해 일반적으로 출동하지 않았다. 이처럼 선전활동을 활발히 전개하던 제2대 대원들은 12월 11일, 잔황贊皇으로 가던 도중 후자좡에서 숙영宿營하게 되었다. 위안스현에서 활동하던 조선의용대 제2대는 12월 11일 첫 전투를 맞이하게 된다. 이날 새벽 일본군 30여 명과 괴뢰군 40여 명이 시앤웡채仙翁寨를 습격하였다. 적들을 발견한 의용대 대원들은 신속히 반격에 나섰다. 조선의용대 대원들은 팔로군 독립영獨立營 전사들과 함께 유리한 지세를 점하고 일제히 사격했다. 뜻하지 않은 반격을 받고 적들은 많은 사상자를 내고 도주했다. 시앤웡채 전투에서 의용대와 독립영은 한 명의 사상자도 내지 않고 100여 명의 적들을 사살하는 전과를 올렸다. 시앤웡채 전투 이후, 후자좡에서 선전활동을 진행하기 위해 바로 이동했다. 후자좡까지는 산길로 30여 분 거리였다. 12월 12일은 제2차 국·공합작을 이끌어냈던 시안사변西安事變이 발생한 날이다. 위안스현위원회와 위안스항일현정부는 후자좡에서 시안사변 5주년 기념대회를 열기로 했다.

밤이 깊어지자 대원 고상철高相喆이 보초를 서고 기타 대원들은 마을의 큰 집을 빌어 잠을 청했다. 그런데 의용대의 동향을 예의주시해 오던 적은 제2대를 소탕하기 위해 11일부터 준비하였다. 일본군은 12일 새벽 300여 명을 동원하여 마을을 포위하고 기습공격을 감행했다. 습격은 12일 여명黎明에 전개되었다. 의외의 총성에 전 대원은 적이 벌써

2리$_{800m}$ 정도에 와 있음을 알았다. 대원들은 짐을 쌀 사이도 없이 총만 가지고 집합하여 고지를 먼저 점령하려 했지만 일본군의 화력이 강해 실패했다. 마을 주민과 현 직속기관 간부들의 포위망 돌파를 위해 의용대원들은 죽음의 혈전을 벌일 수밖에 없었다. 이때 팔로군 위안스현 독립영에 한 부대가 소식을 접하고 구하러 왔다. 비록 일본군의 매복에 걸려 12명이 전사하지만 일본군의 주의를 분산시켜 의용대원과 마을 간부들이 피할 시간을 벌어주었다.

제2대장 김세광은 다른 대원들의 퇴로를 확보하기 위해 손일봉·박철동·김학철 등과 엄호를 맡았다. 대부분 대원들이 포위를 뚫고 산기슭 오솔길을 따라 독립영이 있는 롱빠채 쪽으로 퇴각했다. 날이 밝고 독립영의 다른 부대가 합류하자 일본군이 퇴각했다. 마지막까지 대원들의 철수를 위해 전사한 열사들의 장렬한 최후는 후자좡 전투에 직접 참가해 부상당한 장례신의 『피어린 그날의 싸움』과 김학철의 『최후의 분대장』을 통해 자세히 알 수 있다. 대장 김세광은 이때 팔 하나를 잃었고, 손일봉·최철호·이정순·박철동이 전사했다. 일본군이 어떻게 새벽에 습격할 수 있었는가에 대해서는 후자좡 내의 중국인 스파이가 밀고했기 때문이라는 견해도 있고, 조선의용대 대원 중에 스파이가 있었다는 견해도 있다.

후자좡 전투는 조선의용대가 화북지역에서 치른 전투 중에서도 중요한 의미가 있었다. 무장선전활동이 단순한 선전활동이 아니라 적의 점령지에서 전개되는 만큼 적에게 노출되기 쉽고 전투가 벌어질 가능성이 매우 컸다. 후자좡 전투를 통해 이에 대한 경각심을 일깨웠다. 이는 후에 조선의용대가 조선의용군으로 바뀌고 타이항산 지역에서 팔로군 129사단 예하 각 부대에 배속되어 소수정예로 활동하게 되는 이유 중에 하나가 된다. 팔로군 입장에서 일본어가 가능하고 무장선전활동에 경험이 많은 의용대는 필요한 자원이었고 의용대 입장에서도 대원 확보를 위해 팔로군에 체포 또는 자발적으로 팔로군 지역으로 들어오는 조선인 수가 증가하면서 중공으로부터 이들을 잘 인계 받기 위해 인원을 분산하고 활동지역을 넓혀야 했다.

상 관장님이 설명을 마치자 김학철 선생이 작사한 '조선의용군 추도가'를 기억하시는 아주머니가 직접 노래를 불렀다. 한국어로 부른다곤 했지만 제대로 알아들을 수 있는 가사는 거의 없었다.

> 사나운 비바람이 치는 길가에
> 다 못가고 쓰러지는 너의 뜻을
> 이어서 이룰 것을 맹세하노니
> 진리의 그늘 밑에 길이길이
> 잠 들어라 불멸의 영령

집에 돌아가서 다시 잘 들어보려고 촬영한 동영상을 몇번 봤지만 가사를 보지 않고는 알아 들을 수 없었다. 항일문학비 제막식 때 마을 주민들이 열심히 연습해서 불렀던 노래가 바로 이 노래였다. 역사탐방 첫날 일정은 많지 않았지만 베이징에서 한단시 서현까지 이동해야 했기 때문에 조금 서둘러 다음 행선지로 출발했다. 아침 6시 반에 우다오커우를 출발해 이제 첫 일정을 마쳤는데 시간은 벌써 점심 때가 지나고 있었다. 점심은 시간을 절약하기 위해서 이동하는 버스에서 햄버거로 대신했다. 다들 더운 날씨와 장시간 버스로 이동하느라 힘들었겠지만 아직까지 표정들이 살아 있었다.

　두 번째 찾아간 곳은 후자좡 전투에서 전사 순국한 의용대 대원들의 묘소가 있는 황베이핑촌黃北平村이다. 후자좡은 일본군 세력권에 있는 지역이기 때문에 마을 주민들이 약 100리 정도 떨어진 잔황현 황베이핑촌으로 시신을 옮겨 장례를 치렀다. 일본군이 복수를 위해 시신을 훼손할 우려가 있어서 일부러 비교적 안전한 팔로군 군사지역으로 옮긴 것이다. 우리가 버스로 이동하는데도 도로 여건이 좋지 않아 한 시간 반 정도 걸렸다. 그 당시에는 변변한 길도 없었을 뿐더러 일본군을 피해 산길을 이용했을 텐데 시신을 그 먼 곳까지 옮기는 게 여간 힘든 게 아니었을 것이다. 그래도 시신이라도 훼손당하지 않길 바라는 마음에 먼 길 마다하지 않은 것을 보면 후자좡 마을 주민들과 의용대의 관계가 어떠했을지 충분히 짐작하고도 남겠다.

　황베이핑촌은 후자좡 보다는 조금 큰 마을 같았다. 집들은 벽돌이나 시멘트로 지었는데 화장실은 기본적으로 후자좡과 같은 구조였다. 다만 벽돌이나 시멘트로 사람이 들어가서 볼일 볼 때 안보이게 벽

과 지붕을 만들어 놓았다. 하지만 탐방단 일행이 사용하기에는 애로사항이 많았다. 황베이핑촌에서는 네 분의 열사께 제사를 지내야 했다. 버스가 마을 입구에 정차하자 나와 정원식 형님은 제사를 지내기 전에 무성하게 자라난 잡초와 풀을 제거하기 위해 낫을 들고 걸음을 재촉했다. 그 뒤로 탐방단의 젊은 도우미들이 제사상과 제수용품을 들고 따라왔다. 너무 화창한 날씨 탓에 낫질 몇 번 안했는데 온몸이 땀으로 젖어 버렸다. 뒤따라온 참가자들도 함께 도와서 제때에 제초작업을 마칠 수 있었다. 제사상을 다 차리고 나서 이철환 과장님이 제사를 진행했다. 김태영 회장님을 시작으로 대부분의 참가자들이 술을 올리고 절을 했다. 엄숙하고 경건한 가운데 이철환 과장님이 마지막으로 절을 올리고 제사를 마쳤다. 그리고 제사 때 올렸던 술과 과일, 떡 등을 나눠먹었다.

현재 이 묘소는 2002년 12월 옛날 묘에서 이장해 새로 단장한 것이다. 마을 뒷산이라고 할 만한 곳을 깎아 네 분을 나란히 모셨는데 뒤로 산이 있고 앞으로 마을 전체가 한 눈에 들어온다. 네 분의 묘 오른쪽 앞에 순국선열기념비가 세워져 있다. 네 분의 묘비를 잘 살펴보면 일반적인 묘비와 좀 다른 것이 있다. 바로 이름이 여러 개라는 점이다. 맨 오른쪽에 있는 최철호 대원의 묘비에는 '조선의용군 타이항산지구 항일순국열사 최철호 묘'라고 적혀 있는데 최철호 이름 옆에 '한청도, 한성도, 최명근'이라는 이름이 더 적혀있다. 손일봉 분대장을 빼고는 모두 한 개 이상의 이름이 더 있다. 이 이름들은 다른 사람의 이름이 아니라 같은 사람의 이름이다. 조선의용대는 지도부를 제외하고는 대부분 가명을 사용했다고 한다. 왜냐하면 본명을 사용하면 적에게 포로로 잡힐 경우 다른 대원들의 정보가 누설될 수 있기 때문이었다. 그래서 피

황베이핑촌의 한적한 풍경

를 나눈 형제처럼 동고동락하면서 지낸 동지들의 진짜 이름을 죽을 때까지 모르는 경우도 있었다. 각 묘 앞에 글귀가 새겨져 있는데 한 문장으로 하면 다음과 같다.

무상영광 훈업수천추 충혼불멸 만고유방

無上榮光 勳業垂千秋 忠魂不滅 萬古流芳

마지막으로 상 관장님이 조선의용대의 화북지역 활동에 대한 얘기를 해주셨다. 조선의용대가 1938년 10월 10일 우한武漢에서 창설되고 나서 41년 초에 의용대 주력이 황허黃河를 건너 화북지역으로 이동한다. 몇 개월에 걸친 이동 역시 고난의 행군이었지만 화북지역에 도착한 후에 본격적으로 무장선전활동을 전개하기까지 준비기간 역시 쉽지 않았다. 하지만 의용대원들은 드디어 동북진출을 위한 첫 임무를 달성했다는 점에서 상당히 고무되었을 것이다. 화북지역에 도착해 조선의용대 화북지대를 결성해 화북조선청년연합회이하 조청와 함께 한 달이 넘는 기간 동안 대토론을 벌여 서로간의 이해를 높이고 앞으로의 행동노선을 결정했다. 실제 크고 작은 전투에 참여하긴 했으나 무장선전과 적구敵區 공작이 주 활동이었고 의용대원 교육과 간부양성을 위해 어려운 생활 여건에서도 학교 설립 등 교육, 학습 활동을 지속적으로 전개했다. 조선의용대 화북지대는 먼저 새로 들어온 대원 44명을 위해 1941년 8월 16일 간부훈련반을 개설해 하급간부 양성 목적으로 자체교육을 실시했다. 간부훈련학교는 조선인에 의한 군사정치 교육기관의 설립, 운영이라는 점에서 의미가 있었지만 객관적 여건이 좋지 않아 그 결과는 만족스럽지 못했다. 이때 조선의용대 화북지대의 대원은 150여 명이었다.

　무장선전활동은 1차와 2차로 나누어 진행되었다. 제1차는 간부훈련반 학습이 진행되는 동안인 1941년 9월 5일부터 10월 20일까지 전개되었다. 화북지대는 과거 대적對敵 선전활동 경험이 있고 중국어에 능통한 30명으로 무장선전대를 조직하고 대장 왕자인, 지도원 김창만 그리고 조청 간사 양민산·진한중이 지휘부를 구성하고 활동에 착수했다. 제2차 무장선전활동은 1941년 11월 초에 개시되어 이듬해 3월 말까지 5개월 동안 전개되었다. 1차 선전활동이 실습적 성격 이었다면 2차의 경우는 일본군의 소탕전에 맞선 실제적인 것이었다. 일본군의 소탕전 급보를 접하고 급하게 훈련반 졸업식을 마친 11월 3일 밤 졸업동지까지 합하여 제2차 무장선전대를 조직한 후 다음날 새벽에 지대부를 떠나 전선으로 모두 출발하였다. 화북지대는 제2차 무장선전활동을 위해 지대부와 제1대·제2대·제3대를 조직했다. 활동지역은 스자좡과 안양安陽 사이 1,400리에 걸친 평한선北平—武漢綫 일대였다. 이 일대는 평야지역으로 일본군이 식량자원 확보를 위해 중요한 곳이었다. 마찬가지로 중공 팔로군 역시 이 일대를 탈환하기 위해 사력을 다했다. 팔로군 타이항군구 129사단이 이 지역을 맡고 있었는데 사령관은 리우보청劉伯承, 정치위원은 덩샤오핑鄧少平이었다. 1939년 통계에 따르면 스자좡에 조선인은 약 2500명 정도였다. 조선의용대 역시 조선인에 대한 선전활동을 위해 타이항 지역에 배치되었다. 제1대는 팔로군 타이항군구 제5분구의 즈현磁縣·안양·우난武南 등지를 담당했고, 제2대는 타이항군구 제1분구의 위안스·잔황·린청臨城 일대를 담당했다. 제3

대는 팔로군 타이항군구 제6분구의 사허$_{沙河}$ · 싱타이$_{刑臺}$ · 우안$_{武安}$ 일대를 담당했다. 후자좡 전투는 제2차 무장선전활동 전개과정 중 제2대에서 발생한 것이다.

무장선전활동의 목적은 화북지역의 조선인에 대한 선전이었다. 일본군 점령 지역의 조선인들에 대한 선전 · 조사 · 조직을 보다 효과적으로 하기 위해 조선동포들의 거주상황, 직업, 사상동향, 선전에 대한 감화 정도와 반응, 일본군의 조선인에 대한 정책 및 조선동포 간의 조직상황 등을 조사하여 활동에 근거로 삼았다. 하지만 실제로 당장 접하는 것은 중국 민중이었다. 팔로군의 활동이 아직 조선인 집거지에 접근하지 못했기 때문이다. 그래서 제1~2차 무장선전활동에서 주 선전대상은 중국 민중이었다. 그런데 중국 민중에 대한 선전활동은 중국 공산당이 사활을 걸고 있는 부분이었다. 그래서 팔로군은 화북지대의 무장선전활동을 적극 지원하면서 민중선전 방법도 배웠다.

무장선전활동은 간부급 좌담회와 일반인을 대상으로 하는 연환회$_{聯歡會}$, 그리고 군중집회 등이었다. 제1차 무장선전대는 좌담회를 4차례 개최하였는데 참가인원은 모두 90여 명이었고 중국측 참가 인사는 중공 변구정부 공작인원과 참의원, 팔로군 간부, 지방 신사$_{紳士}$, 청년대 간부, 소학교 교사 등 다양하였다. 제2차 무장선전활동의 경우는 총 154회의 좌담회를 치뤘고 참가 인원이 1,398명이었다. 군중집회의 경우는 보다 더 주력하는 활동이었는데, 226개 촌에서 108차례 전개했고, 총 29,134명이 참여했다. 뿌린 전단의 양이 115종 42,719매였다. 중국인에 대한 선전뿐만 아니라 일본인에 대한 선전도 매우 중요했는데, 조선의용대는 이 분야에 뛰어났다. 일본어를 구사할 줄 알고 일본 사

● 후자좡 전투와 네명의 열사(박철동, 손일봉, 최철호, 이정순)

정에 비교적 능통하며 화중華中, 화남華南에서 경험이 있었기 때문이다. 화북지구 무장선전활동을 통해 먼저 각지 조선인들에 대한 영향력을 강화할 수 있었다. 이를 바탕으로 적구 조직공작의 기초를 마련했다. 무장선전활동은 팔로군과 긴밀한 협력을 통해서 이루어졌고 그 과정에서 중공 팔로군과의 혈맹적 관계 형성이 강화되었다. 이는 중국 공산당의 조선인에 대한 대우의 변화를 가져오게 했고, 유효한 정책들을 취하도록 했다.

네 분 열사는 그 공적을 인정받아 1993년 건국훈장 애국장에 추서되었다. 조선의용대 대원들이 이름을 가명으로 사용한 만큼 그들의 약력을 정확히 파악하기 쉽지 않다. 황베이핑촌 묘소의 비문만 보아도 일반적인 다른 사료 및 연구 자료와 차이가 있다. 그래서 간략하게 공통된 부분만 소개한다. 최철호 대원과 이정순 대원은 중앙육군군관학교 특별훈련반 졸업생이며 조선의용대 창설 멤버이다. 박철동 대원은 뤄양군관학교 출신으로 조선의용대 창설 이듬해에 입대한다. 손일봉 대원은 중앙육군군관학교 군관훈련반을 졸업하고 중국군 포병단에서 항일 전투에 수차례 참여한 경험이 있다. 1940년 민족혁명당원으로 조

선의용대에 입대한다. 네 명 중에서 나이가 제일 많은 29세 나이로 후자좡 전투에서 전사했다.

황베이핑촌에서 일정을 모두 마치고 이동하기 위해 버스에 몸을 실었다. 무더운 날씨에 다들 조금은 힘들어 보였다. 그때 마침 가뭄에 단비처럼 아이스크림이 가득 든 비닐주머니가 버스 안으로 전해졌다. 일행들 얼굴에 반가운 기색이 역력했다. 이철환 과장님이 더위에 지친 탐방 일행들을 위해 한 턱 낸 것이다. 아이스크림으로 에너지를 재충전하고 한단시 서현으로 출발했다. 버스가 출발한지 얼마 지나지 않아 이철환 과정님이 앞으로 나가 마이크를 잡았다. 다름 아니라 윤세주 열사가 번안한 조선의용대의 노래 '최후의 결전'을 들려주기 위해서였다. 조선의용대가 불렀던 '최후의 결전' 가사는 다음과 같다.

> 최후의 결전을 맞으러 가자! 생사적 운명의 판가리다!
> 나가자 나가자 굳게 뭉치어 원수를 소탕하러 나가자!
> 총칼을 메고 결전의 길로 다 앞으로 동무들아!
> 독립혁명의 깃발은 우리 앞에 날린다. 다 앞으로 동무들아!

경쾌하고 절도 있는 리듬에 원초적이고 선동적인 결연한 가사에서 조선의용대의 항일독립정신이 느껴졌다. 최후의 결전을 힘차게 따라 부르다 보니 알 수 없는 힘과 의지가 생겨나는 듯 했다.

이런 분위기라면 이번 역사탐방은 아주 성공적일 것 같았다. 그런데 다 좋을 것만 같던 이번 탐방에 문제가 생기기 시작했다. 서현으로 가는 고속도로가 공사 중이라 국도로 우회해서 가기로 했다. 그런데 좀 더 빠른 길로 간다는 것이 오히려 문제가 생기는 바람에 예정보다 시간이 훨씬 지체되었다. 저녁이 되자 비까지 내리기 시작했다. 밤 10시가 넘어서야 서현에 있는 호텔에 도착했다. 내일도 아침부터 탐방을 다녀야 하는데 첫 날부터 일정에 차질이 생긴데다가 비까지 내려 걱정이었다. 하지만 한편으론 모두 잘 풀릴 것이라는 막연한 믿음이 있었다. 이제까지 역사탐방은 모두 그랬다. 마치 조선의용대 열사들이 보살펴주는 것처럼 아무런 탈 없이 무사히 잘 마쳤다. 둘째 날 세미나 발표 내용을 살펴보다 보니 어느새 날이 새고 있었다. 지난해 역사탐방에서는 조선의용대에 대해서 준비했었는데 이번에는 백범 김구 선생과 한국광복군에 관한 내용으로 준비했다. 발표를 준비하면서 참 많은 것을 배우는 것 같다. 내가 무엇을 다른 사람에게 가르치는 것이 아니라 나 스스로 묻고 답하는 문제해결 과정이다. 그동안 조선의용대의 입장에서 조선의용대를 보았다면 이번에는 다른 시선으로 볼 수 있는 기회가 되었다. 답하지 못한 많은 의문들과 시각의 차이에서 생기는 또 다른 의문들을 되뇌다 늦은 잠을 청했다.

둘째날: 스즈링에서 좡즈링

장미란(張未然)
〈북경대학 중국 박사생〉

스즈링+字嶺과 줘첸 장군

7월 2일은 이번 항일역사유적지 탐방활동의 3박 4일 여정 중에서 이틀째가 되는 날이다. 한국 박근혜 대통령의 중국 국빈방문2013년 6월 27일~30일 '심신지여'心信之旅:마음과 믿음으로 쌓아가는 여정가 끝난 지 이틀째이기도 하다. 그래서인지 이번 베이징대학 한국유학생 대학원학생회오아름 회장가 주관한 '중·한 대학원생 공동 역사탐방'도 더욱 더 뜻 깊은 역사기행인 것 같다.

아침 8시, 룽이龍頤호텔허베이성 한단시 서현 소재에서 조식을 먹은 후 우리 일행 46명은 두 대의 미니버스에 나눠 타고 오늘 여정을 향해 출발했다. 오늘의 첫 번째 목적지는 산시와 허베이 접경지역에 위치한 스즈링+字嶺이다. 이곳은 줘첸左權 장군이 일본군과 치열하게 싸우다 장렬이 전사한 격전지이다. 줘첸 장군은 항일시기 중국 공산당이 이끄는 팔로군 장교로서 적진 후방에서 희생된 최고

줘첸 장군

위급 지휘관이다. 그때 그는 팔로군내 직책이 부총참모장_{한국의 합참부의 장에 해당함}이었다.

쥐첸 장군은 후난성의 한 가난한 농민 가정에서 1905년 3월 15일에 태어났으며 어려서 일찍 부친을 여의고, 홀어머님 밑에서 외로이 자랐다. 그러나 그는 이러한 환경에도 세상을 원망하거나 포기하지 않았다. 오히려 그는 더욱 강인하고 인내력이 강한 사람으로 성장했다. 19살 때 쥐첸 장군은 중국의 이름 있는 황푸군관학교에 입학 후 곧장 소련으로 유학을 떠났고 귀국 후에는 중국공산당 팔로군내에서 그의 능력이 인정되어 매우 중대한 직책을 맡게 되었다. 항일 전쟁 시기 쥐첸 장군은 백단대전_{百團大戰}, 황아이링 보위전_{黃崖嶺保衛戰} 등 일련의 중요한 전투에서 직접 지휘를 하였다. 1942년 쥐첸 장군은 일본군 '철벽 포위망 뚫기' 대소탕_{對掃蕩}의 스즈링 전투에서 적의 포위망을 뚫고 탈출할 수 있도록 팔로군 총사령부를 후방에서 엄호하는 역할을 맡았다.

당시 상황을 자세히 묘사한 문헌 자료에 따르면 다음과 같다. 당시 산기슭으로부터 일본군 적들이 새까맣게 공격해 올라왔고 상공에서는 일본군 전투기가 무차별 폭격을 퍼붓고 있었다. 병력이 부족한 상황에서 팔로군 총사령부 경호부대와 조선의용대 대원들은 각각 서쪽고지와 동쪽고지를 점령하여 비무장대오_{팔로군총지도부}가 안전하게 이동할 수 있도록 엄호하며 이러한 상황에서 하루 종일 치열한 전투를 벌였다. 이때 스즈링전투에서 팔로군사령부 부총참모장 쥐첸 장군이 적 총탄에 맞아 장렬히 전사_{1942년 5월 25일}하였다. 그때 그의 나이는 겨우 37세였다. 후에 쥐첸 장군을 기념하기 위해서 산시성의 요현은 줘췐현으로 개칭되었다. 또한, 조선의용대 대원들은 빗발치는 탄우 속에서 다른 비무장대원들이 안전하게 탈출할 때까지 전투를 지속하였다. 줘췐左權 장군의 기념관은 스즈링의 서쪽 산정상에 건립되었다. 우리는 산기슭에서부터 산을 에워싸고 20분 정도 올라가서 기념관이 있는 곳에 도착했다. 이곳에 오자 먼저 우리 시야에 들어오는 것은 하나의 크고 높은 기념비석이다. 비석에는 두 줄의 만련挽聯이 적혀 있다. 한 줄은 펑덕회 부총사령관이 쓴 글귀로 다음과 같다. "어깨 나란히 손 맞잡고 고군분투하고 항일했으며 말 위에서 보낸 십여 년의 세월, 나라를 위해 충성을 다 하고 당공산당을 위해 피 흘려 싸우다 하루아침에 이 세상을 떠났다. 그의 애국정신은 영원토록 길이길이 전해지리라."

다른 한 줄은 진희 장군이 쓴 글귀이다. "5년 이래로 강남소북하삭유양연대를 가로 질러 달리고, 유혈이 낭자한 전쟁터, 얼마나 많은 영웅들이 역사서에 기록되었는가! 여기저기로 옮겨 다니며 싸운

🌏 줘췐 장군의 기념정

기나긴 세월 쓰촨·후난·장시·푸젠·오월·후난·후베이·구이저우·광둥의 해외교포, 노동자와 농민 유능하고 준수한 수많은 중화의 아들딸들 반드시 조국 강산을 광복하겠다고 맹세하였느니라." 만련의 횡축은 "호연지기는 영원하리라"이다. 석재문의 아래에는 대리석 하나가 가로 놓여져 있는데, 그 위에는 "역사를 미래에 알리자"라는 7글자의 문구가 적혀있다.

아래의 붉은색 시멘트 길을 따라 앞으로 걷다 보면 줘췐 장군의 동상 앞에 이르게 된다. 동상 앞에서 한단시 조선의용군 열사 기념관 관장 상룽성 선생님은 우리들에게 줘췐 장군과 조선의용대 대원들이 전투 중 희생되는 과정을 생생히 들려주었다. 그때 당시의 전시 상황을 들으면서 오늘날의 푸른 하늘과 흰 구름들 울창한 청산 모두 혁명열사들의 희생으로 볼 수 있게 되었다는 것을 알게 되면서 나도 모르게 가슴이 뭉클해져 눈물이 앞을 가렸다. 그때 치열했던 전투 현장과 처참한 광경들이 눈앞에 생생히 펼쳐지는 듯 했다.

줘췐 장군 동상 뒤에는 정성 들여 쓴 '줘췐 장군 기념관' 이라는 글귀가 있는데 쉬상치엔徐向前 장군의 수기이다. 양측의 정자 기둥에는 "위대하고 열렬한 공적이 탁월한 민족의 정기는 고금을 관통한다. 일편단심으로 충성하고 의리의 정신들은 중화민족에게 새겨질 것이며, 후세 사람들을 깨우치고 인도할 것이다."의 대련對聯이 새겨져 있다. 기념관 정 중앙에 줘췐 장군의 기념비가 세워져 있다. 기념비는 각기둥 형태이며 정면에는 '줘췐 장군은 영원히 천추에 길이 빛나리라' 라는 금색글자가 새겨져 있으며, 오른쪽에는 덩샤오핑이 쓴 "줘췐동지를 그리워하다."의 문구가 적혀져 있고, 뒷면에는 펑더화이 부총사령관이 쓴 '줘첸 동지 비문'이라는 문구가 적혀있다. 또한 좌측에는 주덕 총사령관이 지은 '명장은 몸을 던져 나라를 위해 몸을 바치고, 뜨거운 피를 쏟아 우리 중화인민공화국을 보위하였으며, 타이항산의 호연지기는 천고에 전해져서, 청장하에 길이길이 남아 더욱 많은 뜨거운 불꽃을 피우리라' 라는 칠절시가 적혀져 있다. 이 뜻은 '명장은 국가를 보호하기 위해 자신의 생명을 바치고, 자신의 목숨을 던졌다. 타이항산에서의 줘첸 장군의 호연지기는 천고에 남을 것이며 청장하 기슭에 선홍의 혈꽃을 피우리라.' 이다.

공교롭게도 내가 기념관을 다 구경하고 계단을 따라 내려오고 있을 때, 우연히 비틀거리며 걸음마를 시작한 아이가 손발을 다 사용해서 기념관에 오르고 있는 모습을 보게 되었다. 순간 나는 신속하게 셔터를 눌러 이 모습을 카메라에 담고, 이 사진을 '계승'이라고 명명했다.

기념관을 내려와 왼쪽으로 가면, '줘첸 장군 순국 당한 곳'라고 적힌 작은 기념비가 세워져 있다. 이 작은 기념비는 산시성 줘첸현 인민정부가 1965년에 세운 것이다. 이어서 기념비 우측의 빈 공간에서 베이징대학 한국유학생 대학원학생회에서 정성스레 준비한 제수용품으로 스즈링전투에서 줘첸 장군과 진광화, 윤세주 열사 등 이름 없이 쓰러져간 중한 열사 모두를 위해 제사를 지냈다. 제사는 한국식 전통방식으로 거행을 했는데, 내 생전 처음 보는 광경이었다. 학생회에서 준비한 물품만 보아도 정말 정성이 듬뿍 담긴 제사였다. 먼저 베이징대학 한국유학생 대학원학생회 오아름 회장의 조헌과 제문 낭독을 시작으로, 그 후에 학생회 전임회장단, 조선의용대 열사

유가족_{약산 김원봉 선생} 및 기념사업회_{석정 윤세주 열사}, 중·한대학원생 등 순서로 제를 올리고 절을 했다. 이때 나의 저 가슴 깊은 곳에서 뭔가 모를 슬픔과 비장함이 치밀어 올라왔다. 또한 그 순간 나의 마음속에서는 다시는 우리 역사에서 이런 비극이 되풀이 되면 안된다는 생각을 굳게 하였다. 이곳에서 한국의 전통방식으로 열사님들에 제를 올리는 광경은 나로 하여금 잊지 못할 기억으로 자리잡을 것 같다. 정말 감동 그 자체였다! 이날은 비록 뜨거운 태양아래, 햇볕이 피부에 내리쬐어 타는듯한 느낌이었지만 그 누구도 양산 또는 모자를 쓰고자 하는 사람은 없었으며, 나도 예외는 아니었다. 이것은 바로 우리 모두의 가슴속에 줘췐 장군과 진광화 · 윤세주 열사 및 이름 없이 희생된 많은 열사님들에 대한 존경과 그리운 마음을 품고 있기에, 그 어떤 연약함과 불평함은 열사님에 대한 모독이라는 것을 너무도 잘 알고 있기 때문이다.

    제사가 끝난 후 다소 무거운 마음으로 스즈링을 떠났다. 이번 여정으로 줘췐 장군과 진광화, 윤세주 열사에 대한 이해가 더욱 깊어졌다. 사실, 우리들은 그 동안 그분들에 대해 잘 모르고 있었다. 겨우 고등학교 때 역사교과서에서 배운 몇 줄이 전부였으므로 국민 대다수 사람들은 이토록 위대한 영웅에 대해 잘 알지 못하고 있는 것이다. 이번 탐방으로 줘췐 장군 생전의 마지막 전투를 직접 '체험'한 시간 이었으며, 피로 물든 역사를 다시 한 번 재현함으로써 우리들과 혁명열사들의 거리가 매우 가까워졌다라고 생각한다. 우리가 누리고 있는 지금의 자유와 평화는 혁명 선열들의 목숨과 바꿔온 것이다. 우리는 현재의 아름다운 생활을 소중히 여기지 않으면 안 된다. "생명은 고귀하고 사랑은 더욱 귀하지만 자유를 위해서라면 이

두 가지 모두 내던질 수 있다."는 말도 있지 않은가. 줘첸 장군이 희생될 때, 그의 마음은 그 무엇보다 결연하고 단호했을 것이다. 아침에 새긴 "역사를 미래에 알려라! 讓歷史告訴未來！"는 문구처럼, 우리들은 비장한 역사와 장렬한 영웅이 있었다는 것을 명심할 것이며 지금 현재의 아름다운 생활들은 결코 쉽게 얻어진 것이 아님을 마음속에 깊이 새겨야 할 것이다. 돌아오는 길의 하늘은 더욱 짙푸르게, 흰 구름은 더욱 새하얗게, 청산은 더욱 울창하게 변하는 것 같이 느껴졌다.

쫭즈링 莊子嶺

점심을 먹고 나서 잠깐의 휴식을 취한 후, 우리는 또 오늘 일정의 두 번째 목적지 쫭즈링 헤이룽동협곡으로 출발했다. 쫭즈링은 조선의용대 진광화, 석정 윤세주의 희생지이다. 1942년 일본군 '철벽포위망을 뚫다'의 대소탕 對掃蕩 에서 진광화와 윤세주는 팔로군 총사령부 나서경 경호부대를 따라 적군을 돌파하고 헤이룽동 협곡에 이르렀을 때 이곳에 매복하고 있던 일본군의 습격을 받아 희생되었다. 헤이룽동협곡 양측은 모두 깎아지른듯 한 산맥들로 이루어져있다. 유일하게 산맥 사이로 오솔길이 구불구불 나 있다. 포위망을 뚫고 성공하기 위해서는 반드시 오솔길을 통과해야 했지만 산 입구와 양측 산에는 모두 일본의 막강한 군사들이 지키고 있었고, 후방에는 적군이 가로막고 있어서 포위망을 뚫기란 매우 어려웠다. 재차 포위망 돌파시도에서 실패한 조선의용대 전사들은 팔로군 총사령부 경호부대 지휘관이던 나서경에게 좀 더 주동적으로 돌파할 것을 요청하였고, 산머리에 올라 사력을 다해 싸웠다. 최종적으로 포위망을 뚫는 것은 성공했지만, 이 과정에서 진광화와 윤세주 열사는 장렬하게 전사하였다. 전투가 끝난 후 최채 등은 손가락에 피를 흘려가면서 굳은 땅을 파헤쳐 진광화와 윤세주의 시신을 수습했다. 그때 진광화는 31세, 윤세주는 41세였다.

동년 10월 중국공산당 지도부는 쥐쳰 장군과 진광화, 윤세주 열사에 대한 장례식을 화려하게 거행하였으며, 타이항산 자락에서 풍수가 가장 좋은 연화산자락에 항일전쟁순국열사능원을 만들어 쥐쳰 장군과 진광화, 윤세주 열사의 유해를 모셨다가, 해방 후 1950년 10월 한단시 "진지루위열사능원"이 축조되자 쥐쳰 장군과 진광화, 윤세주 열사 등을 이장했다.

헤이룽동협곡에 이르러 차에서 내리자 천연수 동굴 헤이룽동이 눈앞에 보였다. 동굴 앞에 오자 냉기가 흘러나왔다. 동굴의 물은 매우 맑고 깨끗하여 바닥에 돌들이 그대로 보였다. 동굴 밖에는 두 세 명의 마을 주민들이 모여 있었는데 여름철 무더위를 이기기 위해 시원한 이곳으로 모인 것 같았다.

헤이룽동 앞에서 한단시 조선의용대 열사 기념관 상롱성 관장은 진광화, 윤세주 두 열사의 희생 상황을 생생하게 들려주었다. 중국 학생들에게 있어서 이 두 분 열사는 조금 낯설게 느껴졌지만 설명을 듣고 나서야 이곳 스즈링은 중국군 뿐만 아니라 조선열사들의 선혈로 물들여졌으며, 중국과 조선의 민족해방을 위해서 양국의 전사들은 너나 할 것 없이 함께 싸운 적이 있다는 사실을 좀 더 생생하게 알 수 있었다.

헤이룽동에서 계속 앞으로 산속을 따라 걸었다. 산 양측은 모두 개발되지 않은 산맥들로 에워싸여 있으며, 산이 높은 것은 아니지만 매우 가파르고 험준했다. 겹겹의 판암들이 쌓여서 형성된 산들이다. 산속을 걷고 있으니 간간히 새소리가 들려오고, 귓전에는 그때 당시의 전투 현장의 격렬한 총소리가 들리는 것 같았다. 같이 수행한 몇 명의 신문사 기자와 옌벤대학의 조선족 학생들은 맨 앞에서 걷고 있었는데 가끔 발걸음을 멈추고 전방에 펼쳐진 아름다운 풍경의 산들을 카메라에 담았다. 아름다운 산 풍경과 감상에 잠겨 산속을 걷고 있으니 대도시의 긴장된 현실 생활 속에서의 많은 번뇌와 고민도 잠시 모두 잊고 청산과 자유롭게 하늘을 날고 있는 새들과 친구하면서 자연과 하나 됨을 느낄 수 있었다. 잠시 후 우리들은 하루의 모든 일정을 끝내고 호텔을 향해 발걸음을 재촉했다. 나는 깊은 사색에 잠겼다. 도대체 무엇이 당시의 중국과 조선 전사들로 하여금 자신의 생명을 던져가면서 전투의 승리를 도모하게 만들었던 것일까? 아마도 독립의 이상에 대한 확고한 신념과 자유에 대한 갈망이 아니었을까?

학술세미나

호텔에 돌아오자 우리들을 기다리고 있는 것은 풍성한 저녁 만찬이었다. 궁보계정, 마파두부, 어향육사 등 중국에서 가장 대표적인 음식들로 우리의 입맛을 자극했다. 모두 힘들었던 터라 다른 때와 달리 너무 맛있게 먹었다.

잠깐의 휴식시간을 가진 후 8시부터 정식으로 세미나가 시작되었

● 열띤 학술세미나 풍경

다. 이날 세미나의 주제는 '김구선생과 광복군', 인물탐구로 '줘췐 장군과 윤세주 열사', 그리고 '약산 김원봉 선생과 조선의용대군' 등 크게 3개의 섹션으로 나눠져 진행되었다.

첫 번째 발표는 베이징대학 철학과 한국 유학생 김진선 박사생북 베이징대학 한국유학생 대학원 학생회 제4대 회장이 '한국의 어버이'로 불리는 유명한 독립운동가 김구 선생과 광복군에 대해 소개했다. 1919년 김구 선생은 상하이로 망명하였으며 대한민국 임시정부를 세웠다. 항일전쟁 시기, 김구 선생이 이끄는 대한민국 임시정부는 전후로 창사, 충칭으로 이전하였으며 당시의 국민당정부와 밀접한 관계를 맺어왔다. 이 밖에도 김구 선생은 중국에서 일본주재 상하이 육군 총사령관 백천의 측의 암살을 계획하여 중한 양국 사람들의 항일정신을 고취시켰다. 또한 김구 선생이 이끄는 광복군은 조선의용대 창설1938년 10월 10일 우한 한커우에 자극을 받아 1940년 9월 충칭에서 국민당 장제스의 적극적인 지지와 지원으로 창설되었다. 특히 광복군 일부 인원은 미국정부의 전폭적인 지원하에 특수훈련을 받으면서 주요 미얀마 전선 등에 파견되기도 하였다. 이후 1945년 10월을 기점으로 광복군은 조

선반도 내 진공작전을 계획하기도 하였으나, 일본군의 조기 항복으로 결국 광복군의 조선국내 진공작전은 무산되고 말았다. 이러한 상황은 해방 후 한반도 내에서 조선인 스스로 국내정치의 주도권을 갖지 못하는 주요 원인으로 작용하였으며, 특히 미소 강대국의 분할 점령으로 6·25전쟁의 잉태와 분단 고착화라는 결과로 귀결되었다. 이러한 일련의 한반도 상황은 우리에게도 많은 것을 암시한다.

나는 중국학생 대표로 두 번째로 발표했다. 이번 역사탐방에 참여한 서울대학의 몇 명 한국학생들은 중국어를 몰랐으므로 내 발표는 한국어로 동시통역_{통역:베이징대학 김미홍 대외한어교육학 박사생/학생회 학술기획부장}되었다. 나는 줘췐 장군의 생애와 그분의 항일투쟁에 대해 소개했다. 오전에 막 줘췐 장군의 희생지를 참관 했기에 오늘 발표는 모두에게 더욱 마음에 와 닿는 시간이었다. 줘췐 장군은 항일의 적진 후방에서 희생된 팔로군 최고위급 지도자로서 탁월한 군사 지휘 재능을 갖고 있을 뿐만 아니라, 우수한 군사이론을 겸비한 인재였다. 그의 희생에 대해 저우언라이 전 총리는 "항일전쟁에 있어서 정말 그 무엇으로도 보상받을 수 없는 큰 손실이다."라고 말하며 비통한 마음으

● 위에서 부터 김진선, 장메이란, 손숙자, 정원식

로 깊은 애도를 표했다.

　세 번째 발표자는 중앙민족대학의 손숙자 석사생 국회사무처 사무관이다. 그는 석정 윤세주 장군을 소개해 주었다. 윤세주 장군은 우리가 오후에 참관한 스즈링에서 희생되었다. 쥐췐 장군과 마찬가지로 그 또한 1942년 일본군의 '철벽 포위망을 뚫다'의 대소탕작전에서 용감하게 몸을 바쳐 싸우다 희생되었다. 한국 사람들 뿐만 아니라 중국 사람들도 그를 중국 항일전쟁에서의 영웅으로서 추앙하고 깊은 감사와 함께 존경을 표해야 한다.

　마지막 발표자는 베이징대학에서 국제관계학을 전공하고 있는 한국유학생 정원식 박사생 전 베이징대학 한국대학원생 학생회 회장이 '김원봉 선생과 조선의용대'를 주제로 발표하였다. 정원식 박사생은 6년 4개월 간의 군장교 복무경력 육군 대위로 전역을 갖고 있는 관계로, 발표내용이 군 관련 내용이기에 좀더 심도 있는 발표가 이어졌으며, 중간 중간에 감정이 격앙되곤 하였다. 이는 아마도 본인이 과거에 군인이었기에 군인들만이 느낄 수 있는 서로 이해하고 아끼는 마음 때문이었을 것이다. 정원식 박사생은 특히 김원봉 선생에 대한 한국내 평가가 너무 이념의 잣대에 치우친 나머지, 그분의 항일무장투쟁 조선의열단과 조선의용대 등에 대한 올바른 조명과 평가가 제대로 이루어지지 못하고 있음을 몹시 안타까워했다. 또한 김원봉선생은 국민당 장제스 정권과 오랜 협상 끝에 지지와 지원을 이끌어내어 1938년 10월 10일 조선의용대를 창설하였다. 조선의용대는 중국대륙에서 합법화된 최초 조선인 군사대오로서 체계적인 항일무장투쟁단체이다. 중국 화중·화남과 화북지역에서 중국군 중국 국민당군대와 공산당 팔로군과 함께 연합으로 전개하여, 한반도 민족독립의 의지를 전 세계에 알리는 결정적인 기여를 했음에도 불구하고, 오늘날 한국 내에서는 목숨을 건 조선의용대의 항일무장투쟁을 사회주의 계열이라는 이유만으로 빨갱이집단의 항일투쟁으로 폄하하는 경향이 있음을 지적했다. 특히 정원식 박사생은 김원봉 선생이 여러 가지 정치적인 연유로 한국에서 불공정한 대우를 받았다고 하였다. 또한 "진정한 남북통일로 가기 위해서는 냉전적인 사고의 틀에서 과감히 벗어나 보다 성숙되고 포용력 있는 역사의식을 가져야 한다."라고 강조하였다. 발표자는 인도출신 소설가 조지 오웰의 ≪1984≫작품에 등장하는 문구를 다음과 같이 인용하면서 발표의 결론을 대신하였다. "과거를 지배하는 자가 미래를 지배하고, 현재를 지배하는 자가 과거를 지배한다."

　이번 발표는 나로 하여금 역사를 알게 했을 뿐만 아니라, 역사란 무엇인가를 생각해 볼 수 있는 귀중한 시간이었던 것 같다. 사실상 외국인인 내가 보기에도 김구 선생과 마찬가지로 조선의 민족 독립을 위해서 완강하게 전투에 맞섰던 영웅이라고 생각한다. 세미나는 학생들의 열렬한 박수소리와 함께 막을 내렸다. 이것으로써 2일 째의 탐방활동도 끝을 맺었다.

　나는 이번 항일역사 유적 탐방활동에 참여하게 된 걸 정말 행운이라고 생각한다. 비록 서로 상호 교류에 있어서 불편한 점이 있었지만 내가 얻은 것은 이 기간 동안 느낀 잠깐의 불편함보다 훨씬 컸다.

　이번 역사탐방을 통해 나는 중국공산당 팔로군과 조선의용대가 어깨를 나란히 하며 항일투쟁을 전개하였음을 알게 되었고, 중국에서 희생된 많은 조선 영웅들인 진광화, 윤세주, 최철호, 이정순, 손일봉, 박철동 등에 대해 또한 알게 되었다. 중국과 한국은 일찍이 이 토록 친밀한 우정을 나눈 사이인데 양국이 서로 잘 지내지 못할 이유가 뭐가 있단 말인가? 또한 이번 활동은 중국 자체의 역사에 대해서도 더욱 깊게 알 수 있었던 시간들이었다. 내 기억 속의 쥐췐 장군은 단지 교과서에서 본 희미한 사진, 시험에서의 작은 지식 테스트에 불과했지만 지금 그는 내 마음속의 가장 존경스러운 영웅으로 자리 잡았다.

민족과 조국해방을 위해 목숨을 초개와 같이 바친 조선과 중국의 혁명 영웅들에게 우리 함께 경의를 표하자!

셋째날: 상우촌에서 중위안촌

오아름

늘 그렇다. 늦게까지 깨어 있는 건 쉽지만, 일찍 일어나기는 쉽지 않다. 지난 이틀. 가벼운 마음으로 달려온 길이 아니었다. 그만큼 피곤하였다. 시골 도로의 열악한 사정은 일정을 자꾸만 뒤로 늦춰지게 했고, 뒤늦게 돌아온 숙소에서는 또 저녁 일정이 기다리고 있었다. 이틀째인 어제는 9시가 다 되어서야 세미나를 시작해 12시 가까이 된 시간에 겨우 마쳤다. 세미나를 정리하며 발표자들과 이야기를 나누고, 오늘의 일정을 비롯하여 향후 역사탐방의 행보에 대한 논의까지 이어진 것이 얼추 새벽 3시께. 그리고 돌아와 다시 한 번 3일 째의 일정에 대한 점검, 그렇게 잠깐 잠이 들었는데, 이제 바로 눈을 뜨고 몸을 일으켜야 하는 것이다. 쉽지 않다. 긴 세월의 야행성 인간에게 새벽 기상은 어떤 이유에서거나 쉽지 않은 일이다. 그러나 오늘 3일 째. 이 하루가 지나면 이제 8부 능선은 넘은 것이다. 내일이 지나고 나면 여기 모인 우리들, 잊혀져 갈 뻔한 우리의 역사가 아닌 현재 자신의 생생한 역사 속으로 돌아갈 것이다. 자, 우리가 지켜야 할 우리의 역사 속에 함께 있을 때, 그래 조금 잠을 아끼자. 그리고 개인의 역사속으로 들어간 며칠 후까지 잠시만 아껴두자. 그렇게 힘겹게 눈을 뜨고 챙겨 호텔 로비로 내려왔다. 자, 시작, 3일 째 일정!

 그런데 오늘 아침은 뭔가 조금은 가벼운 느낌이었다. 그렇다. 오늘은 3박 4일 일정 중 유일하게 정식 제사가 없는 날이다.물론 약식 제사는 있다. 순국선열들을 위한 제사는 숭고한 의식, 무엇이 문제란 말인가? 그래, 지금은 산길을 달리고 달리고 시골길을 헤치고 헤쳐 40여 명의 인원들과 곳곳마다의 일정에 필요한 것들을 챙기며, 단 몇 분의 시간 지연에도 촉각을 곤두세우며 이동해야 하는 순간이다. 제사에 필요한 것들이라 하면 향로와 향, 과일과 포와 음식과 술, 술잔, 상, 돗자리, 칼과 수저, 컵과 접시 등. 이렇게나 간단하게 보이는 것들 뿐이다. 하지만 하나하나 점검하며 챙겨 넣을 때는 숙연함보다 정작 현장에 도착하였을 때 하나라도 잊은 게 있으면 어쩌나 하는 걱정부터 드는 것이다. 제례악이 구비되고 줄줄이 의식 절차가 구비된, 정식으로 온통 제사 의식에만 신경을 쏟을 수 있는 그런 완벽한 상황이 아니라는 것이다. 그러니 오지의 역사탐방에서 필요한 또 다른 숱한 물품들과 함께 그 엄숙한 제사를 준비하다 보니 꼭 의외의 실수가 발생하는 것이다. 실제로 접시 봉투가 다른 상자 속에 잘못 들어가는 바람에 낭패를 본 적도 있지 않나? 게다가 제사의 엄숙한 의식 안에 그 중심에 서야 하는 입장에서 전체 일정을 조망하며 꾸려가기가 쉽지 않다. 몸과 마음은 절을 올리며 선열들과 함께 하지만, 또 생각은 다음 일정에 대해 빠르게 돌아가는 머릿속 그림들이 떠오른다. 비장하게 역사 속에 빠져들어가 제문을 읽을 때, 나는 또 그날 하루의 세부 사항에 대한 일들을 한 수 한 수 확인하고 있는 것이다. 그러니 이 어찌 이중의 얼굴로 선열들을 대하는 것이 아니랴. 절을 올리며 혼자 느끼는 이런 비밀스런 낭패감, 오늘은 없다. 탐방의 주목적에 집중하여 곳곳의 순간에 잠시 자신만의 사유에 빠져들어도 될 터이다. 그래, 출발!

상우촌: 무명 열사의 묘

첫 탐방지인 상우촌에 도착하였다. 이 곳은 조선의용군의 최초 주둔지인 도교 사찰 홍푸사가 있던 곳이다. 여기 주민들에 의해 홍푸사 일부가 복원되어 있다. 복원된 절터가 주는 황량함이란 무너진 왕조에 대한 서글픔을 읊는 서러운 애국충신의 마음이라도 되는 양 싶어야 하겠지만, 그러기에는 너무나도 단순한 한 칸의 절이었다. 여기 이렇게 한 칸 달랑 남은 사찰이 있었다. 이곳에서 그 젊은이들이 한 치 앞도 모르는 숨 막히는 긴장을 견디며 자신의 온 생명을 내던질 계획을 꾸리던 곳이다. 지난 그 순간은 그 자리에서 그대로 남아 있지만, "세월은 가고 인걸은 변하였다……" 그렇다, 세월은 가고 세상은 변하였다. 당신들을 만나고자 온 우리는 팔과 목에 선크림을 꼼꼼하게 바르고, 반짝이는 테가 멋스러운, 명품 분위기라도 나길 바라는 선글라스를 썼다. 박음질이 잘 된 그래도 꽤 신경 써서 마련한 여권지갑을 챙기며, 21세기의 야구모자를 눌러쓰고 버스에서 내렸다. 이런 우리 모습은 그저 평범한 이 시대의 청년의 모습일 뿐, 자괴할 일도 자책할 일도 아니다. 어떤 자괴감이 든다고 하면 그건 오히려 지나친 비약에 빠져든 촌스러움으로 치부될 수도 있는 일이다. 마치 과잉 감상에 빠져든 문학작품 속에나 나옴 직한 느낌 같다고나 할까…… 하지만, 그랬다. 백 년도 덜 지난 당시,

🔴 홍무사

전쟁의 폭풍 속에 숨죽이며 분초를 내달리던 그들 앞에서 뭔가 송구스러운 마음이 드는 건 어쩔 수 없었다. 결국 문제는 우리가 어떤 복장, 어떤 태도로 이곳에 나타났느냐가 아닌, 그들 앞에 그냥 모든 것이 송구스러웠다는 것이다.

　다시 우리는 뒷동산을 향해 걸었다. 그저 조그마한 동네 뒷동산이다. 그렇지만 풀이 잘 정돈되고 길이 아기자기하게 난 식후 산책 코스로 적격인 우리의 상상 속의 그런 작은 뒷동산을 상상했던 건 너무나 우스운 일이었다. 한 사람이 겨우 걷기에도 힘이 부친 아주 좁은 길, 아니 그건 길이라고 하기에도 구색이 갖추어지지 않은 그냥 풀숲이었다. 가시풀들이 무성한 그 숲을 헤치며 걷기를 십여 분. 예상치 못한 뒷산의 모습에 반바지차림의 몇몇 참가자의 다리는 고문을 받은 흔적처럼 붉은 피 어린 자국들이 쓱쓱 늘어갔다. 작은 핏방울이 그 선을 따라 맺혀 있는 모습을 보자니 안쓰러웠다. 그렇게 작지만 험한 동산을 올라 우리는 작은 묘지 앞에 닿았다. 볼품없다는 느낌은 아니었지만, 그래도 '무명 열사'의 묘라는 느낌만큼은 분명하게 전달되는 묘였다. 가시풀들 우거진 동산의 한 구석, 이름 모를 나무숲에서 미미한 존재감으로 조용히 누워 있다. 이름 없이 남긴 이 무덤의 그를 처연히 지켜준 건 저토록 푸른 하늘. 그러나 그 하늘이 해줄 수 있는 건 아무것도 없다. 그 하늘 아래 이렇게 움직이고 살아 있는 우리가 무언가를 해야만 한다!

우리는 간단한 제사를 준비했다. 아주 간단했다. 무겁게 낑낑 끌고 올라가던 교자상도 없었고 향로며 떡이며 갖가지 과일과 나물들도 생략되었다. 사실 그것들을 배치할만한 공간조차 허락되지 않는 조그마한 무덤이었다. 사과, 배, 포, 막걸리 한 잔이 전부였다. 약산 의열단 김원봉 장학회의 김태영 회장님께서 대표로 절을 하셨다. 어제 그 웅장한 스즈링의 교각 아래, 제법 멋스럽게 차린 제사 상 앞에서 일행 모두들 앞서거니 뒤서거니 절을 올리며, 준비된 제문도 읽어 내려가고 긴

시간 구색을 갖춘 제사를 치른 뒤였다. 다른 일행의 중국인 탐방객들도 줄을 서서 내내 구경을 했던 꽤나 진지했던 제사. 그러나 오늘의 이 순간, 김태영 회장님의 재배가 끝이었던 간단한 몇 분밖에 소요치 않은 이 제사 의식이 어제의 그 장엄한 의식을 앞질러 가슴에 닿는다.

그토록 오랜 세월 그 곳에서 조용히 잠들어 있던 그. 주민들이 만들어준 비는 세월에 닳고 닳아 그 이름 석 자가 지워져 버렸다. 그렇다. 그는 원래 무명 열사가 아니었다. 그에게도 이름이 있었다. 그러나 그 이름이 사라지기 전에 우리는 이곳에 오지 못했다. 이름이 사라지고 나서야 이제서야 나타나 눈물을 감추며 절을 올리는 것이다. 무명 열사의 묘는 무명 열사의 묘가 아니어야 했다. 이 묘가 무명의 열사 묘가 되어야 할 만큼의 시간 동안 우리가 이곳에 올 수 없었다는, 그 이름을 지키지 못했다는 것에 누가 고개를 들 수 있으랴······.

김태영 회장님의 재배. 그는 여기 누워 자신의 청춘과 인생과 그리고 죽음마저도 이끌었던 김원봉 장군의 후손이 찾아온 오늘이 오리란 것을 알고 있었을까? 기다리고 있었던 걸까? 김태영 회장님은 탐방 내내 조용히 다른 참가자들 속에 조용히 함께 있었다. 세미나 시간에 배정하려 했던 짧은 강연 시간도 사양하시고, 제문을 읽는 것도 사양하셨다. 김원봉 장군님의 후손인 것은 그만 잊어달라고 말씀하시기나 하는 듯이, 일체 행사의 전면에 나서길 조용히 거부하셨다. 그렇지만 이곳 무명용사의 묘 앞에서 홀로 재배를 올리시는 것을 마다하지는 않으셨다. 저 젊은 무명 열사가 묘 안에서 읍하는 것이 느껴지는 듯했다. "내 이름이 잊혀지고 내 육신이 썩어 없어지고, 흙 속의 백골로 누워 긴 잠을 잤습니다. 그 긴 시간 뒤로 하고, 드디어 오셨습니까? 장군님의 후손이여, 그리고 우리의 후손들이여. 이제 오셨습니까. 그대들이여." 묘 안에 잠든 백골이 눈물을 흘리고 있었다. 묘 밖에 서 있는 우리도 눈물을 흘리고 있었다. 가시풀 우거진 무명 열사의 묘 앞에서 죽은 자와 산 자가 함께 울며 역사를 관통하여 만나고 있었다. 산 자와 죽은 자의 만남이란 몽환적이고 기괴한 영화 속에서나 혹은 판타지 소설 속에서나 나오는 이야기가 아니었다. 여기 긴 시간을 기다려온 이름 없는 열사가 당신을 이끈 그의 후손을 만나는 곳, 그리고 그를 둘러싼 우리가 함께 시간을 거슬러 당신을 기다리는 곳. 여기서 우리는 죽은 자와 조우하였다.

가시풀숲을 다시 헤쳐 마을로 내려와 의용대가 이곳에 머물 당시 어린 소년이었던, 그러나 지금은 이미 백발이 성성한 노인이 된 역사의 증인을 만났다. 그를 비롯한 다른 주민들이 바로 무명열사의 묘를 지켜주며, 또한 그들의 이야기를 전달해주는 이들이었다. 왜 이제서야 이토록 긴 시간이 되어서야 찾아왔냐는 그들. 무명 열사의 묘 앞에서 느꼈던 부끄러움이 다시 솟구쳐 밀려온다. 그 앞에서 우리는 무슨 말을 할 수 있으리. 이제야 찾아올 수밖에 없던 그 이유, 그들을 멀리하도록 규정지은 이념과 사상 따위, 매우 부끄러운 단어에 불과한 것을……

많이 훼손되었을망정 그 흔적을 지켜준 이들에게 마음으로부터 깊은 감사를 드린다. 게다가 마을 입구에는 1996년 국가보훈처의 예산 지원으로 만들어진 조선의용군 기념비도 있다. 이 비에는 '조선의용군 타이항산 지구 항일전 순국선열 전적비'라고 새겨져 있다. 뒤편에는 제법 긴 설명이 덧붙여져 있다.

윈터우디촌: 한글 구호가 적힌 성벽

마을에서 내려와 버스를 타고 달려 간 곳은 두 번째 탐방지 윈터우디촌. 무정 대장과 의용대원이 숙소로 쓰던 기와집이 남아 있는 곳이다. 그러나 이곳에 그 기와집만 남아 있는 것은 아니었다. 윈터우디촌 남쪽 마을 어귀에 있는 이 층 성문. 일본군과 대치하던 의용군에게 이 성벽은 다만 대치의 분계선 역할만 한 것은 아니었다. 성문 벽에는 조선의용대원들이 남긴 한글로 된 선전 구호들이 아직까지 남아 있는 것이다.

"왜놈의 상관놈들을 쏴 죽이고 총을 메고 조선의용군을 찾아오시요."
"조선말을 자유대로 쓰도록 요구하자."

그들은 왜 이 벽에 이런 한글 구호를 남겼을까? 이 중국 땅에서 사용하는 중국어 혹은 대항하는 일본군을 향하는 것이니 일본어로 남기지 않

고? 그렇다. 중국 땅에서 일본군과 싸우면서 그 중국군과 함께 일본군에 대항했던 조선의 청년들이 있었고, 또 그 일본군 속에는 징용으로 끌려온 조선 청년들이 있었다. 이 구호는 전쟁의 포화 속에서 자신들 스스로를 격려하려는 의도에 따라 모국어로 쓴 구호가 아니었다. 그것은 일본군에 징용으로 끌려온 상대 진영의 조선 청년들에게 부르짖는 애끓는 호소였다. 그리고 그 속에는 하루 빨리 일본군 진영을 떠나 이쪽 진영으로 오라는 암시가 담겨 있다.

김사량 또한 일본군으로 위문공연왔다가 조선의용대로 활동 중인 타이항산으로 스스로 찾아가지 않았던가. 이곳에 있는 조선청년들은 일선에서 대치하는 병력이라기보다 대부분 무장선전 활동의 전개하였고, 이 구호 또한 그 선전활동의 일환인 것이다. 그리고 이런 선전활동은 성과를 거두기도 하였는데, 팽성경비대의 조선인 김통역은 화북지대의 선전품을 보고 내내 울었으며, 일본군의 간부회의에서 조선의용대 선전은 매우 위험하니 속지 말라고 당부하였다는 기록이 있다. 비록 몸은 어쩔 수 없이 일본군에 끌려 왔으나 총을 겨눈 상대 속에 우리의 형제가 있으며, 또한 그들이 남긴 한글의 구호를 볼 때 어찌 가슴이 끓지 않을 수 있을까. 형제끼리 총부리를 겨눈다는 것은 6·25전쟁 당시에만 벌어졌던 이야기가 아니다. 그보다 몇 십 년 전, 항일 운동의 시기에도 이런 비극은 이미 존재해왔던 것이다. 조금은 생경하게 느껴지는 선동적 문구의 구호가 새겨진 작은 성벽. 그리고 뒤로 펼쳐진 황량한 들판. 하얀 페인트가 덧칠해진 만큼의 시간이 흘렀다.

홍푸사 절터도 구호도…… 모두 이곳 주민들에 의해 보존되어 온 그 복원의 시간, 앞으로 우리들이 함께 해야 하지 않을까? 그러나, 언제? 그래 지금은 정확히 기약할 수 없지만, 그러나 멀지 않은 그 날, 우리 여기 다시 올 때 그때는 그저 저 구호를 바라보며 서 있지 않으리. 페인트통 하나와 붓 하나, 붓질로 세월 속에 그 구호를 끌어올리리. 벽돌을 다시 쌓아 홍푸사의 기억을 되살리리. 그렇게 우리 되돌아오리.

마텐 팔로군 총부

　무명 열사의 묘와 홍푸사 옛터, 그리고 한글 구호가 적힌 성벽을 보고 다음 도착한 곳은 마텐 팔로군 총부. 중국 공산당 군사위원회가 중·일전쟁 발발 이후 제 2차 국·공합작이 급작스럽게 진전됨에 따라 1937년 8월 중국인민항일군을 국민혁명군 제팔로군으로 개편하고, 산시성 동남쪽 타이항산 일대인 전남동지구에 팔로군 129사단을 배치한데 이어, 팔로군총부 전선사령부를 설치하였다. 마텐의 팔로군총부기념관은 1941년 7월 마텐으로 이전한 이래 1945년 8월 15일까지 팔로군 총부 전선사령부가 있었던 곳으로, 현지 지주의 저택을 몰수하여 사용하였다. 집채 안에 전시된 내용들이 없다면 칸칸이 별채가 늘어선 운치 있는 고택인데 말이다. 잠깐까지는 조금 가라앉은 마음으로 한 발자국 한 발자국 옮기는 순례의 여정과 같았다면 이곳에서는 그 순례의 발자국이 견학이라는 마음가짐으로 바뀌는 순간이었다. 팔로군 총부, 전쟁의 중심의 참모지. 전쟁이 무슨 영화요 소설과 같을 수 있겠는가? 그러나 벽벽에 걸린 대형 작전 지도와 그 지도 안을 채워 넣은 군대 이동 표시며 작전 암호들과 계획들. 그 시절의 전화기와 망원경, 총 등등. 탐방자들은 영화 촬영 현장에라도 와 있는 듯 이것저것 소품들을 반겨보며, 장군의 집무실에도 앉아보며 사진을 찍느라 여념이 없다.

난좡촌: 조선혁명군정학교 옛터

　서현 주변의 유적지를 둘러보는 시간은 매우 매끄러웠는데 길이 막힐 수는 있어도 기본적으로 이동 거리가 길지 않기에 30분에서 1시간 사이에 이동할 수 있었다. 점심을 먹고 출발했는데 길이 막힘 없이 흐름이 좋았다. 이어서 도착한 난좡촌, 이곳은 조선혁명군정학교의 옛터였다.

　학교 설립의 흐름은 이렇다. 1944년 1월, 조선의용군의 주력이 옌안으로 떠난 후 타이항산으로 조선인 청년들이 모여들었다. 이에 총사령관 무정은 항일 전사들을 교육할 목적으로, 같은 해 9월 조선혁명군정학교를 세우게 되었다. 낡은 절을 수리하여 세운 학교의 정식 개교는 1945년 3월. 1945년 5월 타이항산 지구 조선혁명군정학교의 생도 수는 293명 이었다. 이들은 수준에 따라 고급·중급·저급반으로 나뉘어 정치학습과 군사훈련을 받으면서 학생자치와 문화부 활동, 그리고 농수산물 생산도 함께 했다. 학교 터 남쪽 절에는 1944년 이후 일본군 지역에서 탈출하여 의용군에 합류한 조선 청년들이 임시로 거처하였다. 안타까운 것은 그 터가 남아 있고 보존이 되어 있긴 하지만,

　조선혁명군정학교 옛터 내부와 인민공연장. 인민공연장 위에는 '중조한우의기념대'라고 한글로 적혀있다.

지금은 유아원과 병행하고 있어서 당시의 흔적이 온전히 느껴지지 않는다는 것이다. 아마도 이 유아원과 근처의 건물들이 군정학교의 교사로, 유아원 서편의 야외극장 무대와 500평 가량의 공터가 연병장으로 사용된 것으로 추정된다. 현지 주민의 증언에 따르면 주변의 민가를 얻어 군인들의 숙소로 사용했다고도 한다. 그러나 당시의 흔적을 느낄 수 있는 어떤 매개가 있는 것이 아니었기에 비교적 담담한 마음으로 학교의 옛터와 연병장으로 쓰였을 것이라 추정되는 지금의 대공연장을 둘러보고 여행버스 안으로 들어왔다. 조금 일찍 도착했는데, 이후에 도착한 이들의 이야기를 들으니 공연장에서 서울에서 온 풋풋한 대학생들과 함께 김태영 회장님, 신나게 말춤을 추셨다고 한다. 서울과 미국에서 날아와 이 역사 탐방에 동참한 원거리 참가자들의 말춤 공연, 에피소드를 들으며 다시 129사단으로 이동!

❶ 29사단

다음 도착지는 전국중점문물 보호 단위로 지정된 팔로군의 129사단 사령부. 1940년 덩샤오핑과 유백승이 이끄는 129사단이 타이항산 지역으로 진격하며 진지루위에 항일 근거지를 마련하였는데, 당시 이 마을 중앙 산비탈에 사령부를 설치하였다. 1945년에 사령부는 무안으로 이전하였는데 이곳에는 혁명 문물 자료가 진열되어 있다. 그러나 우리는 전시관의 전시 자료를 보기보다 사령부 건물들을 둘러보았다. 동산에 자리잡은 사찰의 느낌. 마을과 어우러지되 또 그만의 장엄함이 서려 있었다.

어린 친구들은 전시관 앞의 실제 크기 이상으로 조각되어 있는 덩샤오핑을 비롯한 다섯 명의 지도자 동상 앞에서 그들의 동작과 같은 포즈를 취하고 사진을 찍는다. 모두들 모여 그 모습에 웃음을 터뜨린다. 129사를 탐방하고 돌아오는 길에 도로의 전면에 129의 기념로고로 장식된 즐비한 가로등을 볼 수 있었다. 용의 모양과 숫자를 조합하여 만든 이 붉은 색의 로고는 매우 단순했다. 하지만 자칫 그 역사적 무게감으로 인해 매우 경직되게 다가올 수도 있는 분위기의 129사단의 이미지를 친근하게 잘 구현했다는 생각이 먼저 들었다. 확실히 이제 3일 차의 탐방 일정을 마무리하면서 마음이 조금은 가벼워졌는지……

녁

숙소에 도착. 3박 4일 일정 중 마지막 밤을 맞는다. 1일 차엔 긴 이동의 시간 후에 도착하여 다들 녹초가 되었고, 2일 차엔 진지한 세미나에 모두 숙연해졌다. 3일 차, 오늘은 우리 조금은 편안하게 일정을 정리하는 밤을 보내도 되지 않을까? 식사 후 모인 우리들은 레크리에이션 시간을 가졌다. 모두에게 가장 깊은 인상을 남길 수 있도록 자기 소개하기, 자기 소개? 물론 첫날 버스에서 간단한 이름 소개는 있었지만, 이 만남의 자리는 사실 첫날 일정에 있었지만 3일 째가 되어서야 비로소 이루어진 것이다. 조금은 늦었기에 더 주의를 기울여 참가자 한 명 한 명의 이야기에 귀를 기울이며 마지막 밤이 흘러감을 아쉬워했다. 조별 대항의 간단한 게임에도 우리 너무나 크게 웃었고, 그렇게나 오래 웃었다. 이밤, 역사의 그늘진 기억들을 웃음으로 살려내는 시간이 될까? 시간이 가고 있었다. 순간과 역사가 교차한다. 잠시의 순간이 역사로 스며들고 역사는 순간에 와서 멈추면서 그렇게 우리는 이 시간을 보낸다. 내일과 미래와 우리의 새로운 역사가 기다릴 그 시간들을 향해.

넷째날: 스먼촌에서 진지루위열사능원

이성현

스먼촌과 진지루위열사능원

4일차 마지막날 일행은 첫 번째로 스먼촌石 文村에 들렀다. 이곳에는 1942년 10월 조성된 묘역으로 중국의 쥐췐 장군을 비롯해 1942년 5월 '반소탕전' 당시 전사한 열사들이 처음 안치된 곳이다. 원래 스먼촌에 있었던 윤세주, 진광화 열사의 유해는 1950년 한단시 진지루위열사능원晋冀魯豫烈士陵園으로 이장되었다.

이 '반소탕전'이라 불리는 전투에서 팔로군 총지휘부 부참모장 쥐췐장군을 비롯해 윤세주, 진광화 열사가 전사했다. 당시 일본 북지 파견군은 1942년 2월 4만여 명의 병력을 동원하여 3월 말까지 근거지에 대한 소위 제1차 소탕전을 벌인 데 이어, 5월 전차와 비행기까지 동원하여 본격적인 제2차 소탕전을 개시하였다. 5월 24일 제36사단, 제26사단 일부와 제3독립혼성여단 3만여 명으로 편성된

일본군은 소위 철벽합위의 전술로 타이항산근거지 북부의 동욕 등지를 점령하고, 몇 갈래로 나뉘어 팔로군 전선총지휘부를 포위하였다. 이때 팔로군전선총지휘부의 긴급 이동명령을 받은 원터우디촌의 조선의용대는 칭장허를 건너 마톈을 지나 팔로군전선총지휘부의 뒤를 따랐다. 당시 조선의용대에는 1백여 명의 무장한 전투원 외에도 정치사업 일꾼과 후방사업 일꾼이 있었고 10여 명이나 되는 여성대원들과 가족들이 있었다.

5월 25일 일본군은 팔로군 전선총지휘부 부사령 펑더화이와 부참모장 줘췐이 이끄는 사령부 및 중공북방국 기관간부, 변구당학교, 현이상 당정간부학원들, 변구은행 인원들이 집결해 있는 북애포와 조선의용대원들이 있는 요문구를 향해 진격했다. 이 때 팔로군 전선총지휘부 정치부 주임 라서경이 인솔하는 팔로군 경위부대와 박효삼 지대장이 인솔하는 조선의용대 전투원들은 요문구 골짜기 서쪽과 동쪽 산머리에 올라 적의 침입을 저지하면서 비전투원들이 북쪽 흑룡동으로 탈출하는 것을 도왔다. 팔로군 부참모장 줘첸이 요문구에서 적의 포위망을 뚫고 나오던 중 스즈링에서 전사한 것도 이 때였다.

그날 저녁 땅거미가 지고 일본군이 물러난 후 조선의용대 40여 명의 비전투원들은 전투원들과 갈라져 헤이룽동, 하청구를 거쳐 5월 27일 한밤중에 화옥산에 이르렀다. 여기서 40여 명은 진광화의 지시에 따라 다시 네 개의 분조로 갈라졌다. 중국에 있는 조선족 동포 신문 '흑룡강 신문'은 2007년 5월 21일자 발행한 역사 기행문에서 당시 상황을 다음과 같이 적었다.

"날이 어두워질 때까지 엄호를 맡고 혈전을 치르던 조선의용대는 밤 장막을 타서 무사히 포위권을 빠져나갔다. 그러나 부분적인 대원들이 흩어졌다. 조선의용대 주요 간부였던 진광화와 윤세주는 일부 여성대원들을 거느리고 화옥산을 빠져나가려 하였다."

"27일 새벽 산속을 빠져나오던 이들은 적에게 발각되었다. 윤세주와 진광화, 최채는 여성대원들을 엄호하기 위해 적을 유인하기로 결정하였다. 적을 유인하여 산 아래로 달리던 진광화는 벼랑가에 다달았다. 그는 적탄을 맞고 벼랑에서 떨어져 장렬히 희생되었다. 산허리로 달리던 윤세주도 적탄을 맞고 중상을 입었고 산위로 달린 최채는 동굴에 숨어서 무사할 수 있었다. 윤세주는 치료도 받지 못한 채 근처 움집에 은신하고 있다가 며칠 뒤 세상을 뜨고 말았다. 적이 떠나간 다음 최채는 비통한 심정을 달래며 진광화와 윤세주의 시신을 수습하였다."

스먼촌에는 2005년 8월15일 개관된 조선의용군 열사기념관이 있다. 시간이 있는 사람은 이곳에 시간 순서대로 진열된 항일 역사 투쟁의 사진과 설명만 찬찬히 읽어 보아도 그 역사의 개괄을 이해하는 데 큰 도움이 된다.

기념관 문에 막 들어서면 연대기 별로 사망한 열사들의 이름이 적혀 있는 막대 차트가 서 있다. 1942년에 중국인 쥐췐, 그리고 조선의용대 윤세주, 진광화가 사망했다. 1943년에는 문영철, 김학무 그리고 이원대 다른 이름: 마덕산가 사망했다.

연대기 좌표 맨 왼쪽에는 따로 '순국 시기 미상'의 열사들의 이름이 나열돼 있다. 언제 죽었는지도 후손들이 모른채 그들은 외국에서 나라를 위해 목숨을 희생했다. 그 이름들은 최지남, 이용인, 김영신, 오균, 임평, 한 진, 김명화다. 이 기념관에는 당시 사망한 중국인과 조선인들의 국적을 구분하여 표기하지 않았다.

탐방단은 진지루위열사능원晋冀鲁豫烈士陵园을 들렸다. 중국 최초로 세워진 국가급 국립묘지다. 놀랍게도 이곳에 한국인이 두 명 안장되어 있다. 항일운동에 참가했던 석정 윤세주 열사와 진광화 열사다. 한·중 수교 후 선열의 발자취를 찾기 위해 방중한 유가족들이 발견했으며 한국에 많이 알려져 있지 않다. 이 둘은 앞서 언급한 스즈링 전투에서 장렬히 희생한 인물이다. 진광화 열사의 묘가 훨씬 더 크다. 이것에 대해 일행의 질문이 들어오자 현지 안내를 맡은 조선의용군열사기념관 상릉성 관장은 진광화 열사가 '중국공산당원이기 때문'이라고 했다. 하지만 이내 "묘의 크기는 상관 없다. 이들의 고귀한 희생은 똑같이 존중 받고 있다."고 했다. 상릉성 관장은 남북이 화합하는 의미로 내년에는 평양에서 가져온 흙과 한국에서 가져온 흙을 합하는 행사를 갖자고 제안했다.

이렇게 마지막 날 방문을 마치고 일행은 오후에 다시 버스에 올라 목요일 밤 11시가 넘은 시각에 다시 그들이 처음 버스를 탔던 베이징으로 돌아왔다. 버스 안에서 참가자들은 이번 여행에 대한 소회를 서로 나누는 시간을 가졌다. 오아름 베이징대학 한국유학생 연구생회 회장은 이번 탐방이 교과서에서 배우지 못한 중국에서 항일 운동을 전개한 인물들을 공부할 수 있는 소중한 기회였으면 좋겠다고 했다. 같은 대학 국제관계학과 박사과정의 정원식 씨는 "조선의용대의 항일투쟁 활동이 오늘날 한국 현대사에서 '빨갱이들의 항일투쟁' 쯤으로 폄훼 받고 있는 부분이 있다."고 지적하며 미래 지향적인 통일 한국으로 나갈 준비를 하는 과정에서 '역사 복원'이 필요하다고 했다.

개인 사재를 털어 줄곧 탐방을 협찬해왔던 김영민 선생은 "한국인들이 역사를 잘 모르는 것은 역사학도들의 책임도 크다."도 일반인들의 노력 못지않게 역사학계에서 항일 열사들 행적에 관한 관심을 촉구했다.

윤세주 열사의 기념사업회 이철환 사무국장은 "우리가 배운 것을 배운 것에서만 그치지 말고 삶에서 행하자."며 항일무장투쟁에 참가했던 열사들이 자아를 넘어 큰 민족적 책임을 느끼고 행한 것처럼, 우리 각자의 삶이 매일 바쁜 일상생활의 반복에 매몰되지 않고 역사의식을 느끼며 살자고 제안했다. 그것은 반드시 지금 현재 우리가 각자의 직장을 버리고 역사 알기 운동에 참여하는 것을 의미하는 것이 아니라 2주에 한 번씩 양로원에 들러 봉사활동을 하는 이철환 선생처럼 자기의 삶의 테두리 안에서 한민족 공동체를 위해서 봉사할 수 있는 기회를 찾아보는 것도 포함된다.

조선의용대는 중국 국민당 정부와 긴 협상을 통해 중국 관내에서 최초로 합법화된 한국인 무장조직이다. 후에 국공합작의 지형변화로 중국공산당 팔로군과 연합전선을 형성하여 혁혁한 전과를 거두어 중국인들에게 한국인들의 항일투쟁 의지를 깊이 각인시켜 주었고, 후에 중국 팔로군_{후에 인민해방군}에 편입되었다. 조선의용군은 1938년 10월10일 성립된 조선의용대의 후신이다. 이들의 활동은 중국의 화북, 화중, 화남에 걸쳐 전개되었으며 그 영향력은 지대하였다. 진광화, 윤세주 열사가 사망한 1942년 바로 전 해인 1941년 초 조선의용대는 몇 개의 지대로 나뉘어 중국내의 항일 근거지로 들어가 활동했으며, 화북지대는 이때 성립되었다.

조선의용대원들은 일본어를 비롯한 외국어에 능통하여 항일 홍보 활동을 전개하는데 뛰어난 활약을 펼쳤다. 이를 바탕으로 조선의용대의 조직역량은 확대되었고 군사와 정치적 소양이 우수한 간부를 배출하기도 했다. 당시 중공과 팔로군 지도자들은 조선의용군 발전에 큰 관심을 보였다. 그들 가운데 중공 북방국 대리서기이자 팔로군 129사 정치위원 덩샤오핑은 수차례 조선의용군을 접견하였고 친히 조선의용군 간부들을 진지루위 변구 참의원으로 추천하여 항일 근거지를 공동으로 건설하는데 주력하였다.

중국과 한국의 항일공동투쟁에서 많은 조선의용군들이 희생되었다. 한중 각계에서는 이들에 대한 추도식을 거행하였으며, 당시 팔로군 총사령관 주더는 감동적인 추도사로 조선의용군의 희생을 역사에 길이 남겼다.

타이항산 자락에 자리잡은 조선의용군 열사기념관은 해마다 많은 한국인이 방문하여 조선의용군의 항일유적지를 참관하고 있다. 타이항산 항일 유적이 속해있는 한단시 정부의 자료에 의하면 2012년까지 이곳을 참배한 한국답사단이 모두 126개, 참가자 수가 무려 11,260명에 달했다.

석정 윤세주, 진광화 열사께 바칩니다!

순결한 조국의 산하가 강도 일본에 뺏기어
목숨이 위태로울 때,
조국의 평화와 독립을 위해
이곳 중원 타이항산맥 화옥산 자락에서 싸우다
장렬히 전사한 자랑스러운 우리 조선의 아들 두 분의 영전 앞에
여기 조선 청년들이 무릎을 꿇었습니다.

열사의 피맺힌 절규와 희생으로
삼천리강토는 독립을 맞이했으나,
조국의 산하는 남과 북으로 갈라지고, 사상은 좌와 우로 나뉘어
질곡과 반목의 역사를 반복하는 사이
우리는 부끄럽게도 열사의 땀과 희생, 그리고 우리의 참된 역사를
잊어왔습니다.

조국이 독립하자는데 국민당과 공산당이 뭐가 중요하며
조국이 하나로 통일하자는데 좌와 우가 뭐가 중요하겠습니까?
하지만 맹목적인 이념의 광풍은 우리 조국의 몸과 마음을
갈기갈기 찢어놓았듯 우리의 역사와 생각까지도 흑백논리로
갈라놓고 말았습니다.
하여, 조선이 해방이 된 지 60여 년이 지나서야 우리는 열사의 영전
앞에 서게 되었습니다. 참으로 부끄럽고 또 슬픈 일입니다.

하지만, 조선 남쪽 밀양 땅에서 온 윤세주 열사!
조선 북쪽 평양에서 온 진광화 열사 그리고 이름 없이 사라져 간
조선의용군 열사들의 혼령이 깃든 이곳 타이항산의 준봉은 우리 조선 청년들
에게 힘주어 말하고 있는 것 같습니다.

"괜찮다 다 괜찮다. 먼 길 오느라 고생이 많았구나. 이제라도 만나서 반갑고
또 반갑다. 조국의 미래는 이제 너희들에게 맡기겠노라!"고 하며,

허허 웃으시며 오히려 우리를 위로하고 있으시는 것 같습니다.

열사님들이여! 우리 조선의 청년들은 이제,
잃어버린 우리의 역사를 찾고, 열사들의 뜻을 기리기 위해 여기에 모였습니다.
윤세주, 진광화 열사 그리고 이름도 명예도 남김없이 이역만리 타국에서 조선의 독립을 위해 몸 바쳐 싸우다 역사의 뒤안길로 사라져간 수많은 열사들의 조국 사랑과 만민 자유의 뜻을 결코 잊지 않겠습니다!

감히 그 누가,
조국의 평화와 통일, 그리고 조선반도와 중국의 영원한 우호와 미래 발전, 나아가 동북아시아의 평화공존의 원천을 묻는다면, 우리는 손을 들어 열사들이 잠들어 있는 이곳 타이항산을 가리키겠습니다.

여기 우리 조선 청년들이
조국의 통일과 역사의 발전에 산맥이 되고 준봉이 되실
윤세주, 진광화 두 열사의 영전에 머리 숙여 삼가 명복을 빌며
조국 산하의 맑은 물로 만든 술과 소략한 육포와 과일을 차려 올리오니 부디 거두어주시기 바랍니다.

서기 2011년 7월 1일 아침
중국에서 유학하고 있는 조선 청년 그리고 제행 학인을 대표하여
베이징대학 한국대학원생 학생회 대표 김진선 상배

에필로그

가슴에 새긴 상하이에서 베이징까지의 역사기행

여행을 한다는 것은 항상 사람의 마음을 설레게 한다. 특히 해외여행은 언어 생활습관, 문화가 다른 사람들의 생활모습과 거리 풍경 등을 보며 색다른 체험을 할 수 있다. 서로를 이해할 뿐 아니라 세상 보는 지혜를 느낄 수 있어 무엇보다 소중한 가치가 있다고 할 것이다. 아무리 큰 나라도 지구보다는 작다. 관광을 하든 역사기행을 하든 그 경험을 통하여 우리는 자연의 소중함과 조상들의 인간사랑·나라사랑·지구사랑의 숭고한 마음을 느낀다. 결국 우리가 모두 하나임을 깨달을 때 그 여행의 목적은 이루어진 것이다. 그래서 앞서 간 지식인들은 아이들이 많은 여행을 체험하는 것이 어떤 교육보다 귀한 체험이 되어 세상을 살아가는데 밑거름이 됨을 깨우쳐 준다.

우리나라는 삼면이 바다로 둘러싸여 있다 보니 해외여행을 하려면 신중하게 계획을 세워야만 했다. 요즈음은 지구촌 시대를 맞아 인터넷 등을 통하여 여행 정보들이 손쉽게 공유된다. 예전에 비하면 훨씬 쉽게 여행을 다닐 수 있으니, 참 편리한 세상이다.

50중반을 넘어가는 필자도 직장동료들과 처음 속초에서 배를 타고 러시아를 통해 훈춘을 거쳐 한민족의 얼과 혼이 숨 쉬고 있는 동북지방 일부와 백두산에 올라 천지연에서 한국에서 가져간 소주로 하늘에 간단한 제사를 지낸 추억이 아직도 뇌리 깊이 생생하게 남아 있다. 가끔 수업 중간에 학생들에게 역사기행을 이야기를 하면서, "대학생이 되면 꼭 백두산을 가봐라."는 당부를 했다. 순간순간 구름에 싸였다 흩어지는 천지의 모습을 보지 못한 사람들에게 흔히 하는 말로 "천지도 모르면서 시끄럽다."라고 한다. 물론 그때의 천지는 하늘과 땅을 나타내는 '天地'이고 백두산 천지는 '天池'이다. 즉 '못'을 의미한다.

그 이후 풍객風客님과 귀한 인연이 되어 대마도, 후쿠오카, 나가사키, 베이징, 한단 서현 등으로 역사기행을 하고 있는데 항상 감사하고 고마울 따름이다. 많은 사람들은 물질이 풍부해지면 그 돈을 사회에 귀하게 환원할 생각을 하지 않고 자기의 명예를 높이는데 사용한다. 하지만 풍객님은 특히 젊은 학생들이 미래에 큰 비전을 갖게 하기 위해 항상 역사기행을 보내준다. 이 장을 빌어 다시 한번 숭고하신 마음에 고개를 숙인다.

중국은 너무나 넓기에 이번 역사기행에서는 동북지방과 중국의 서쪽은 갈 수 없었지만 상하이에서 베이징까지 독립운동의 현장을 느끼고 보는 기회를 가졌다. 또한 중국의 역사, 문화를 함께 체험하는 종합적인 역사기행으로 기획되어 독립운동의 전반을 훑어 볼 수 있어 더욱 의의가 깊었다. 그리고 일제가 우리나라와 중국에 어떤 전략으로 침략했으며, 어떤 피해와 고통을 주었는지 생생하게 남아 있는 역사의 현장을 볼 수 있었다. 책으로만 본 현장들을 확인하는 귀한 시간이었다.

2012년 1월 3일 김해공항에서 풍객님과 '(사) 석정 윤세주 열사 기념 사업회' 이철환 과장과 반갑게 만났다. 언제 만나도 반갑고 귀한 분들이다. 혼자 가는 여행도 좋지만 마음이 맞는, 혼이 깨어 있는 사람과 관광觀光: 밝음을 본다는 뜻이 아닌 역사기행을 한다는 것은 무척이나 큰 가치가 있다. 관광을 하면 역사를 잘 보지 못하지만 역사기행을 하면 관광은 자연적으로 따라오는 선물이다.

여행은 준비하고 아는 것만큼 보인다고 하지 않는가? 내가 미처 알지 못하고 깨우치지 못한 지식과 지혜, 역사적인 사실이나 견해를 먼저 깨우친 지식인들과 함께 하면서 느끼는 기쁨은 그 무엇과도 비할 바가 아니다. 비행기 창 너머 펼쳐진 구름 위의 맑디맑은 하늘을 보면서 이번 역사기행의 의의와 알찬 일정에 대하여 의견을 나누는 사이 벌써 상하이에 도착했다.

공항을 빠져나가자 베이징에서 비행기를 타고 먼저 도착한 일행들이 있었다. 김정남 가이드와 베이징대 학생회장 정원식 박사, 항상 큰 형님으로서 언제나 후배들의 귀감이 되고 있는 박경철 박사, 중국런민대, 칭화대 학생들과 공항에서 인사를 나누고 버스를 탔다. 본격적인 역사기행의 시작이었다.

아이들을 인솔하여 소풍이나 수학여행을 갈 때는 많은 신경이 쓰였다. 하지만 지금은 내가 가는 기행이다. 이렇게 입장이 바뀌자 새로운 기분이 들었다. 좀 더 알찬 기행이 되도록 하기 위해서 되도록이면 일찍 자고 낮에 맑은 정신으로 있기 위해 노력했다. 많이 보고, 듣고, 카메라 대신 눈과 가슴에 사진을 찍는 것의 소중함을 깨달았다.

이번 역사기행의 일정은 상하이–자싱–상하이–난징–우한–한단–베이징까지 짧지 않은 길이었다. 모두 경건하고 결의에 찬 마음을 기본으로 화기애애한 분위기 속에서 진행되었다.

마침 1월 달에는 중국의 춘절이 가까운 관계로 열차는 항상 만원이었다. 열차를 기다리는 역내의 풍경은 다양한 소수민족들의 축제나 다름없었다. 여행의 또 다른 묘미였다.

특히 이번 역사기행은 중국에서 유학을 하고 있는 학생들과 함께 했기에 궁금한 점이 있으면 학생들의 도움을 받았다. 그들이 중간 역할을 해주어 참 편했다. 중국런민대학에서 공부하고 있는 우리 아들과 나이가 같은 현수가 통역도 해주고 짐도 덜어주고 해서 꼭 아들과 함께 하는 것만 같았다. 현수는 성격이 원만하고 인상이 좋을 뿐만 아니라 기행 내내 몸을 아끼지 않고 어려운 일을 도맡아 했다. 요즈음 청년 같지 않게 예의도 발라, 앞으로 대한민국에 큰 역군이 되리라 믿는다. 현수야, 보고 싶다!

상하이에 가면 누구나 대한민국 임시정부 청사를 거쳐서 홍커우 공원을 들르게 된다. 80년 전의 일을 아는지 모르는지, 지금은 많은 사람들이 체조, 배드민턴, 태극권 등을 즐기는 공원으로 바뀌어 있다. 공원 한편에 서있는 기념비석에서 잠시 윤의사의 당당한 모습을 상상해 본다.

윤봉길 의사의 폭탄투척 사건은 일본은 물론 세계인의 가슴에 대한제국의 독립정신과 의지가 죽지 않고 용광로 같은 기상으로 살아있음을 만천하에 보여준 엄청난 사건이었다. 윤의사는 1908년 충남 예산군 덕산면에서 태어났다. 1919년 거족적인 3·1운동이 일어나자 일제의 비인도적인 만행에 격분하여 보통학교를 자진 퇴학하고 민족의 한학교육에만 전념하였다. 1926년부터는 농촌계몽운동의 일환으로 야학당을 차리고 문맹타파를 통하여 국문, 역사, 산술, 농업지식 등을 가르치기도 하였다. 이러한 농촌 및 농민계몽운동은 '월진회'라는 농민운동 단체로 구현되어 일제 식민정책에 대항하는 독립운동이 되었다. 1929년 광주학생운동이 일어나자 농촌부흥운동만으로는 민족의 자유와 평등을 달성할 수 없다고 생각하여, 이내 직접 민족 혁명 투쟁의 길로 전환하여 1930년에 '장부출가생불환_丈夫出家生不還_'이라는 유서를 써 놓고 중국으로 망명한다.

상하이에서 낮에는 공장 생활을 하고, 저녁에는 영어 학교에 다니며 때를 기다리던 중 1932년 백범 김구 선생을 비밀리에 접촉한다. 한인애국단의 일원으로 평생의 꿈이었던 훙커우 공원의 의거를 거행하게 된다. 안의사는 의거 3일 전인 1932년 4월 26일 백범과의 거사 준비가 완료되자 거류민단 사무실에 가서 한인애국단 입단 선서식을 거행했다. 태극기 앞에서 폭탄과 권총을 들고 '나는 적성_赤誠_으로써 조국의 독립과 자유를 회복하기 위하여 한인애국단의 일원이 되어 중국을 침략하는 적의 장교를 도륙_屠戮_하기로 맹세하나이다. 대한민국 14년 4월 26일, 선서인 윤봉길, 한인애국단 앞'으로 된 선서문을 가슴에 품고 백범 주재 하에 비장한 결의를 되새겼다.

4월 29일 훙커우 공원에서 천장절_天長節_ 겸 전승축하기념식에 폭탄을 투척하기로 한 날이 밝았다. 이미 공원에는 입추의 여지가 없었다. 의연하고 당당한 모습의 한 열사는 내외 귀빈들이 보는 가운데 무력시위를 사열하는 단상에 수류탄을 던져 상하이의 일본거류민단장 가와바다, 상하이 파견군사령관 시라카와가 즉사하고, 제3함대사령관 노무라 중장, 우에다 중장, 주중공사 시게미츠에게 중상을 입혔다.

일본은 1945년 8월 6일 히로시마, 8월 9일 나가사키 원폭 투하로 8월 15일 항복을 했다. 그리고 다음달 9월 2일 요코하마에 정박 중인 미주리 전함 위에서 2차 세계대전의 완전한 종식을 뜻하는 일본의 항복문서 조인식이 거행되었는데 그때 한쪽 다리를 절며 지팡이를 짚고 일본 측 대표로 나와서 사인을 한 사람이 A급 전범으로 실형까지 받은 일본외무상 '시게미츠' 전권대사였다.

의사는 사형 당할 때 죄인으로서 천황 앞에 무릎을 꿇으라는 명령을 거부했다. 일제는 윤봉길 의사를 짧은 십자가 형틀에 묶고 형틀을 땅에 박아 자신의 의지와 상관없이 무릎을 꿇게 한다. 의사는 총살형으로 순국하게 되었는데, 중국의 장제스는 "중국의 백만 대군도 못한 일을 일개 조선청년이 해냈다."며 감격했고, 무관심하던 대한민국 임시정부에 대한 전폭적인 지원을 해 주는 계기가 되기도 했다. 또한 세계만방에 대한의 독립의지가 굳건히 살아 용솟음치고 있음을 보여 주는 엄청난 사건이었다고 할 수 있다. 의사는 거사를 앞두고 두 아들에게 마지막 편지를 보냈다. 현재를 사는 우리의 부모들에게 어떤 어버이가 되어야 하는지, 가슴을 뜨끔하게 하는 명언으로 우리 모두 고이 간직해야 마땅하다.

의거 이후 김구 선생은 모든 책임을 자기에게 돌리고 자싱으로 피신했다. 그곳에서의 피난생활과, 의사가 중국인으로서 일본에 같이 항거하기 위해 김구 선생을 비롯한 우리의 독립군들을 도우려 위장 결혼을 하고, 온갖 정성을 다하여 싸운 일화는 백범일지 등에서 알 수 있다.

난징에서 한단으로 갈 때는 3층 열차를 타고 이동했다. 창가를 스치고 지나가는 중국의 다양한 풍경을 보면서 마신 맥주 맛을 잊을 수 없다. 최윤서는 잠도 자지 않고 이런저런 이야기를 하면서 역사 기행이 너무 재미있다며 우리 옆을 떠나지 않았다. 난징에 늦게 도착하여 식사가 준비되지 않아, 젊은 친구들은 호텔 주방에 가서 라면을 끓이고 밖에서 꼬치를 사와 함께 먹었는데, 그야말로 꿀맛이었다. 문득 떠오르는 것이 있었다. 독립군이 되려면 3가지 각오를 해야 한단다. 맞아 죽을 각오, 얼어 죽을 각오, 굶어 죽을 각오. 그들의 고귀한 희생 덕분에 우리가 이토록 편하고 즐거운 역사기행을 하는 것 같아 잠시 송구한 마음이 들었다.

난징대학살의 현장에서 많은 사람들이 아이들의 손을 잡고 조상들의 참혹한 과거를 느끼고 함께 하는 모습에서 우리의 독립기념관을 생각했다. 개관 초기에는 수학여행을 중심으로 많이 견학을 갔다. 하지만 지금은 적자를 면하지 못하고 있다. 독립기념관 견학을 통하여 삶을 살아가는 방식과 목표를 확실히 정하고, 순국선열들의 삶을 생각하며 나의 인생을 스스로 깨닫는 시간이 되어야 하는데도 그렇지 못하고 있어 가슴이 아프다.

지금도 대학수학능력시험의 역사는 나열식, 외우기에서 벗어나지 못할 뿐 아니라, 사대·중화·식민사관에서 헤매고 있다. 즉 이순신, 유관순, 독립투사들의 삶을 인생의 모델로 생각하는 역사공부가 아니다. 그렇다 보니 지금도 친일파 후손들은 부끄러워하기는커녕 재산환수 소송까지 저지른다. 뿐만 아니라, 위세를 부리며 사치스러운 삶을 살고 권위를 누리고 있다. 그에 반해 독립군들의 후손들은 말로 다 할 수 없는 비참한 생활을 하고 있다. 베이징에서 단재 신채호 선생님의 며느님께서 가슴으로 통곡하시는 독립군 후손의 비참한 삶을 듣고 뭐라 드릴 말이 없었다. 우리 후손들은 당연히 많은 선열들의 역사를 찾고 발굴하여 명예를 회복해 후손들의 삶의 지표로 삼도록 해야 마땅하다. 그럼에도 그 어떤 세력에 의하여 바로잡지 못하고 있어 조상들을 볼 면목이 없다. 중국 한단의 진지루위 열사능원에는 중국을 위해 희생된 열사들이 묻혀있다. 그 입구에 무상광영無上光榮이라는 글씨가 하늘을 향해 높이 치솟아 있다. 누구나 본능적으로 하나뿐인 목숨을 귀하게 아끼고 존중한다. 태어났으면 죽는 것은 천지에 공평하고 위대한 진리이다. 위대하게 삶을 마친 조상들은 책과 역사에서 민족의 가슴에 우리의 영혼과 영원히 함께 한다. 국민들 스스로가 깨어날 수밖에 없다. 바다가 깊어야 큰 배가 뜰 수 있음을 우리는 깨달아야 한다.

중국은 이동거리가 멀어 잘못하면 나른한 기행이 될 수도 있었다. 하지만 유학생들은 각자 분야별로 연구해서 이동 중간에 발표하고 함께 정리하며 서로의 혼을 깨우쳐주었다. 풍객님은 언제 그렇게 우리 역사의 정사와 야사를 속속들이 공부하셨는지 일행들이 잠시도 잠을 자지 못하게 마이크를 들고 이동 야외 강의를 해 주셨다. 그 많은 역사에 나오는 사람들의 이름은 어떻게 다 외우시는 건지, 특별한 비법이 있다면 배우고 싶다.

베이징에서는 자금성, 이화원, 만리장성을 견학했다. 중국 사람들은 무엇을 해도 크고 웅장하게 짓는다. 역으로 생각을 해보면 이 웅장한 건축물로 왕권을 지탱하기 위해 얼마나 많은 백성들의 피와 땀이 있었는지 알아야 한다. 자객을 막기 위한 자금성의 수많은 방비

책과, 경복궁의 자연과 조화되는 작고 소박함을 비교해본다. '민심이 천심' 이라는 정신을 알아야 할 것이다.

만리장성은 달에서 보이는 구조물로 유명하다. 중국인들이 만리장성의 입장료로 벌어들이는 국가적 수입만 해도 엄청나다고 한다. 지금 생각해봐도 상상을 초월하는 규모이다. 그러면 왜 그렇게 위대하고 당당했던 중국이 다른 민족의 침입을 두려워 해 만리장성을 쌓았을까? 그 답은 우리 상고사에서 찾을 수 있다. 천고마비$_{天高馬肥}$라는 속담은 누구나 들어봤을 것이다. 이는 하늘이 높은 가을에 말을 살찌워서 오는 북방 오랑캐를 조심하라는 뜻이 숨어 있다. 중국은 중화$_{中華}$라 하여 자기나라는 중간에 꽂이고 남의 나라는 동이, 서융, 남만, 북적이라며 모두 오랑캐라고 했다.

즉 만리장성은 우리 '동이족'을 경계하여 쌓았던 것이다. 이는 중국의 동북공정에서 알 수 있다. 동북공정은 우리의 역사를 중국 역사의 일부로 둔갑시키는 작업이다. 이 작업은 지금도 진행되고 있고, 만리장성이 한강까지 뻗어있었다고 역사를 조작하고 있다. 중국은 현재의 중국 영토에서 일어난 과거는 모두 중국 역사라는 잘못된 역사관으로 이웃나라들을 언짢게 하고 있다. 하지만 우리는 외교 마찰을 우려하여 냉가슴만 앓는다. 기억되지 않는 역사는 반복된다는 말이 있다. 바보는 용서하지도 않고 잊어버리고, 순진한 사람은 용서하고 잊어버리고, 깨어있는 사람은 용서는 하되 잊지는 않는다.

공자는 죽어서 다시 태어난다면 동이에서 살고 싶다고 했다. 만리장성 밖의 홍산문화는 중국의 역사보다 몇 천 년을 거슬러 올라간다. 이토록 엄청난 역사가 계속 발견되고 있지만 중국은 그를 숨기기에 급급하다. 게다가 황제 쉔시엔_헌헌, 軒憲_과 싸워서 백전백승을 한 배달국 14대 치우천황_월드컵 때 붉은 악마_을 이제는 자신들의 조상이라고 귀근원에 모셔놓고 있으니 참 기가 찰 노릇이다.

　이번의 역사기행은 '나는 무엇이 되어도 좋다.' 는 정신을 느끼는 귀한 시간이었다. 일제의 침략에 대항하기 위해 가산을 팔아 고향 산천을 뒤로 하고 이역만리 중국에서 온갖 어려움과 역경을 겪은 그들. 오직 조국독립이라는 일념으로 중국과 하나 되어 험난한 강과 계곡을 뛰어 넘으며 일제에 항거한 그들의 마음 같이 한중수교 20주년을 맞아 서로의 위대한 역사와 문화를 인정하는 성숙된 관계가 되길 간절히 바란다. 노사_老師_라는 별호를 주신 풍객님의 영혼과 항상 함께 하길 기원한다. 석정윤세주열사기념사업회를 이끌고 계시는 이철환 과장님과 항상 후손들에게 깨어있기를 기원하시며 많은 자료들을 그 당시를 보듯이 생생한 기억력으로 챙겨주시는 석정열사님의 종손녀 윤명화님, 약산 김원봉 의열단장의 막내 동생 김학봉여사님과 그 둘째 아드님 김태영님께도 감사의 마음을 전합니다. 역사 기행 때 마다 제물은 꼭 고향에서 준비해서 가야 한다면서 하나하나 꼼꼼히 챙기어 가방을 넘치게 하는 파정_婆貞_ 최필숙 선생님은 정해진 일정에 조금이라도 더 보기위해 김정남 가이드를 괴롭히지만 묵묵히 웃으면서 대해 주는 멋진 역사 가이드께도 고맙다는 인사를 전한다. 우리나라에는 독립기념관이 3군데 있다. 천안, 안동, 밀양이다. 밀양에 왜 독립기념관이 있는지는 약산 김원봉과 석정 윤세주 열사를 비롯한 많은 밀양출신 독립운동 선열들이 말해 주고 있다. 그리고 명문대가 출신이었던 우당 이회영선생은 일제의 조선 강제합방 이후 독립운동을 위해 가문 여섯 형제의 전 재산을 처분해 마련한 40만원_{현재 가치로 600억}을 갖고 40명 식솔들을 이끌고 만주로 망명해 신흥무관학교를 설립해 무장투쟁 전사들을 훈련시키셨다. 이러한 노블리스 오블리주를 실천하신 위대한 분들이 계셨기에 지금 내가 있음을 깨닫는 너무나 귀한 역사기행이었다. 이번 역사기행으로 내 삶과 내 행동이 유언임을 실천하는 삶을 살아가야 하겠다.

마지막으로 함께한 중국 유학생들과 곳곳의 여러 풍경과 역사의 현장을 사진에 담기 위해 애쓰신 차이나하우스 이건웅 사장님께도 감사의 마음을 전하면서, 이 귀한 역사기행의 책을 이 나라를 위해 순국하신 많은 유·무명 선열들의 제단에 엄숙히 가슴으로 올리는 바이다.

경남 국학원 이사 김수곤 밀양 동명고 교사

추천사

　무수한 무명의 영웅들과 선열들, 대지만이 그들에게 비석을 만들어 주었다. 이분들을 경앙하는 마음을 품고 있는 모든 후세 사람들이 그들에게 보내는 무언의 찬미이기도 하다. 한 번, 그리고 또 한 번의 탐방 후에야 비로소 일부 역사의 기억들을 알게 되었다고 말할 자격이 있을 것이다.

베이징대학(北京大學) 박사생 리푸롱(李芙蓉)

　분주하게 보낸 시간들과 그간 흘린 땀방울, 가슴 깊이 다가오는 뭉클함, 순간순간 느끼는 감동, 열사들에 대한 추모. 열사들의 사적들을 가슴에 아로새기고, 역사를 돌아보고 현실에서 재조명된 역사와 관련한 기억들이 산간마을의 비석에서 다시 재정리되었다. 내가 전에 알지 못했던 타국의 영웅열사들을 다시 한 번 기리며 역사의 중후함·위대함의 참 뜻을 깨닫고 불후의 영원함을 보게 되었다. 우리들은 열사들의 비장함에 눈물 흘리고, 용맹무쌍함에 자랑스러워한다. 이러한 열사들을 추모함으로써 평화와 정의를 수호한다. 청산녹수·잡초누실·시끄럽고 정신없는 대도시의 우뚝 솟은 빌딩 그 어느 곳에서도 역사가 남긴 찬가들은 결코 묻혀버리거나 잊히지 않을 것이다. 모든 평화를 위해 희생한 영웅들의 이야기는 우리들의 탐방으로 인해 계속해서, 영원히 이어질 것이다.

중국 매스미디어대학(國傳媒大學) 문예학 박사생 후홍춘(胡洪春)

1910년
한일병합조약 조인 공포, 경술국치

1911년
105인 사건으로 신민회 해체

1914년
러시아 블라디보스토크에서 대한광복군정부 수립

1915년
대한민국 대구에서 대한광복회 결성

1918년
대한독립선언서 발[표]

1929년
광주학생항일운동, 만주에서 국민부 조직

1932년
이봉창 의거: 1932년 1월, 한인애국단원 이봉창이 일왕에게 폭탄을 던짐
윤봉길 의거: 1932년 4월, 한인애국단원 윤봉길이 상하이 훙커우 공원에서 열린 일왕의 생일축하 기념식장에 폭탄을 던짐, 중국 난징에 조선혁명군사정치간부학교 설립

1935년
중국 난징에서 민족혁명당 결성

1942년
타이항산 전투 (반소탕전)

1943년
카이로회담 특별조항에서 한국의 독립 약속

1945년
조선건국준비위원회, 조선인민공화국 수립 공포

8·15 광복

1919년
일본 도쿄에서의 2·8 독립선언, 3·1운동 시작, 제암리 학살사건, 상하이 대한민국임시정부 수립

1920년
청산리전투, 김좌진 중심의 독립군 부대가 일본군을 대파한 전투

1923년
일본 관동대지진 발생으로 인한 조선인 대학살

1926년
6·10만세운동

1937년
중국 난징에서 김원봉이 사회주의계열을 하나로 묶는 조선민족전선연맹 창설

1938년
중국 우한 한커우에서 조선의용대 창설

1940년
대한민국 임시정부, 중국 충칭에 광복군 창설

1941년
조선의용대 화북지대 대원들의 후자좡 전투

대한민국 독립운동 연표

중국 독립운동 연표

1911년
우창봉기(武昌蜂起), 후베이군정부(湖北軍政府) 성립, 위안스카이, 책임내각 구성

1912년
쑨원, 임시 대총통 취임, 중화민국 성립, 국민당(國民黨) 창립

1914년
쑨원, 중화혁명당(中華革命黨) 창립

1915년
위안스카이, 일본의 '21개조 요구를 받아들임. 황제임을 선포, 국호는 홍헌(洪憲)

1919년
5·4 운동

1927년
국공합작 분열, 난창봉기(南昌蜂起), 우한(武漢) 국민정부가 난징南京으로 천도

1928년
제2차 북벌, 황고둔(皇姑屯) 사건 발생

1929년
난창봉기(南昌蜂起), 중국공산당, 8·7회의(八七會議) 소집

1930년
장(蔣)·풍(馮)·염(閻)의 중원대전(中原大戰) 개시, 국민당, 제1차 소비에트지역 토벌

1936년
산간닝(陝甘寧)에 군사집결, 장쉐량(張學良)·양후청(楊虎城), 시안사변(西安事變) 발동,

1937년
중국공산당 중앙, 옌안(延安)으로 이주, 일본군, 루거우차오사변(盧溝橋事變) 도발, 일본군, 난징대학살, 일본군, 8·13사변 도발. 송호회전(松滬會戰) 개시, 국민당, 충칭(重慶)으로 천도

1938년
타이얼좡대첩(臺兒莊大捷)

1940년
광복군 결성 왕위(汪僞), 국민정부 건립, 팔로군 백단대전(百團大戰)

1921년
쑨원, 중화민국 비상대총통에 선출, 중국 공산당 성립, 황푸군관학교 설립

1924년
중국 국민당 1차 전국대표회의 개최, 국공합작(國共合作), 황푸군관학교 설립

1925년
5·30참안. 쑨원 사망, 중화민국 국민정부 수립, 왕징웨이(汪精衛) 주석에 임명

1926년
광저우(廣州)국민정부, 북벌 시작

1931년
일본군, 만주사변 도발

1932년
일본군, 상하이에서 1·28사변 자행, 제19로군, 일본군에 심각한 타격을 입힘, 만주 괴뢰정부 성립

1933년
국민당, 제4차 소비에트지역 토벌, 국민당, 제5차 소비에트지역 토벌

1934년
홍군(紅軍)의 대장정(大長征)

1941년
완난사변(皖南事變) 또는 신사군 사건

1945년
〈연합국헌장(聯合國憲章)〉 체결, 일본 무조건 항복
8·15 해방

1945년
〈연합국헌장(聯合國憲章)〉 체결, 일본 무조건 항복
8·15 해방

1945년
〈연합국헌장(聯合國憲章)〉 체결, 일본 무조건 항복
8·15 해방

김구金九
본명 김창수, 호는 백범(白凡).
출생-사망: 1876년 8월 29일(1876. 7. 11(음)~949년 6월 26일
백범 김구 선생은 1876년 황해도 해주에서 태어났다. 한국의 대표적인 독립운동가로, 상하이로 망명, 대한민국임시정부 조직에 참여하고 1944년 대한민국임시정부 주석에 선임되었다. 신민회, 한인애국단 등에서 활발하게 활동하였다. 1962년 건국훈장 대한민국장이 추서되었다.

김원봉金元鳳
호 약산(若山).
출생-사망: 1898년~1958년
약산 김원봉 선생은 1898년 경상남도 밀양에서 태어났다. 독립운동가이자 북한의 정치가로, 의열단을 조직하여 국내의 일제 수탈 기관 파괴, 요인암살 등 무정부주의적 투쟁을 하였다. 광복군 부사령관, 대한민국임시정부의 국무위원 및 군무부장을 지냈다. 1948년 남북협상 때 월북하여 노동상, 최고인민회의 상임위원회 부위원장 등을 역임하였다.

김학철金學鐵
본명 홍성걸.
출생-사망: 1916년~2001년 9월 25일
함경남도 원산에서 태어난 김학철은 일제 강점기에는 항일 독립운동가로, 광복 후에는 소설가로 활동한 중국 옌볜의 조선족 작가이다. 1950년 중국으로 망명 후 작품 창작에 전념 중 필화사건에 연루되었다. 가장 오래 살아남은 조선의용대 분대장이었으며 주요 작품으로 《격정시대》 등이 있다.

덩샤오핑鄧小平
출생-사망: 1904년 8월 22일~1997년 2월 19일
중국 쓰촨성에서 태어난 중국의 정치가. 마오쩌둥과 화궈펑 이후, 실권을 장악하고 엘리트 양성, 외국인투자 허용 등 실용주의노선에 입각한 과감한 개혁조치를 단행하여 중국경제를 크게 성장시켰다.

마오쩌둥毛澤東
자는 룬즈[潤之].
출생-사망:1893년 12월 26일~1976년 9월 9일
중국 후난성[湖南省] 샹탄현[湘潭縣] 사오산[韶山] 출생으로 중국의 대표적인 정치가이다. 중국공산당의 요직에서 활동하다가 중앙 제7차 전국대표대회에서 연합정부론을 발표하였으며, 장제스와의 내전에 승리하고 베이징에 중화인민공화국 정부를 세웠다. 국가주석 및 혁명 군사위원회 주석(1949~1959)으로서 제2차 5개년계획의 개시와 더불어 3면홍기 운동을 폈고 문화대혁명을 일으켜 자신의 권력을 강화하였다.

무정武亭
본명 김무정.
출생-사망: 1905년 ~ 1951년
성격 독립운동가, 사회주의운동가
함경북도 경성 함북 경성에서 태어난 무정은 조선인민군 제2군단장으로 활약한 독립운동가이다. 화북조선독립동맹 산하 군대조직인 조선의용군 총사령관으로 활동하면서 무장투쟁을 통한 독립운동에 앞장섰다. 6·25전쟁 당시 북한군이 패퇴하자 패전의 책임자로 숙청되었다.

신채호申采浩
호 단재(丹齋)·일편단생(一片丹生)·단생(丹生).
출생-사망: 1880년 12월 8일~1936년 2월 21일
충청남도 대덕군 정생면 익동 도리미(현 대전 중구 어남동)에서 태어난 신채호는 일제강점기의 독립운동가이자 사학자이며 언론인이었다. 《황성신문》,《대한매일신보》 등에서 활약하며 내외의 민족 영웅전과 역사 논문을 발표하여 민족의식 앙양에 힘썼다. '역사라는 것은 아(我)와 비아(非我)의 투쟁이다.'라는 명제를 내걸어 민족사관을 수립, 한국 근대사학의 기초를 확립했다.

쑨원孫文
자는 일선(逸仙)이고, 호는 중산(中山)이다.
출생-사망: 1866년 11월 12일 (중국) ~1925년 3월 12일
광둥성[廣東省] 샹산[香山:현재의 中山]에서 빈농의 아들로 태어나, 중화혁명당 창설을 이뤄낸 중국 혁명의 선도자이며 정치가이다. 공화제를 창시하기도 한 그의 정치는 삼민주의(三民主義)로 대표된다. 대한민국임시정부를 지원한 공로로 건국훈장 대한민국장이 추서되었다. 공화제 창시자로 국민정부시대에는 '국부(國父)'로서 최고의 존경을 받았다.

윤봉길尹奉吉
본명은 윤우의, 호는 매헌(梅軒)이다.
출생-사망: 1908년 6월 21일 (충청남도 예산) ~ 1932년 12월 19일
충청남도 예산에서 태어난 윤봉길은 일제강점기의 투철한 독립운동가이다. 1932년 4월 29일 일왕의 생일날, 상하이 훙커우 공원 행사장에 폭탄을 던져 일본 상하이파견군 대장 등을 즉사시키는 거사를 치르고 현장에서 체포되어 총살되었다.

윤세주尹世胄
일명 석정(石正)·소용(小用)·소룡(小龍)으로 불린다.
출생-사망: 1901년 6월 24일~1942년 6월 3일
석정 윤세주는 경상남도 밀양에서 출생하여 일제강점기 때 활발히 활동한 독립운동가이다. 1919년 3·1운동 때 밀양에서 주도하고, 독립신문 밀양지국을 운영하다가 체포되어 옥고를 치른 후, 중국으로 망명하여 독립활동을 벌이다가, 1942년 일본군과 싸우다가 전사하였다.

이화림李華林
출생-사망: 1905년 1월 6일~1999년 2월
평양 경창리에서 태어난 이화림은 1930년 상해로 망명하여 김구(金九)가 이끄는 애국단(愛國團)에 가담하여 활동하였으며, 중·일전쟁 발발 후 중경(重慶)에서 활동하다가 1939년 3월 계림(桂林)으로 가 조선의용대 여자복무단(朝鮮義勇隊 婦女服務團)의 부대장(副隊長)으로 임명되어 활동하였다. 말년의 여생은 중국의 다롄에서 보냈다.

쥐췐佐權
출생-사망: 1905년 3월 15일~1942년 5월 25일
중국 후난성에서 출생하였으며, 황푸군관학교를 거쳐 중국 공산당 팔로군 내에서 여러가지 중요한 전투를 치렀다. 항일 전쟁시기, 스즈링 전투에서 팔로군 사령부 부총참모장으로 있던 쥐취안은 적의 총탄에 맞아 전사하였다.

이봉창李奉昌
출생-사망: 1900년 8월 10일 (서울특별시)~1932년 10월 10일
1900년 서울에서 태어난 이봉창은 금정청년회(錦町靑年會), 한인애국단(韓人愛國團) 등에서 활약한 독립운동가이다. 히로히토에게 수류탄을 던졌으나 실패하고 체포된 후 사형당했다. 1962년 건국훈장 대통령장이 추서되었다.

장제스蔣介石
본명 중정[中正].
출생-사망: 1887년 10월 31일~1975년 4월 5일
중국 저장성[浙江省] 평화현[奉化縣]에서 출생하였으며 중국의 정치가이다. 만주사변 후 일본의 침공에 대해서는 '우선 내정을 안정시키고 후에 외적을 물리친다'는 방침을 세워 군벌을 이용, 오로지 국내통일을 추진하였다. '자유중국' '대륙반공'을 제창하며 중화민국 총통과 국민당 총재로서 타이완을 지배하였다.

진광화陳光華
본명 김창화(金昌華).
출생-사망: 1911년 ~ 1942년
평안남도 평양에서 태어난 진광화는, 일제강점기 조선의용대 등에서 활약한 독립운동가이다. 한국혁명당 산하단체 철혈단에 가입하여 기관지《우리 길》을 발간하였다. 이와 함께 비밀결사인 조선인용진학회 집행위원으로 활동하였다. 1942년 6월 마텐창(麻田莊)에서 일제의 대규모 진압군과 교전하다가 적의 총탄에 맞아 전사하였다. 1993년 건국훈장 애국장이 추서되었다.

이육사李陸史
본명은 원록(源祿), 활(活), 또는 원삼(源三). 호는 육사(陸史).
출생-사망: 1904년 4월 4일~1944년 1월 16일
경상북도 안동에서 태어난 이육사는 일제 강점기에 끝까지 민족의 양심을 지키며 죽음으로써 일제에 항거한 시인이다. 《청포도(靑葡萄)》, 《교목(喬木)》등과 같은 작품들을 통해 목가적이면서도 웅혼한 필치로 민족의 의지를 노래했다.

정율성鄭律成
출생-사망: 1914년 8월 13일~1976년 12월 7일
전라남도 광주(光州)에서 태어났고, 초명은 부은이다. 중국에서 활약한 조선족 작곡가로, 작품《팔로군대합창》중〈팔로군행진곡〉이《인민해방군가》로 정식 비준을 받았다. 한때 문화대혁명에 협력하지 않은 죄로 시련을 겪기도 했다.

| 추모의 글 스즈링에서　박경철

타이항산 스즈링+字岭에 올라

약산 김원봉 장군과 이름 없이 산화한 조선의용대원을
기립니다.

베이징에서 시작된 타이항산맥은 서남쪽으로 굽이굽이 솟구쳐
이곳 스즈링에서 위용을 드러냈듯,
우리 조선의 청년들은 나라가 어려울 때 이곳 이역만리
중국땅으로 분연히 모여들었습니다.

중원中原에서 시작된 짙은 황톳빛의 황하가
충칭重慶과 옌안延安을 지나 북쪽으로 굽이쳐 오르내리듯,
김원봉 장군이 우한武漢에서 창설한 조선의용대원들은
이곳 북쪽 타이항산으로 힘차게 전진해 들어왔습니다.

항일무장투쟁에서 가장 최선봉에 섰던
조선의용대와 중공팔로군은
이곳 스즈링에서 하나가 되어 일제의 무참한 진격에 맞서
참혹하게 피를 흘리며 싸웠습니다.
그들은 국경을 초월하고 민족을 초월해
오로지 조국의 독립과 해방과 평화를 위해 온몸을 던졌습니다.
그날의 찬란하고 비장했던 전투는
이제 이곳 스즈링과 저 북쪽의 쫭즈링, 그리고 타이항산맥
곳곳 작은 봉우리의 초목들이 기억하고 있을 것입니다.

"사랑이여, 그대를 위해서라면 내 목숨마저 바치리,
그러나 사랑이여 조국의 자유를 위해서라면 내 그대마저
바치리." 라고 노래했던 헝가리 시인 페퇴피의 시구처럼
조선의 전사들은 소중했던 모든 것을 바쳐 조국의 독립과
해방을 위해 싸웠습니다.

이처럼 조국은 그대들에게 너무 많은 빚을 졌건만,
오로지 조국의 독립과 해방을 위해
허명한 이름조차 남기길 원하지 않았건만,
사랑하는 나의 조국은 아직도 좌우 이념의 논리에 갇혀
그대들 이름 석자 부르는 것조차 두려워하고 있습니다.

하지만, 그대 항일무장투쟁의 아방가르드여,
조국의 남과 북이 역사적 질곡과 반목을 벗고 하나가 되고
한국과 중국이 이념을 초월해 더 깊은
우정과 협력을 나눌 때
그대들이 스즈링, 좡즈좡과 후자좡 나아가 중국전역에서
뿌린 의혈은 푸른 역사에
길이길이 빛이 날 것임을 믿어 의심치 않습니다.

"편안하게 살려거든 불의에 외면을 하라.
그러나 사람답게 살려거든 그에 도전을 하라." 던
조선의용대 최후의 분대장 김학철 선생의 말씀처럼
이곳에 모인 우리 젊은 청년들은 이제 조선의용대원들이
다 이루지 못하고 쓰러져간

그 길과 정신을 이어가고자 합니다.

 이제 조국은 우리 젊은 청년들에게 맡기시고,

그대! 조선의용대! 불멸의 영혼들이여,
그대들 이름 때문에 아름다워 눈물이 나는
이곳 스즈링과 타이항산 굽이굽이에서 편히 잠드소서.

단기 4346년(서기 2013년) 7월 2일 아침

재중 한국유학생과 제행 학인을 대표하여
조선의용대원 후손 김태영 삼가 올립니다.

추모의 글 석문촌에서　박경철

석정 윤세주 열사, 진광화 열사
그리고 타이항산 항일근거지에서 희생된 모든 열사님께 바칩니다!

순결한 조국의 산하가 강도 일본에 뺏기어
목숨이 위태로울 때,
조국의 완전한 자주독립과 해방을 위해
중국의 중원과 이곳 타이항산지구에서 일제와 처절히 싸우다
장렬히 전사한 자랑스런 우리 조선의 아들 석정 윤세주 열사, 진광화
열사, 그리고 이름도 남김 없이 사라져간 열사님들의 영전 앞에 여기
조선 청년들이 무릎을 꿇었습니다.

기나긴 열사님들의 피맺힌 투쟁과 희생으로
삼천리 강토는 독립을 맞이 하였으나,
조국의 산하는 남과 북으로 갈라지고, 이념은 좌와 우로 나뉘어
질곡과 반목의 역사를 반복하는 사이
우리는 부끄럽게도 자주독립을 향한 열사님들의 빛나는 투쟁의 역
사, 그리고 숭고한 정신을 잊어왔습니다.

조국이 독립하자는데 국민당과 공산당이 뭐가 중요하며
조국이 하나로 통일하자는데 좌와 우가 뭐가 중요하겠습니까?
하지만 질시와 맹목적인 이념의 광풍은 우리 조국의 몸과 마음을
갈기갈기 찢어놓았고 우리의 역사와 생각까지도 흑백논리로
갈라놓고 말았습니다.
하여, 조선이 해방이 된 지 60여 년이 지나서야 우리는 열사님들의
영전 앞에 서게 되었습니다. 참으로 부끄럽고 또 슬픈 일입니다.

하지만, 조선 남쪽 밀양 땅에서 온 윤세주 열사!
조선 북쪽 평양에서 온 진광화 열사 그리고 이름 없이 사라져간
조선의용대 열사들의 혼령이 깃든 이곳 태항산의 준봉은 우리 조선
청년들에게 힘주어 말하고 있는 것 같습니다.

"괜찮다 다 괜찮다. 먼 길 돌아오느라 고생이 많았구나. 이제라도
만나서 반갑고 또 기쁘구나. 조국의 미래는 이제 너희들에게 맡기
겠노라!"고 하며, 허허 웃으시며 오히려 우리를 위로하고 있으시는
것 같습니다.

열사님들이시여! 우리 조선의 청년들은 이제,
잃어버린 우리의 역사를 찾고, 열사님들의 뜻을 기리기 위해 여기에
모였습니다. 윤세주 열사, 진광화 열사 그리고 이름도 명예도 남김
없이 이역만리 타국에서 조선의 독립을 위해 몸바쳐 싸우다 역사의
뒤안길로 사라져간 수많은 열사님들의 조국 사랑과 만민 자유의 뜻
을 결코 잊지 않겠습니다!

올해는 윤세주 열사, 진광화 열사께서 타이항산 전투에서 순국한지
71주년이 되는 해입니다. 그리고 한국과 중국이 긴 냉전의 어둠을 뚫
고 수교한지 21주년이 되는 해입니다. 일본 제국주의에 맞서 한국과
중국이 혈맹으로 맞서 싸우면서 뿌린 피와 우정이 없었다면 오늘날
한국과 중국의 빠른 우호와 협력은 결코 없었을 것입니다.
감히 그 누가,
조국의 평화와 통일, 그리고 조선반도와 중국의 영원한 우호와 미래
발전, 나아가 동북아시아의 평화공존의 원천을 묻는다면, 우리는 자

랑스럽게 손을 들어 열사님들이 잠들어 있는 이곳 태항산을 가리키겠습니다. 그리고 우리는 언젠가는 통일된 조국의 남북한 청년들과 중국동포 청년들이 함께 손을 잡고 열사님들께 참배하는 모습을 꿈 꾸겠습니다.

이제 여기 모인 우리 조선 청년들이
조국의 통일과 역사의 발전에 산맥이 되고 준봉이 되실 윤세주 열사, 진광화 열사 그리고 중국 땅에서 한 포기 들꽃으로, 한 그루 나무가 되어 저 세상에서도 조국의 안위를 걱정하고 계실 수 많은 조선의 무명 용사의 영전에 머리 숙여 삼가 명복을 빌며, 조국 산하의 맑은 물로 만든 술과 소략한 육포와 과일을 차려 올리오니 부디 거두어주시기 바랍니다.

단기 4346년(서기 2013년) 7월 4일 아침
재중 한국유학생과 제행 학인을 대표하여

베이징대학 한국대학원생 회장 오아름 삼가 올림

중국 대륙에서 부르는
타이항산아리랑

2014년 3월 20일 초판 1쇄 인쇄
2014년 3월 26일 초판 1쇄 발행

지은이 한중항일역사탐방단
펴낸이 이건웅
편 집 권연주 · 하수진
디자인 이주현
마케팅 안우리

펴낸곳 차이나하우스
등 록 제303-2006-00026호
주 소 서울시 영등포구 영등포동 8가 56-2
전 화 02-2636-6271
팩 스 0505-300-6271
이메일 china@chinahousebook.com
홈페이지 www.chinahousebook.com
ISBN 978-89-92258-72-2 93910

값: 15,800원

이 책은 저작권법에 따라 보호받는 저작물이므로 무단전재와 무단복제를 금지하며 이 책의 내용물 전부 또는 일부를 이용하려면 반드시 저작권자와 차이나하우스의 서면동의를 받아야 합니다. 잘못 만들어진 책은 구입한 곳에서 바꿔드립니다.